W0264257

X.media.press

Springer
Berlin
Heidelberg
New York
Hongkong
London
Mailand
Paris
Tokio

Thomas Waldraff

Digitale Bildauflösung

Grundlagen, Auflösungsbestimmung, Anwendungsbeispiele

Mit 241 Abbildungen, mehrheitlich in Farbe

Springer

Thomas Waldraff
waldraff@digitale-bildaufloesung.de

ISSN 1439-3107

ISBN 978-3-642-62174-1   ISBN 978-3-642-18580-9 (eBook)
DOI 10.1007/978-3-642-18580-9

Bibliografische Information der Deutschen Bibliothek
Die Deutsche Bibliothek verzeichnet diese Publikation in der Deutschen Nationalbibliografie; detaillierte bibliografische Daten sind im Internet über <http://dnb.ddb.de> abrufbar.

springer.de

© Springer-Verlag Berlin Heidelberg 2004
Ursprünglich erschienen bei Springer-Verlag Berlin Heidelberg New York 2004
Softcover reprint of the hardcover 1st edition 2004

Umschlaggestaltung: KünkelLopka, Heidelberg
Texterfassung, Fotos, Layout und Druckvorlagen durch den Autor
Gedruckt auf säurefreiem Papier   33/3142 ud   543210

An dieser Stelle der jeweiligen Kapitel finden Sie Hinweise auf die zum Verständnis notwendigen Voraussetzungen, Querverweise zu anderen Buchkapiteln oder einführende Angaben.
Auf den zwei folgenden Seiten werden Ihnen die Intention dieses Buches und einige Hinweise zum Gebrauch vorgestellt.

An wen wendet sich dieses Buch?

Dieses Buch wurde für all jene geschrieben, die professionell, gelegentlich im Beruf oder privat ambitioniert mit dem Thema *Digitale Bildauflösung* in Berührung kommen. Das betrifft etwa Grafiker, Layouter, Mediengestalter, Online-Designer, Bildbearbeiter oder Digitalfotografen. Sie arbeiten im Allgemeinen mit grafischen Daten und im Speziellen mit Pixelgrafiken oder noch spezieller mit Digitalbildern bzw. Fotos.

In einem Fall möchten Sie einige Fotoabzüge scannen, um diese für einen Internetauftritt zu verwenden oder um einen Jahreskalender zu kreieren, der als Geschenk gedacht ist. In einem anderen Fall sollen Sie einige Abbildungen liefern, die für die Firmenzeitung, Vereinszeitschrift oder Werbesendung gebraucht werden. Im professionellen Alltag haben Sie etwa Vorlagen zur Verwendung für eine Imagebroschüre erhalten und müssen sich nun an die Arbeit machen, diese für ein Layout vorzubereiten. Sie haben konkrete Vorstellungen über die Größe und Platzierung; aber es ändert sich leider auch hin und wieder die eigene Vorstellung oder die des Kunden: Welches Motiv kommt ganzflächig auf die Titelseite und welche Abbildungen überspannen zwei, drei oder doch nur eine Spalte? Was ist mit veränderten Druckbedingungen? Mit welchem Verfahren wird überhaupt gedruckt? Ach ja, und Sie brauchen die gleichen Motive auch noch für die geplante Multimedia-CD…

In den aufgezählten Beispielen der verschiedenen Aufgabenstellungen müssen prinzipbedingt unterschiedliche Auflösungswerte gefunden werden. Mit Standardwerten für die Bildauflösung ist der Erfolg nicht automatisch garantiert. Spezielle Kenntnisse erleichtern daher die Anwendung erheblich und sind oft Voraussetzung, um die angestrebte Qualität zu erreichen.

Ein weiterer Aspekt ist, dass man im Falle eines Misserfolgs (schlechte Bildqualität, überhöhter Zeitbedarf, riesige Datenmengen) oft nicht sicher die Gründe dafür kennt und nicht weiß, wie es in Zukunft besser gemacht werden kann.

Zwei Problembereiche lassen sich eingrenzen: Erstens, bei bekannten Produktionsbedingungen die richtige Bildauflösung für noch zu erzeugende Daten zu bestimmen; und zweitens, bei schon vorliegenden Digitaldaten zu erkennen, ob sie den Anforderungen genügen. Ist dies nicht der Fall, müssen Sie wissen, ob sie passend gemacht werden können oder wie weit diese von den Anforderungen entfernt sind.

Dieses Werk verwendet durchgängig dieselben Begriffe. Einige davon sind völlig unstrittig im Gebrauch, andere jedoch nicht. Das Thema dieses Buches wird in sehr vielen verschiedenen Anwendungsgebieten (Grafik-Design, Fotografie, Druckvorstufe, Nachrichtentechnik, Forschung, Entwicklung usw.) und Lernsituationen (Handbücher, Seminare, Studienarbeiten, Forschungsberichte, Vorträge, Internetbeiträge usw.) eingesetzt. Es kann leider in all diesen Fällen nicht ausbleiben, dass verschiedene Begriffe bedeutungsgleich, einmalig oder überschneidend verwendet werden.

Die sorgfältige Auswahl der Begriffe für dieses Buch fand nach umfangreicher Durchsicht geeigneter Unterlagen sowie intensiven Fachgesprächen statt. Für die durchgängige Verwendung der Begriffe an diesem Ort ist gesorgt, die restlose Akzeptanz allerdings ist nicht zu gewährleisten. In einigen Fällen empfiehlt sich ein Abgleich der Termini, wenn Sie sicherstellen wollen, verstanden zu werden bzw. fruchtbare Fachgespräche führen zu können.

Im Anhang ist ein umfangreiches Glossar zusammengestellt, das einerseits eine Kontrolle der benutzten Begriffe ermöglicht, andererseits auf möglicherweise alternativ gebrauchte verweist.

Des Weiteren werden die wichtigsten Begriffe beim ersten beschreibenden Vorkommen im Text **fett** dargestellt.

Einsteigern möchte ich als Vorbereitung zunächst den kompletten Grundlagenteil empfehlen, vor allem, wenn Bildauflösungen für Printanwendungen das Ziel sind. Sollten Sie Nonprintanwendungen den Vorzug geben, können Sie eventuell auf Kapitel 3 und auf entsprechende Teile von Kapitel 4 verzichten.

Fortgeschrittenen möchte ich zumindest zur Abstimmung bekannter Begriffe, aber auch zur Einführung in die speziellen Bezeichnungen dieses Buches empfehlen, den Grundlagenteil quer zu lesen. Eventuell ist über das Glossar und den dort vorhandenen Verweisen zum Text ebenfalls ein solcher Abgleich möglich.

Danach können Sie die gewünschten zentralen Kapitel für fast alle Fälle der Bildauflösungsbestimmung lesen. Ab Kapitel 9 finden Sie zudem hilfreiche Informationen zur Ergänzung des Buchthemas.

Dieses Buch versucht die Gratwanderung, unerfahrene wie erfahrene Nutzer anzusprechen. Eine schnelle Werteermittlung für diverse Anwendungen anzubieten und dennoch umfassende Kenntnisse zu vermitteln, ist der Anspruch dieses Werkes.

Um dieses zu erreichen, gibt es Querverweise und Leseempfehlungen, bevorzugt am Anfang eines Kapitels, mit denen Sie entscheiden können, was Sie lesen möchten bzw. sollten. Auch im Glossar gibt es Verweise auf die zugehörigen Textstellen.

Und natürlich würde ich mich freuen, wenn Sie das Buch als Ganzes lesen; auch dafür wurde es geschrieben.

Inhalt

Grundlagen

Auflösungsbestimmung

Anwendungsbeispiele

Anhang

Grundlagen

Dieses Kapitel ist der erste Schritt, sich dem Buchthema grundlegend zu nähern. Es ist vor allem wichtig, das »Bauprinzip« von Pixelgrafiken zu verstehen, da alle nachfolgenden Kapitel in irgendeiner Form hierauf Bezug nehmen.

Kapitel 1

Zwei Konzepte grafischer Daten

Wenn wir am Computer mit Grafikdaten oder auch »nur« mit Text arbeiten, dann haben wir in der Regel mit Vektor- *und* mit Pixeldaten zu tun. Möglicherweise ist das im Einzelnen nicht von Bedeutung. Man kann ohne diesbezügliche Kenntnisse glücklich mit dem Computer arbeiten, da vieles im Hintergrund abläuft.

Wir schreiben, lesen und korrigieren Texte, wir binden Bilder und Grafiken in Dokumente ein, wir fotografieren digital und wundern uns vielleicht, wenn sich Abbildungsqualitäten und Arbeitszeiten teilweise höchst unterschiedlich gestalten. In einigen Fällen kann man das wohlwollend übersehen, in anderen gibt es eventuell eine helfende Hand. In sehr vielen Fällen jedoch sind allein Kenntnisse von den Speicherkonzepten hilfreich.

Welches Programm auch immer Verwendung findet: Zur grafischen Beschreibung und Speicherung werden entweder Pixel oder Vektoren herangezogen. Das gilt für alles, was wir produzieren. Manchmal können beide Konzepte gleichermaßen geeignet sein oder auch ergänzend eingesetzt werden; vielfach aber ist nur eins davon sinnvoll.

1.1 Pixelgrafik – Verwendung einer Farbmatrix

Das erste der beiden Konzepte nennt sich **Pixelgrafik**. Pixelgrafiken kennen nur eine Einheit: **Pixel**. Da es die einzigen Bestandteile sind, bilden sie gleichzeitig die kleinsten darstellbaren Details, die definiert werden können. Sie sind immer quadratisch und absolut gleichbefähigt; es gibt keine »Megapixel«, welche mehr können als andere. Pixel sind die Basiselemente eines Bildes. Daher kommt auch der Name. Er ist ein Kunstwort aus dem englischen *picture element*.

Um Pixel anzuordnen, brauchen wir eine **Matrix**. Eine Matrix ist in diesem Fall ein Schema, in dem Pixel für Pixel als Zeile die Bildbreite und Zeile für Zeile die Bildhöhe festlegen. Dies ist einfach und schnell erledigt, da es wirklich nur vollständige Pixel gibt (also keine halben, abgeschrägten oder runden Pixel). Als Ergebnis erhalten wir immer einen rechteckigen Bereich.

Wir könnten uns ein Blatt Papier mit eingezeichneten Rechenkästchen als eine solche Matrix vorstellen. Nachdem wir einen möglichen Bereich festgelegt haben (vgl. Abb. 1-1), können wir diesen nun ausmalen. Wir nehmen

Abb. 1-1 Definierter Bereich einer Pixelgrafik

4

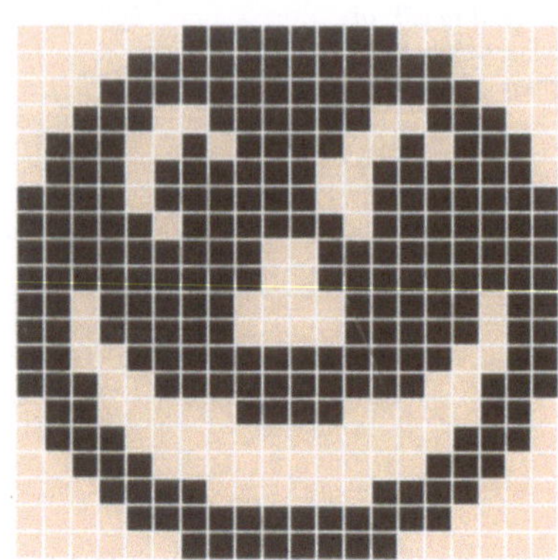

Abb. 1-3 Smiley aus 20 × 20 Pixel in gröberer Matrix

Abb. 1-4 Smiley aus 40 × 40 Pixel

Abb. 1-5 Foto aus 40 × 40 Pixel

Abb. 1-2 Smiley aus 20 × 20 Pixel

einen oder auch mehrere farbige Stifte und malen die einzelnen Kästchen ganz aus. Durch entsprechende Ausfüllarbeit bilden wir Buchstaben, Muster, Gesichter und was wir uns sonst noch vorstellen können. (Mögliche Déjà-vu-Erlebnisse zu langweiligen Schulstunden sind natürlich beabsichtigt.)

Oder wie wäre es mit einem bunten Badezimmer? Man nehme die quadratischen Kacheln in verschiedenen Farben und fange beispielsweise an, Muster oder optische Abschlüsse zu bilden.

Dieses Grundgefüge der Pixelgrafik hat hauptsächlich zwei Vorteile:

1. Es ist aufgrund der simplen Unterteilung sehr einfach und schnell zu definieren oder zu berechnen und

2. durch entsprechend viele kleine Pixel, mit ihrerseits vielen möglichen Farbabstufungen (siehe nächstes Kapitel ab S. 9), bestens geeignet, fotorealistische Motive mit vielen Details darzustellen.

Von den Nachteilen sollen hier vor allem zwei aufgezeigt werden:

1. Man muss die Menge an Pixeln vorplanen. Stellen wir uns vor, wir möchten ein einfaches Gesicht malen. Je nachdem wie viel Details wir darstellen möchten oder auch wie »ungezackt« die Ausführung sein soll, müssen wir die Pixelmenge anpassen. Je höher diese ausfällt, desto kontinuierlicher (»unstufiger«) lassen sich schräge Linien oder Rundungen und desto schärfer Details darstellen (vgl. Abb. 1-3 und 1-4). Wenn wir uns für einen großen Pixelbereich entschieden haben, kann es sein, dass ein Blatt nicht ausreicht. In diesem Fall können wir ein weiteres Blatt daneben legen oder direkt ein Größeres verwenden. Letztlich haben wir dadurch mehr Möglichkeiten, Details darzustellen (gepiercte Nase?).

Aber die sichtbar gezackte Pixelanordnung bleibt weiterhin. Um nun auch – oder »nur« – diese Grobschlächtigkeit zu verhindern, ist als Alternative eine Pixelmatrix mit kleineren Kästchen möglich, z. B. Millimeterpapier. In beiden Fällen ist dieselbe Menge an Pixeln machbar, nur die Ausdehnung variiert (vgl. Abb. 1-2 mit Abb. 1-3).

Wir sprechen hier von höherer bzw. niedrigerer Auflösung, die wir selbst vorher festlegen oder fremdbestimmt übernehmen müssen.

2. Wir benötigen je nach Anwendungszweck sehr viele, eventuell zu viele Pixel. Wenn auch deren Handhabung vergleichsweise einfach ist, so sind knappe Ressourcen jedoch immer ein relevantes Thema.

Lesen Sie dazu auch das Kapitel »Warum Auflösungen berechnen?« ab S. 59.

1.1.1 Pixel im Gebrauch

Überall wo sanfte Farbabstufungen (weiche Schatten, Lichtreflexionen usw.) oder feine Details aus abertausend abweichenden Farbwerten (Menschenmenge, Material-, Gewebestrukturen usw.) benötigt werden, wie in Fotografien oder natürlich wirkenden Zeichnungen, sind Pixel geeignet.

Vor allem Mal-, Bildbearbeitungs-, Multimedia-, Video- oder Internetprogramme basieren dementsprechend ausschließlich oder im Wesentlichen auf diesem Konzept.

Allerdings sind auch Ein- und Ausgabegeräte überwiegend matrixbasiert. Scanner lesen Punkt für Punkt und Zeile für Zeile analoge Daten ein. Weniger weil wir das so wollen, sondern weil die Komplexität andere Techniken zwangsläufig verbietet. Das gilt in gleichem Maße für Digital- oder Videokameras, Monitore, Drucker oder Belichtungsgeräte.

Andererseits kann Hardware in der Regel keine exakt quadratischen Elemente produzieren, benutzt jedoch eine vergleichbare Matrix zur Ansteuerung (vgl. S. 33 f.).

1.2 *Mathematische Umrissbeschreibung (Vektorgrafik)*

Das zweite Konzept heißt **Vektorgrafik**. Dabei liegt allen Bestandteilen eines Dokumentes ein Koordinatensystem zugrunde (vgl. Abb. 1-6). In diesem werden im einfachsten Fall Vektoren gezeichnet, die von einem Koordinatenpaar (bestehend aus dem horizontalen X- und dem vertikalen Y-Wert) zum nächsten eine direkte Verbindung zeichnen. Egal wie lang dieser Vektor wird, mit nur zwei Koordinatenpaaren ist das sparsam realisierbar.

Ein **Vektor** ist eine Größe, die von einem Punkt zum nächsten oder von einem Punkt durch eine Richtung und einen Betrag definiert ist (»Gehe von hier schnurstracks zur Eiche!« oder »Gehe von hier genau 24,5 Meter nach Nordosten!«; vgl. Abb. 1-7). Wir sprechen hier von kartesischen bzw. Polarkoordinaten.

Aus Rätselmagazinen kennen Sie vielleicht die Aufgabe, nummerierte Punkte mit geraden Linien zu verbinden – und das lediglich um zu sehen, was dabei herauskommt (vgl. Abb. 1-13). Genau so funktionieren Vektordefinitionen. Viele dieser Vektoren bilden zusammen eine Kontur. Diese Kontur ist die Umrissbeschreibung z. B. eines Gegenstandes oder eines Teiles davon. Mehrere Konturen sind oft notwendig, um eine Gestaltungsaufgabe zu lösen (vgl. Abb. 1-10).

Jeder Vektor kann eine einzelne direkt ansprechbare Linie in einer Zeichnung sein, oder einige zusammen können ein Vieleck (Polygon) bilden und nur gemeinsam als ein Objekt angesprochen werden (vgl. Abb. 1-9). Ein Objekt ist ein wichtiger Bezugsfaktor einer Vektorgrafik, da es immer wieder unabhängig von anderen Objekten angesprochen, verändert und mit Eigenschaften belegt werden kann.

Für eine zufrieden stellende Beschreibung arbeiten oft mehrere Objekte zusammen. Unzählbare Kombinationen sind denkbar. Ist ein Gegenstand einmal gezeichnet, kann man etwa anhand eines Ausdrucks nicht mehr feststellen, wie die einzelnen Objekte oder Objektkombinationen und -gruppen definiert wurden. In der täglichen Anwendung sind sehr vielfältige und komplexe Beschreibungen eher normal.

Diese Komplexität ist durchaus ein Nachteil des Konzeptes. Zur hochwertigen Weiterverarbeitung dieser Grafikinformationen sind nämlich leistungsfähige Programmkonstrukte notwendig, die – falls sie nicht in der Lage sind, alle Informationen auszuwerten – Fehlinterpretationen und damit Veränderung der Daten zulassen können. Andererseits ist die objektorientierte

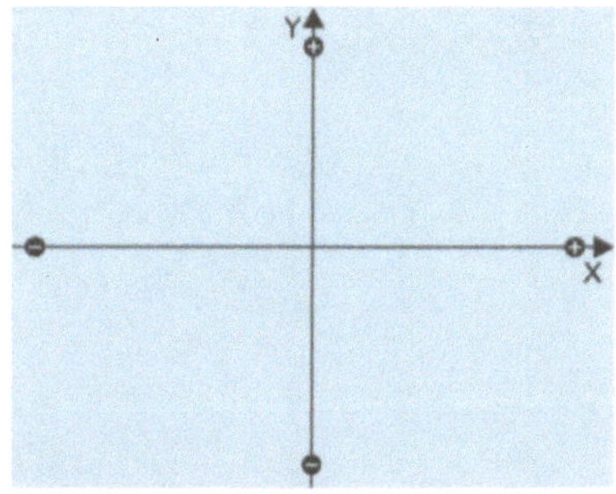

Abb. 1-6 Koordinatensystem

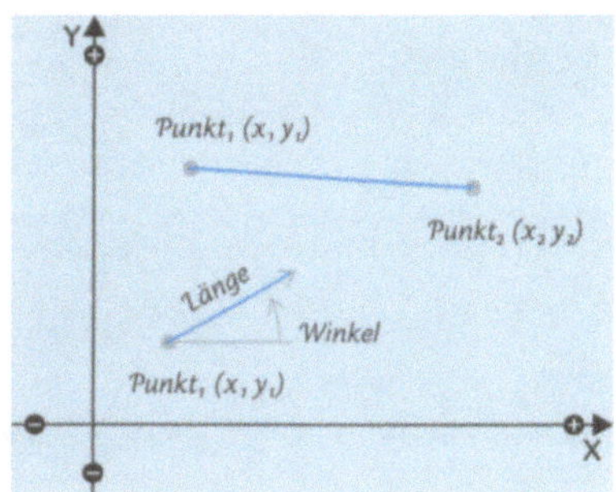

Abb. 1-7 Kartesische und polare Vektoren

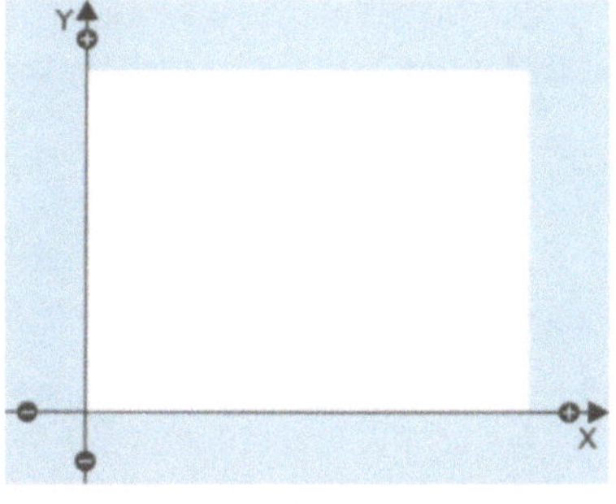

Abb. 1-8 Definierter Bereich einer Vektorgrafik

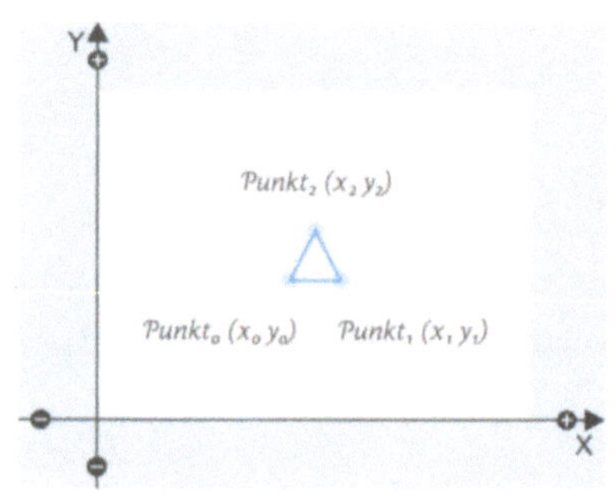

Abb. 1-9 Drei Vektoren bilden ein Dreieck

Abb. 1-10 Smiley mit unterschiedlicher Anzahl benutzter Vektoren für die beiden Gesichtshälften

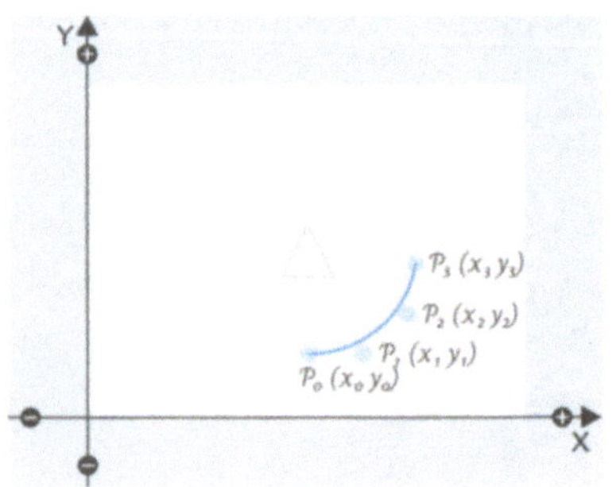

Abb. 1-11 Bézier-Kurve mit vier Bezugspunkten

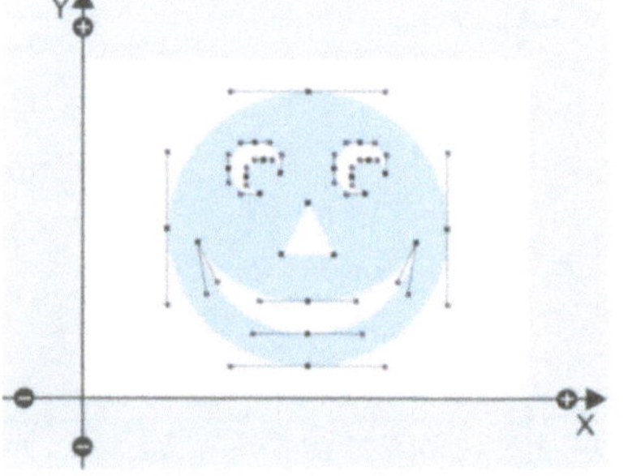

Abb. 1-12 Smiley mit Bézier-Kurven

Arbeit dieser Programme ein entscheidender Vorteil: Ist es nicht schön, Objekte durch einfaches Auswählen bearbeiten zu können, ohne andere Zeichnungsbestandteile zu gefährden? Die ausschließliche Bearbeitung wie auch die angesprochenen Eigenschaften machen dies möglich. Zu den allgemein gültigen Eigenschaften gehören beispielsweise Strichstärke, Umrissfarbe und Füllung.

Auch bei der Textverarbeitung profitieren wir von diesen Vorzügen: Die Überschrift gefällt nicht? Dann bearbeiten wir sie doch. Text-, Farb- oder Schriftänderungen jeder Art sind möglich, so oft wir wollen. In diesem Fall sind Schriftart, Schriftgrad, Schriftschnitt oder auch Ausrichtung spezielle Eigenschaften, die es zusätzlich zu den allgemeinen gibt.

Bei einem auf Pixel basierenden, z. B. gerade aufgenommenen Digitalfoto von einem Haus gibt es diese Möglichkeit nicht. Oder versuchen Sie mal den störenden Müllcontainer vor dem blühenden Rhododendronbusch durch einfaches Anklicken aus dem digitalen Bild zu verbannen …

Da aber auch Vektorinformationen generell zu unrunden Beschreibungen führen (wie etwa in der linken Gesichtshälfte in Abb. 1-10), die durch viele Vektordefinitionen (rechte Gesichtshälfte) ausgeglichen werden müssen, arbeiten heute fast alle Vektoranwendungen ergänzend mit so genannten **Bézier-Kurven**. Diese nach dem französischen Mathematiker Pierre Bézier bezeichnete Technik, verwendet zusätzlich zu den Endkoordinaten noch zwei weitere Koordinaten zur Richtungsbeschreibung (vgl. Abb. 1-11). Diese nennt man dementsprechend auch Richtungs- oder Kontrollpunkte, da sie den Verlauf zwischen den Endpunkten bestimmen. Endpunkte werden in diesem Zusammenhang auch als Ankerpunkte bezeichnet, da hier die Kurve auf den angegebenen Koordinaten immer verankert wird. Richtungspunkte können zwar auch auf der Kurve liegen, befinden sich in der Praxis jedoch fast immer außerhalb. Vergleichen Sie nun Abb. 1-12 mit Bézier-Kurven für geschwungene und Abb. 1-10 mit Vektoren für direkte Segmentdarstellung. Damit sind wir noch flexibler, jedoch auch komplexer in der Beschreibung.

Ein besonderer Vorteil des Vektorkonzepts aber ist die Auflösungsunabhängigkeit! Bei einer Vektorgrafik ist es in der Regel vollkommen egal, wie groß eine Grafik bei der Ausgabe werden darf. Streng genommen sind nur die Grenzen der Ausgabegeräte bestimmend. Mathematisch ist es einfach, einem Koordinatenpaar jeweils durch eine einfache Addition einen größeren Abstand zum Nullpunkt zu geben oder die Längeneinheit einfach von Millimeter auf Meter, Kilometer oder auch Lichtjahre umzustellen (ohne die Zahlenwerte anzupassen). Die Grafik wird natürlich größer – aber ohne Qualitätsverlust! Kein lästiges Planen wie bei der Pixelgrafik ist vonnöten. Bei einer Vektorgrafik ist nicht die Größe, sondern deren Komplexität von Belang!

1.2.1 Vektorgrafik im Gebrauch

Überall wo saubere, gestochen scharfe Beschreibungen benötigt werden, wie z. B. für Konstruktionsdarstellungen, Landkarten, Illustrationen, Piktogramme, Logos und natürlich Schriften – um nur einiges zu nennen –, ist das Vektorkonzept die ideale Wahl. Vor allem der hohe Änderungsbedarf und die flexible Handhabung der Daten sprechen für diese Verwendung.

Layout-, Zeichen-, Konstruktions-, Präsentations- oder auch Textverarbeitungsprogramme greifen auf dieses Konzept zurück; zudem können Vektoranwendungen grundsätzlich auch Pixeldaten integrieren. In diesem Fall ist es allerdings besonders wichtig, dass man bei der Arbeit auch mit Pixeldaten umzugehen weiß. Diese bleiben auflösungsabhängig, auch wenn sie mit Vektorelementen kombiniert werden.

Der Sinn dieses Buches begründet sich fast ausschließlich durch die Auflösungsabhängigkeit von Pixelgrafiken. Das Vektorkonzept musste an dieser Stelle ergänzend vorgestellt werden, und möglicherweise haben Sie damit eine Alternative kennen gelernt, der Sie weiter nachkommen möchten. Die Aufmerksamkeit, die Sie diesem Abschnitt bis hierhin gewidmet haben, ist keinesfalls vergebens, auch wenn für dieses Buch die Vektorgrafik als auflösungsunabhängiges Konzept, bis auf eine Ausnahme (siehe Abschn. 8.2), nicht weiter von Belang ist. Eine tabellarische Übersicht der Vergleichskriterien beider Konzepte finden Sie in Tab. 1-1.

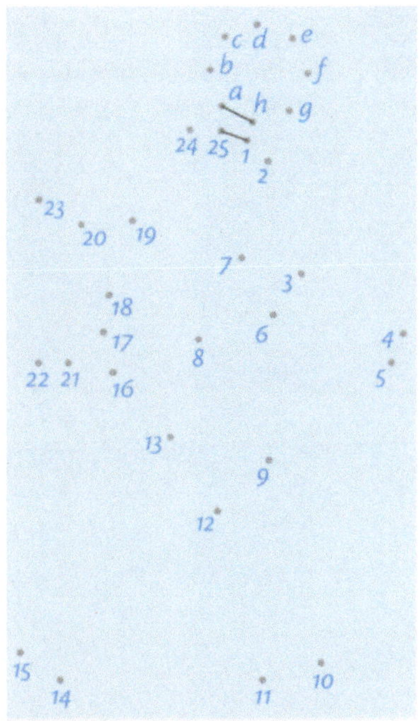

Abb. 1-13 Verbinden Sie die Punkte »a« bis »h« und »1« bis »25«. Damit zeichnen Sie zwei aus Vektoren bestehende Polygone (Vielecke).

Tab. 1-1 Vergleich zwischen Pixel- und Vektordaten

Konzept	Pixeldaten	Vektordaten
Speicherbedarf	intensiv	sparsam und effizient
Auflösung	größenabhängig	größen*un*abhängig
Transformationen	meistens mit Qualitätseinbußen	prinzipiell ohne Qualitätseinbußen
Objektorientiert	prinzipbedingt nicht (in vielen Bildbearbeitungsprogrammen durch Hilfskonstrukte eingeschränkt möglich)	immer
Fotorealistisch	ja (ab entsprechender Farbtiefe – in der Regel 8 bit)	nur sehr aufwändig
Speicherarchitektur	einfach, aber bei Bildbearbeitungsprogrammen zunehmend komplexer	komplex
Vektor-/Pixelintegration	Vektorintegration nur sehr selten	fast immer auch Pixelintegration
Formatkonvertierung	prinzipbedingt einfach (bei Bildbearbeitungsformaten mitunter komplex)	technisch eher einfach
zu Pixeldaten	prinzipbedingt einfach (bei Bildbearbeitungsformaten mitunter komplex)	technisch eher einfach
zu Vektordaten	extrem aufwändig	einfach bis problematisch

Kenntnisse vom Inhalt dieses Kapitels sind für das weitere Verständnis des Buches grundlegend, da die hier vorgestellten Begriffe in den weiteren Kapiteln oft Verwendung finden.

Kapitel 2

Verwendbare Farben

Der Begriff **Farbtiefe** bezeichnet die Anzahl möglicher Farben pro Pixel. Wie im vorangegangenen Kapitel erwähnt, sind jeweils alle Pixel nicht nur exakt quadratisch und von gleicher Größe, sie können auch alle gleichsam mit den zur Verfügung stehenden Farben dargestellt werden. Gibt es in einer Pixelgrafik nur zwei Farbwerte, lassen sich für alle Pixel auch exakt nur diese beiden verwenden. Möchte man sich einer größeren Anzahl Farben bedienen, kann man mehr zur Verfügung stellen – für alle. Je mehr Farben wir benutzen können, desto höher ist die Farbtiefe.

Erneut muss auf den Speicherbedarf hingewiesen werden, der nicht nur mit der Anzahl verwendeter Pixel, sondern auch mit der Farbtiefe anwächst.

Wir wissen, dass der Computer in Bits und Bytes »denkt«. Ein Byte besteht aus 8 bit und 1 bit kann die zwei Zahlen 0 und 1 darstellen, auch *Binärzahlen* genannt. Wir können nur mit diesen Zahlen arbeiten. Um daraus Farben zu machen, weisen wir den Zahlen einfach Farbwerte zu: 0 für Schwarz und 1 für Weiß:

Jedes Bit repräsentiert nun ein Pixel. Damit lässt sich schon sehr viel machen. Wenn wir beispielsweise mit Hilfe eines Faxgerätes damit Schreiben jeder Art versenden, dann benötigen wir keine weiteren als diese beiden unbunten Farbangaben.

Falls wir jedoch mit Schwarz und Weiß nicht zufrieden sind, können wir für zusätzliche Abstufungen dazwischen sorgen, indem wir ein weiteres Bit pro Pixel hinzufügen. Nun repräsentieren 2 bit gemeinsam ein Pixel. Die Kombinationen 00 für Schwarz, 01 für Dunkelgrau, 10 für Hellgrau und 11 für Weiß sind möglich:

Wenn es noch ein wenig mehr sein soll, nehmen wir ein drittes Bit hinzu mit den Kombinationen 000 für Schwarz, 111 für Weiß sowie 001, 010, 011, 100, 101, 110 für ungefähr 14%ige Tonwertsprünge dazwischen:

Das beschriebene Verfahren kann nun unendlich weitergeführt werden. Zu erkennen ist, dass mit jedem weiteren Bit eine Verdoppelung der Farban-

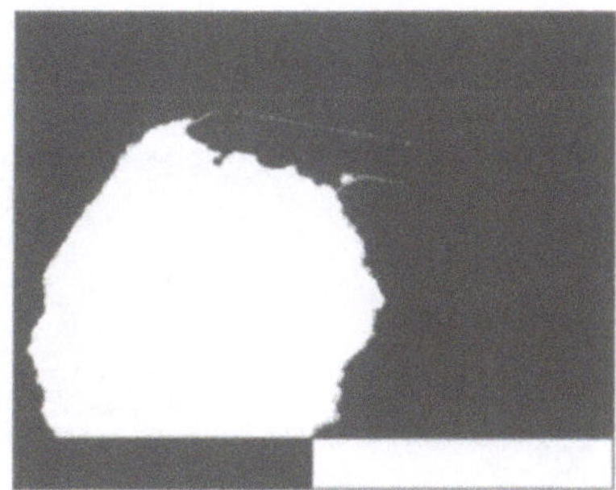

Abb. 2-1 1 bit, Schwarzweißbild

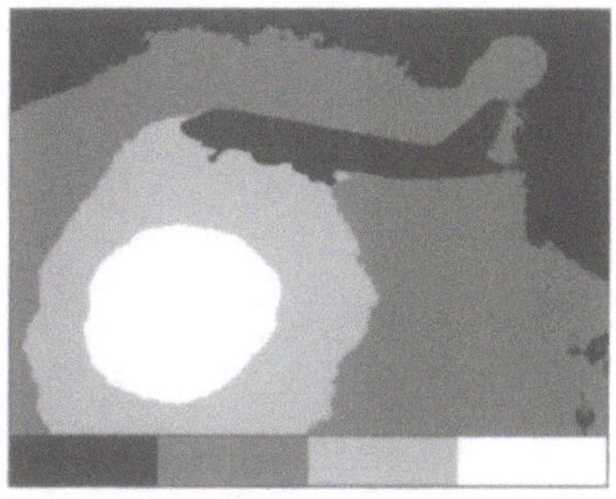

Abb. 2-2 2 bit, Graustufenbild mit 4 Tonstufen

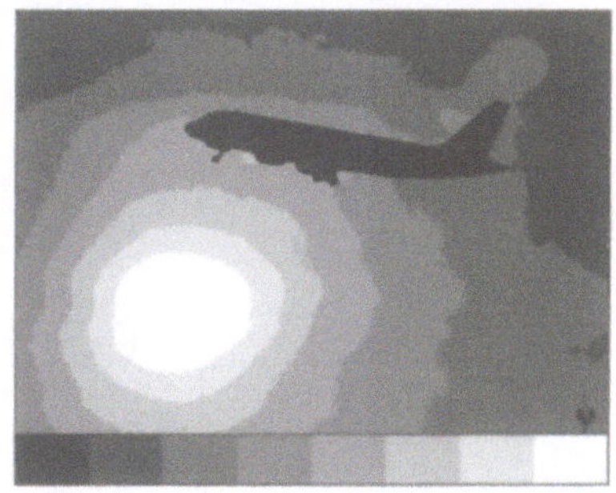

Abb. 2-3 3 bit, Graustufenbild mit 8 Tonstufen

Abb. 2-4   4 bit, Graustufenbild mit 16 Tonstufen

Abb. 2-5   5 bit, Graustufenbild mit 32 Tonstufen

Abb. 2-6   6 bit, Graustufenbild mit 64 Tonstufen

Abb. 2-7   7 bit, Graustufenbild mit 128 Tonstufen

Abb. 2-8   8 bit, Graustufenbild mit 256 Tonstufen

zahl möglich wird. Das liegt daran, dass ein Bit nur zwei Werte annehmen kann und diese Werte die Basis der Vervielfältigung sind. Zwei Werte mal zwei Werte bedeutet: Verdoppelung, mal zwei Werte: erneute Verdoppelung und so weiter.

Stellen wir einen einfachen Vergleich mit unserem Dezimalsystem an. Hier sind, wie wir täglich in der Anwendung erfahren, zehn Unterscheidungen (Werte) möglich: 0, 1, 2, 3, 4, 5, 6, 7, 8 und 9. Diese sind mit einer Ziffer realisierbar.

Wenn wir die Tage einer Woche zählen wollen, wären wir damit ausreichend bedient. Um die Tage eines Monats zu zählen, nicht. Nun wenden wir das gleiche Prinzip an wie zuvor: Wir ergänzen die Zahl um eine zweite Ziffer. Nun sind einhundert Tage zählbar (0–99; die Null darf nicht ignoriert werden). Für das ganze Jahr jedoch reicht das erneut nicht mehr. Wenn wir der Zahl wiederum eine Ziffer anhängen, können wir bis 999 zählen.

Das Prinzip hier: Jede Ziffer verzehnfacht die Möglichkeiten, da mit jeder Ziffer zehn Unterscheidungen möglich sind. Mathematisch kann das mit 10^3 dargestellt werden, was $10 \times 10 \times 10$ bedeutet und 1000 ergibt mit den Werten 0–999.

Kommen wir zurück zu unseren Binärzahlen. Hier ist die exponentielle Schreibweise für eine dreistellige Binärzahl: 2^3. Folglich rechnen wir $2 \times 2 \times 2$ und bekommen als Ergebnis 8.

Damit heiße ich Sie willkommen in der Welt der **Bittiefe**. So nennt man die Farbtiefe auch, da der Computer ausschließlich binär rechnet und somit die Farbanzahlmöglichkeiten durch »Verdoppelungsstufen« bestimmt werden. 1, 2, 3, 4, 5, 6 ,7 und 8 bit ermöglichen 2, 4, 8, 16, 32, 64, 128 und 256 Farben bzw. Farbabstufungen.

Darauf beziehend, muss man sich nun in einem Scanprogramm oder bei einigen Digitalkameras für einen so genannten *Farbmodus* entscheiden, in dem die zu erzeugenden Pixeldaten vorliegen sollen. Theoretisch können wir jede erdenkliche Bittiefe verwenden. In der Praxis jedoch beschränkt es sich auf einige wenige Farbmodi:

2.1 1 bit, Schwarzweißbilder (Bitmap)

Hier gibt es nur schwarze und weiße Pixel. Ein Schwarzweißbild wird auch als **Bitmap** bezeichnet. Während diese in einigen Grafikanwendungen durch andere Farben ersetzt werden können, sind 1-bit-Grafikformate nur auf Schwarzweiß ausgelegt. Diese beiden Grundfarben können wir auch als **Vollton**farben bezeichnen, da es nur den vollen Farbauftrag der beiden Basisfarben gibt (siehe auch *Vollton* im Glossar auf S. 197).

Bitmaps können dennoch – mit Einschränkungen – Graustufen durch Simulation beschreiben. (Lesen Sie dazu unbedingt das nachfolgende Kapitel »Tonwertsimulation durch Raster« ab S. 15.)

Leider wird der Begriff Bitmap häufig irreführend als Synonym für eine Pixelgrafik, unabhängig von der Farbtiefe, verwendet. Eventuell muss man sich bei dem Begriff vergewissern, was gemeint ist. Weitere Hinweise zu Bitmaps finden Sie auch später ab S. 17.

Abb. 2-9 1 bit, Schwarzweißbild

2.2 8 bit, Graustufenbilder

Damit sind 2^8 (= 256) Graustufen möglich. Bei diesen Bildern gibt es die beiden Kontrastfarben Schwarz und Weiß als dunkelste bzw. hellste Information sowie zusätzlich 254 lineare Modulationen dazwischen.

Genau genommen jedoch gibt es hier nur diese zwei Grundfarben, welche in linearen Stufen miteinander ausgemischt werden. Man kann sich einerseits ein weißes Blatt Papier vorstellen, auf dem mit Hilfe eines Pinsels, einer schwarzen wasserlöslichen Farbe sowie Wasser zur Verdünnung Farbmischungen aufgetragen werden. Damit ist die Mischung zwischen beiden Grundfarben bestimmbar.

Andererseits ist auch ein völlig dunkler Raum vorstellbar, welcher durch eine dimmbare weiße Lichtquelle in verschiedenen Intensitätsstufen erhellt werden kann. Auch in diesem Fall findet eine Mischung zwischen Schwarz und Weiß statt.

Vollständigkeitshalber sei noch von 8-bit-*Farb*bildern die Rede, bei welchen 256 durchaus völlig verschieden definierte Farben zum Einsatz kommen können. Wir sprechen hier von indizierten oder auch Palettenbildern, da die Pixel nunmehr keine Modulationsstufe mehr repräsentieren, sondern eine Indexnummer tragen, unter welcher der Farbwert hinterlegt ist. Das kann man

Abb. 2-10 8 bit, Graustufenbild mit 256 Tonstufen

Abb. 2-11 Roter Farbkanal eines RGB-Bildes
Hinweis: Die RGB-Mischungen der Abb. 2-16 bis
2-15 in diesem Kapitel sind natürlich nur simuliert.
Die Grundfarben des Drucks sind CMYK. Daher
lässt sich die CMYK-Mischung genau anhand der
Abb. 2-17 bis 2-23 beobachten.

Abb. 2-12 Grüner Farbkanal eines RGB-Bildes

Abb. 2-13 RGB-Bild ohne blauen Farbkanal

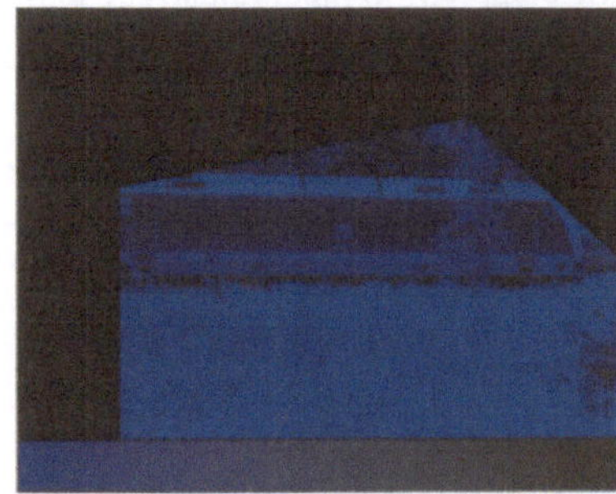

Abb. 2-14 Blauer Farbkanal eines RGB-Bildes

Abb. 2-15 RGB-Mischung

sich als indirekte Farbzuweisung vorstellen, eben über eine Farbpalette bzw. einen Farbindex; womit auch deutlich wird, woher die Bezeichnung kommt. Diese Farbbilder haben ihren festen Platz überall dort, wo farbige Darstellung gewünscht wird, Speicherplatz aber nur begrenzt zur Verfügung steht, etwa für Internet- oder Multimediaanwendungen. Für das weitere Verständnis dieses Buches sind sie jedoch nicht von Bedeutung.

2.3 24 bit und 32 bit, Farbbilder

Wenn Scanner, Digitalkameras, Bildschirme, Beamer oder Diabelichter zum Einsatz kommen, arbeiten wir mit 24-bit-RGB-Bildern. Farbdrucker arbeiten hingegen mit einem anderen Farbmodell: CMYK. Bei hochwertigen Farbdruckern lassen sich diese Grundfarben direkt ansteuern. Wir arbeiten dann mit 32 bit Farbtiefe.
In beiden Fällen ist das Grundprinzip dasselbe, nämlich 8-bit-Farbmischungen der bunten Grundfarben zu entweder Schwarz oder Weiß.

Eine einzelne Grundfarbe lässt sich dabei mit einem eingefärbten Graustufenbild vergleichen und wird auch als **Farbkanal** bezeichnet (vgl. Abb. auf dieser Doppelseite). Alle Farbkanäle zusammen ergeben das Farbbild.

Bei RGB gibt es die *Licht*farben Orangerot (red), Grün (green) und Violettblau (blue), mit je 256 Variationen nach Schwarz. Pro Lichtfarbe werden die oben vorgestellten 8-bit-Abstufungen pro Farbkanal herangezogen. Ein

Abb. 2-16 24 bit, RGB-Farbbild

Abb. 2-17 Zyan-Farbkanal eines CMYK-Bildes

Abb. 2-18 Magenta-Farbkanal eines CMYK-Bildes

Abb. 2-19 Zyan- und Magenta-Farbkanal

Bildpixel wird nun neben Schwarz nicht mehr mit Weiß, sondern anstelle davon mit einer gemeinsamen Komponente aus den drei Grundfarben gemischt. (Um Weiß zu bekommen, muss in *allen* drei Farbkanälen die hellste Stufe gewählt werden: Orangerot + Grün + Violettblau.)

Drei Grundfarben multipliziert mit jeweils 8 bit ergeben 24 bit. Wenn wir das in Farbabstufungen umrechnen, kommen gerundete 16,8 Millionen heraus. Mathematisch ist es im Übrigen völlig gleichgütig, ob wir mit 2^{24}, 256^3 oder $2^8 \times 2^8 \times 2^8$ rechnen: Das Ergebnis ist immer identisch.

Bei CMYK gibt es folgende *Körper*farben: Zyanblau (cyan), Magentarot (magenta), Gelb (yellow) und Schwarz (key-color). Auch mit je 256 Abstufungen, diesmal aber nach Weiß. Da wir hier vier Grundfarben

Abb. 2-20 Gelb-Farbkanal eines CMYK-Bildes

Abb. 2-21 CMYK-Bild ohne Schwarz-Farbkanal

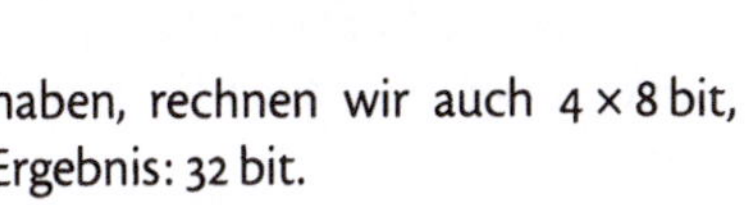

Abb. 2-22 Schwarz-Farbkanal eines CMYK-Bildes

Abb. 2-23 CMYK-Bild mit Schwarz-Farbkanal

haben, rechnen wir auch 4×8 bit, Ergebnis: 32 bit.

Falls Sie sich mit Farben und deren Mischung überhaupt nicht auskennen: Lassen Sie sich bitte nicht durch die beiden angesprochenen Farbmodelle verwirren. Wie Farben gemischt werden, ist im Detail für dieses Buch nicht wichtig. Dennoch finden Sie in den nebenstehenden Beispielen die Farbkanäle einzeln

Abb. 2-24 32 bit, CMYK-Farbbild

und gemischt dargestellt. Weiterführende Informationen bekommt man fast immer in den Handbüchern zu farbfähigen Grafikprogrammen. Im Anhang finden Sie darüber hinaus einige Buchempfehlungen.

2.4 16 bit, Graustufenbilder, Farbkanäle

Mit 16 bit sind 2^{16} Zustandsbeschreibungen möglich, was bei Graustufenbildern die beträchtliche Menge von 65536 verschiedenen Grauwerten ermöglicht. Verwenden wir diese Farbtiefe in den Farbkanälen eines Farbbildes, können bei einem RGB-Bild, das damit auch als 48-bit-Bild bezeichnet werden kann (3 × 16 bit), ca. 281 Billionen unterschiedliche Farbwerte beschrieben werden. Diese fast unglaubliche Menge kann von keinem Auge differenziert werden, aber das ist auch nicht notwendig. Diese Farbtiefen werden für Eingabegeräte gebraucht, die in der Lage sind, mehr als 8 bit pro Farbkanal zu erkennen. Als Speichermodus wird stets die doppelte Bitmenge verwendet, auch wenn ein Scanner vielleicht nur 10 bit auflöst. In jedem Fall werden diese Zusatzstufen für die praktisch immer notwendigen Farb- und Tonwertkorrekturen bei der Bildverarbeitung benötigt, da solche grundsätzlich verlustbehaftet sind. Um am Ende in einem 8-bit-Bild 256 echte Tonwertstufen pro Farbkanal zu haben, sind diese vorbereitenden Schritte sinnvoll.

Wir unterscheiden an dieser Stelle die Farbtiefe pro Farbkanal (einer in einem Graustufenbild und drei bzw. vier in einem Farbbild): 8 bit oder 16 bit; das Aufsummieren mit der Anzahl der Farbkanäle ist nicht unbedingt erforderlich.

Nun möchte ich noch einmal Folgendes betonen: Wichtig ist das Verständnis für die Gemeinsamkeiten von Graustufen- und Farbbildern im Gegensatz zur Bitmap- bzw. 1-bit-Darstellung. Verwendbare Farben sind entsprechend nach folgenden Kriterien zu differenzieren:

Erstens die reine Schwarzweiß- oder Volltonbeschreibung, bei der es nur die volle Farbdarstellung einer der beiden Grundfarben gibt; es sind keine echten Farbmischungen (in diesem Fall geeigneter: Farbabstufungen) möglich.

Zweitens die **Halbton**darstellung, bei der die jeweiligen Grundfarben, wie zuvor beschrieben, abgestuft werden können. Echte Farbmischungen sind möglich. In diesem Fall sprechen wir von Halbtönen. Das gilt für Graustufenbilder, aber auch für Farbfotos mit entweder 8 oder 16 bit pro Farbkanal.

Abschließend möchte ich außerdem den Begriff **Tonwertauflösung** vorstellen, welcher anstelle von Farb- oder Bittiefe verwendet werden kann. Allerdings ist der Gebrauch dieser Bezeichnung nicht üblich. Zum Buchthema ist Tonwertauflösung aber recht passend, da der Begriff unter anderem verständlich macht, dass es sich bei der Bittiefe auch um eine Auflösung handelt. In Kapitel 4 wird das Thema Auflösung ausführlich diskutiert (ab S. 29).

Um die Bildauflösung für Druckanwendungen sicher bestimmen zu können, sind bestimmte grundlegende Kenntnisse über Rastertechniken Voraussetzung.
In diesem Kapitel wird ausschließlich in Bezug zur Auflösungsbestimmung auf Raster eingegangen.
Wer Bilder lediglich für Bildschirmanwendungen vorbereitet, benötigt dieses Kapitel nicht unbedingt. Allerdings können auch für den Bildschirmbereich Bilder gerastert werden …

Kapitel 3

Tonwertsimulation durch Raster

3.1 Voll- und Halbtöne

Im vorangegangenen Kapitel (ab S. 9) wurde der Unterschied zwischen Voll- und Halbtönen deutlich gemacht. Auf Farbdrucker übertragen bestehen Volltöne nur aus vollem Farbauftrag vorhandener Farbmittel, während Halbtöne sich aus abgestufter Intensität der vorhandenen Grundfarben zusammensetzen können. Bei Schwarzweißdruckern ist demnach ein Vollton der volle schwarze Farbauftrag, wohingegen ein Halbton eine differenzierte Graustufe zwischen Schwarz und Papierfarbe darstellen kann. Drucker, die nur Volltöne ausgeben können, sind z. B. die meisten Laser-, aber auch Tintenstrahlgeräte oder Thermotransferdrucker. Ausgabegeräte, die echte Halbtöne erzeugen können, sind unter anderem Thermosublimationsdrucker sowie auch die etwas ungenau bezeichneten Minilabs, das sind Fotopapier belichtende LED- oder Laserdruckwerke, wie sie oft in Fotoläden anzutreffen sind.

Zur Verdeutlichung: Betrachten wir ein Schwarzweißfoto, dann können wir dort klar erkennen, dass nicht nur die Farben Schwarz und Weiß auszumachen sind, sondern auch eine sehr große Zahl dazwischenliegender Grauabstufungen (es müsste also eigentlich Graustufen- oder Monochromfoto heißen). Ein Schwarzweißdrucker hingegen kann wirklich nur die beiden genannten Farben ausgeben, zumindest wenn man weißes Papier nimmt: schwarze Farbe, weißes Papier. Gedruckt werden kann hier nur die Farbe Schwarz; Weiß entsteht durch fehlenden Farbauftrag.

Ein Schwarzweißfoto besteht somit aus echten Halbtönen, der Ausdruck eines Schwarzweißdruckers nicht.

Nun gilt aber die Beschränkung, Halbtöne nicht direkt ausgeben zu können, nicht nur für die meisten »Schreibtischdrucker«, sondern für fast alle konventionellen Druckverfahren, allen voran der meistverwendete Offsetdruck; einzig ausgenommen der heutzutage seltener verwendete konventionelle (tiefenvariable) Tiefdruck.

Wie kann es da sein, dass wir dennoch täglich täuschend echte Halbtöne in Druckergebnissen zu Gesicht bekommen? – Indem wir uns eine Beschränkung unserer Augen zunutze machen.

Das Auflösungsvermögen unserer Augen hat eine natürliche Grenze, ab der nebeneinander liegende, sich nicht berührende Details – wir könnten uns zwei kleine einzelne schwarze Punkte vorstellen – nicht mehr voneinander unterschieden werden können. Sie können einerseits zu einem gemeinsamen Objekt »verschmelzen«; sie können aber bei noch kleinerer Größe auch nur durch eine abgeschwächte Intensität ihrer ursprünglichen Farbe erkannt werden. Zunehmend würde also das schwarze Detail sich über hellschwarze (graue) Tonabstufungen verlieren, immer vorausgesetzt, dass die Basisfarbe weiß ist. In allen Fällen vermischt das Auge optisch das, was durch die Grenzen des Auflösungsvermögens nicht mehr isoliert wahrgenommen werden kann.

Diese »Auflösungsschwäche« können wir nun zu unserem Vorteil nutzen. Vor allem können abhängig vom Verhältnis Auftragsfarbe und -menge (z. B. Schwarz) zu verbleibender Basisfarbe (meistens Weiß) unterschiedliche Tonwerte (etwa Schwarz–Grau–Weiß) simuliert werden.

Stellen wir uns einfach – vielleicht müssen Sie sich dazu ein wenig überwinden – rosa Konfetti vor. Nur rosafarbenes. Das wäre nicht sonderlich abwechslungsreich, deswegen wollen wir es modifizieren. Leider haben wir in unserer Vorstellung nur einen schwarzen Kugelschreiber. Immerhin, wenn wir das ein oder andere Papierschnipsel damit komplett ausmalen, haben wir schon zwei Farben: Rosa und Schwarz. Aber weil wir faul sind und vor allem weil uns zwei unterschiedliche Farbvarianten nicht reichen, können wir auch variieren, indem wir nur einen Teil ausmalen. Ob wir dabei wild »kritzeln« oder sauber schraffieren, ist gar nicht so wichtig. In jedem Fall würde Folgendes passieren: Je nach Betrachtungsdistanz können wir nicht mehr sehen, ob nur ein Teil schwarz ist, eine Schraffur aufgebracht wurde oder irgendetwas, was uns sonst noch eingefallen ist; wir würden nur noch die Mischung erkennen von aufgetragener Kugelschreibertinte und nicht übermaltem rosa Untergrund. Wir hätten dann alle möglichen Mischungen zwischen Rosa und Schwarz – vorausgesetzt wir waren fleißig (vgl. Abb. 3-1).

Das funktioniert sogar, wenn wir die einzelnen Auftragsfarbmengen deutlich erkennen können – auch wenn der optische Eindruck durch die erkennbaren Strukturen stört, aber es klappt.

3.2 Digitale Tonwertsimulation

Wir können uns nun vorstellen, wie sich Halbtöne prinzipiell simulieren lassen. Wie das konkret bei einem Drucker aussehen kann, schauen wir uns nun an. Wir werfen zu diesem Zweck einen genaueren Blick auf eine virtuelle **Gerätematrix** eines nicht halbtonfähigen Ausgabegerätes.

Nahezu ohne Ausnahme arbeiten die heute üblichen Drucker mit einer gerätebezogenen Matrix zur Ansteuerung der Detailelemente ihrer Druckwerke. Das kleinste abbildbare Detail – nehmen wir für dieses Buch den vielleicht neutralsten Begriff – heißt **Aufzeichnungspunkt**. Unterschiedliche Techniken sind für die Erzeugung verantwortlich: Bei einem Tintenstrahldrucker sind es Tintendüsen, bei Laserdruckern und Filmbelichtern ist es ein feiner Laserstrahl, bei LED-Druckern sind es lumineszenzemittierende Dioden, bei Thermotransferdruckern Thermoelemente und bei Nadeldruckern Na-

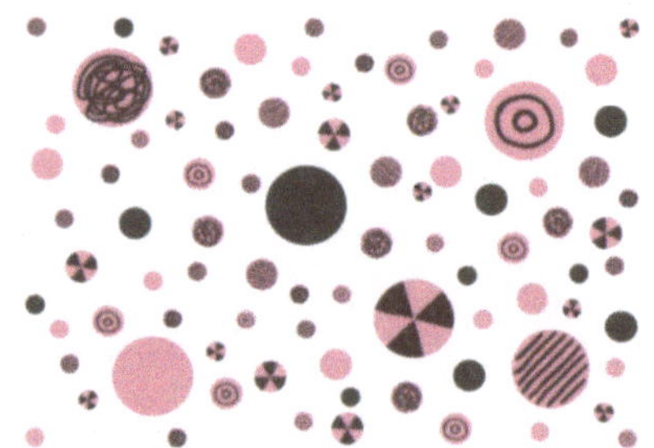

Abb. 3-1 Auch wenn es nur ein Schwarz und ein Rosa gibt, so entsteht doch durch die unterschiedliche Bemalung der Eindruck von Farbabstufungen zwischen Rosa und Schwarz.

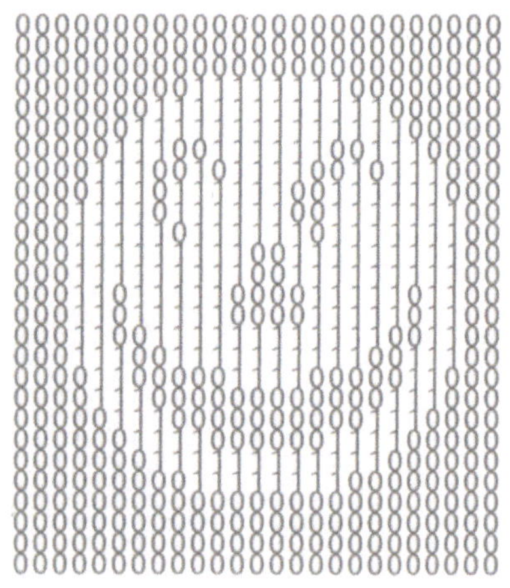

Abb. 3-2 Gerätematrix; 1: drucke, 0: drucke nicht

deln. Diese Techniken versprühen, verschmelzen, »stempeln« Farbe auf den Bedruckstoff oder belichten lichtempfindliches Material. Als Bedruckstoff kommt einfaches bis veredeltes oder auch Spezialpapier zum Einsatz.

Alle Techniken haben Folgendes gemein: Mit ihnen ist es möglich, einen einzelnen Aufzeichnungspunkt mit der oder den zur Verfügung stehenden Grundfarben zu erzeugen. Diese sind in der Regel gleich groß, haben die gleiche Form und stehen in »Reih' und Glied« neben- bzw. untereinander… Kommt ihnen bekannt vor? Stimmt. Klingt fast nach Pixelgrafik. Allerdings gibt es Unterschiede. Die Form ist beispielsweise nicht quadratisch, sondern durch die verschiedenen Drucktechniken meistens näherungsweise rund. Gemeinsam wiederum ist die oben angesprochene Matrix. In diesem Fall mit einer festen 1-bit-Farbtiefe, also eine Bitmap. Hier gibt es so viele Matrixelemente, wie es Aufzeichnungspunkte gibt. In dieser Bitmap-Matrix ist vermerkt, wann ein Aufzeichnungspunkt gesetzt wird und wann nicht: 1, übertrage Farbe; 0, übertrage keine Farbe (vgl. Abb. 3-2). Jeder Punkt hat seine eigene universelle Adresse, indem, ausgehend von der linken unteren Ecke, nach rechts bzw. oben gezählt wird. Wir haben also eine Art Landkarte vor uns, in der die Adressen der Aufzeichnungspunkte vermerkt sind. Daher kommt im Übrigen auch der Name Bitmap: eine Karte aus Bits, und ein Bit ist entweder 0 oder 1. Man kann das Abbild in dieser erkennen (vgl. Abb. 3-2 mit Abb. 1-3 auf S. 4).

Die Programme oder Programmteile, die für die Aufbereitung der Druckdaten zuständig sind, arbeiten nur mit dieser Gerätematrix, gleichbedeutend mit einem virtuellen Druckbild. Für die physikalische Umsetzung im Druckprozess ist die Druckerlogik verantwortlich. Wir können diesen Teil hier getrost ignorieren.

Abschließend illustriert Abb. 3-3 den Zusammenhang zwischen Pixelgrafik, Gerätematrix und Aufzeichnungspunkten.

Nun ist klar geworden, dass bei vielen Druckern keine echten Halbtöne zwischen schwarzem Farbauftrag und Papierweiß druckbar sind, da wir dort Aufzeichnungspunkte nur komplett aktivieren können, oder nicht. Aber wir sind in der Lage, mehrere dieser Elemente dem einen gemeinsamen Ziel dienen zu lassen, um einen Zwischenton auszugeben, auch wenn wir dafür leider zusätzlichen Platz beanspruchen müssen.

Beispielsweise können innerhalb einer zuvor definierten Fläche unterschiedlich viele Aufzeichnungspunkte aktiviert werden. Je mehr es sind, desto weniger Papierweiß verbleibt, desto dunkler wird der zu simulierende Tonwert (vgl. gelbes Quadrat in Abb. 3-4); je weniger Druckelemente aktiviert werden, desto heller wird der simulierte Tonwert, da durch das Mehr an Papierweiß auch mehr Licht reflektiert wird (vgl. grünes Quadrat in Abb. 3-4).

Innerhalb dieser (zu definierenden) Flächen haben wir die Möglichkeit, mehrere Halbtöne auszugeben. Je größer die zur Verfügung stehende Fläche ist, desto mehr können es werden. Diese Fläche ist nicht stufenlos variabel, sie kann immer nur aus einem Vielfachen der Aufzeichnungspunkte bestehen.

Die Summe der Aufzeichnungspunkte steht dann für die maximale Anzahl an simulierten Halbtonstufen. Stehen uns z. B. 25 Aufzeichnungspunkte

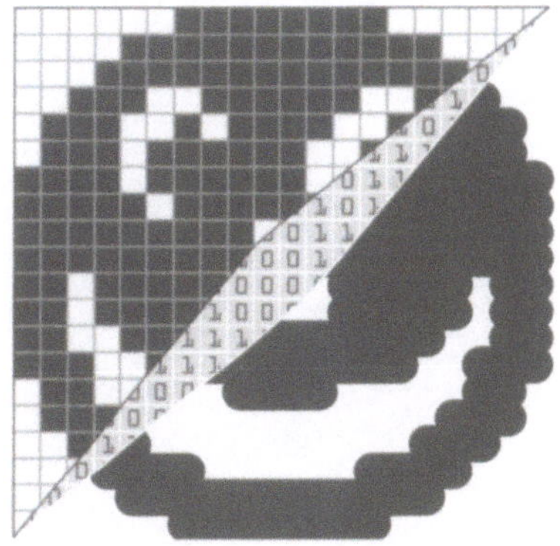

Abb. 3-3 Grafikdaten werden bei Schwarzweißdruckern letztlich in einer Gerätematrix beschrieben und dann mit Aufzeichnungspunkten umgesetzt. In diesem Fall entspricht die Pixelmatrix genau der Gerätematrix, was in der Praxis jedoch eher seltener der Fall ist.

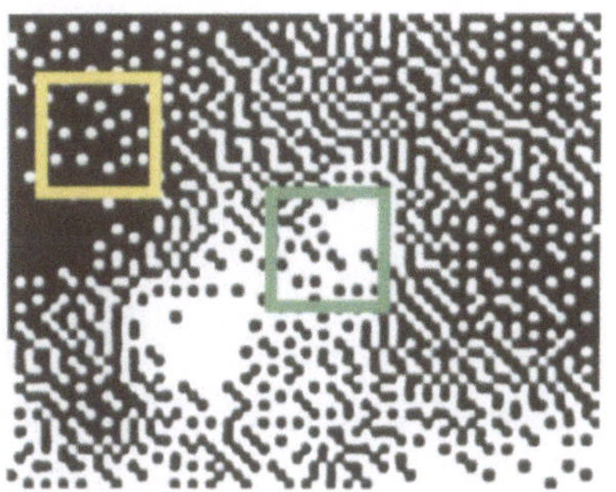

Abb. 3-4 Unterschiedliche Flächendeckungen schwarzer Farbe auf weißem Papier. Innerhalb der vom gelben Quadrat umrahmten Fläche bleibt nur wenig vom Papierweiß übrig, so dass viel mehr Licht absorbiert als reflektiert wird. Das Ergebnis ist ein dunkler Eindruck. Bei der vom grünen Quadrat umrahmten Fläche verhält es sich genau umgekehrt. Die wenigen Farbpunkte können nur geringe Anteile des Lichtes zurückhalten. Das ergibt einen hellen Eindruck.

innerhalb einer solchen Fläche zur Verfügung, können wir auch 25 Halbtöne nachbilden. Genau genommen sogar einen mehr, da neben dem Zustand, dass alle 25 einzeln aktivierbar sind, auch keiner aktiviert sein kann; das wäre dann der hellste Tonwert, also Weiß.

Wie die Flächen definiert werden und wie auf sie zugegriffen wird, ist für das weitere Verständnis sehr wichtig. Zuvor aber noch einmal das Grundprinzip: Können wir keine Zwischenstufen der Grundfarbe drucken, simulieren wir diese dadurch, dass wir mehr Aufzeichnungspunkte beanspruchen. Um nur eine weitere mittlere Graustufe um 50 % auszugeben, brauchen wir neben einem schwarzen Aufzeichnungspunkt auch einen weißen, nicht gedruckten. Beide zusammen bilden nun den angesprochenen Tonwert.

Für eine 25%ige Graustufe benötigen wir zwei »Mitstreiter« zusätzlich: einen schwarzen und drei weiße. Für einen 10%igen Grauwert werden gar zehn »Gruppenmitglieder« gebraucht (Sie ahnen es): einen schwarzen und neun weiße. Also: Je feiner die Tonwertabstufungen sein sollen, desto mehr Aufzeichnungspunkte (und dementsprechend auch Platz) brauchen wir. Das bedeutet in all diesen Fällen konsequenterweise einen Auflösungsverlust, da vergleichsweise große Flächen für jeweils nur einen (dafür variablen) Tonwert zuständig sind.

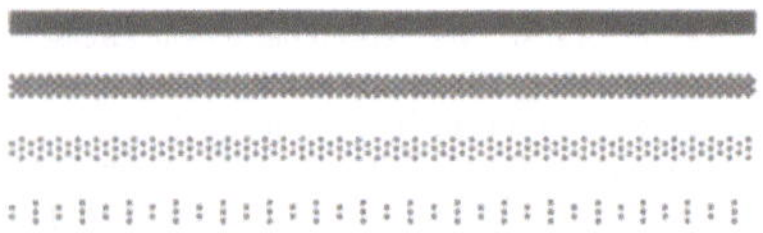

Vergleichen Sie bitte die Linien in Abb. 3-5. Während die obere schwarze Linie absolut konturenscharf ist, kann die darunter liegende schon nicht mehr so beschrieben werden, obwohl das Ergebniss noch sehr gut ist. Die beiden nachfolgenden Linien sind zwar als heller zu erkennen, aber man kann genau genommen nicht mehr sicher sehen, wie die äußere Kontur exakt verläuft. Natürlich gehen wir bei solcherart untereinander liegenden Linien davon aus, dass sie gleich lang angelegt sind, aber könnte die unterste Linie nicht dennoch auch ein bisschen kürzer sein?

Abb. 3-5 Vier Linien in verschiedenen Tonwerten. Für die 1. Linie sind alle Aufzeichnungspunkte aktiviert; für die 2. jeder zweite; für die 3. jeder fünfte; für die 4. jeder zehnte.

3.3 Digitale Rasterverfahren

Wie zuvor beschrieben, wird über die Menge an Aufzeichnungspunkten innerhalb einer Fläche ein Tonwert simuliert. Eine solche Fläche wird **Rasterzelle** genannt. Die Aufgabe besteht nun darin, diese Rasterzellen effizient zu organisieren. Am einfachsten geht das, indem wir über die Gerätematrix eine weitere Matrix, nennen wir sie **Rastermatrix**, legen. Auch in dieser sind die einzelnen Elemente wiederum quadratisch und gleich groß. Sie bestehen aus n^2 Aufzeichnungspunkten, also beispielsweise aus 2×2, 5×5 oder 16×16 Aufzeichnungspunkten. Das bedeutet, dass die Größe frei definierbar, aber dann für alle Rasterzellen gleichermaßen verbindlich ist.

Wie wir gesehen haben, hängt die Größe der Fläche und die sich daraus ergebende Anzahl der zur Verfügung stehenden Aufzeichnungspunkte (und umgekehrt: aus einer gewünschten Menge Aufzeichnungspunkte eine resultierende Flächengröße) direkt mit der Anzahl der zu simulierenden Tonwerte zusammen. Je mehr Aufzeichnungspunkte innerhalb einer Rasterzelle zur Verfügung stehen, desto mehr Tonwerte können simuliert werden; desto weniger Rasterzellen haben wir jedoch auch, da die Rasterzellen nun mal größer

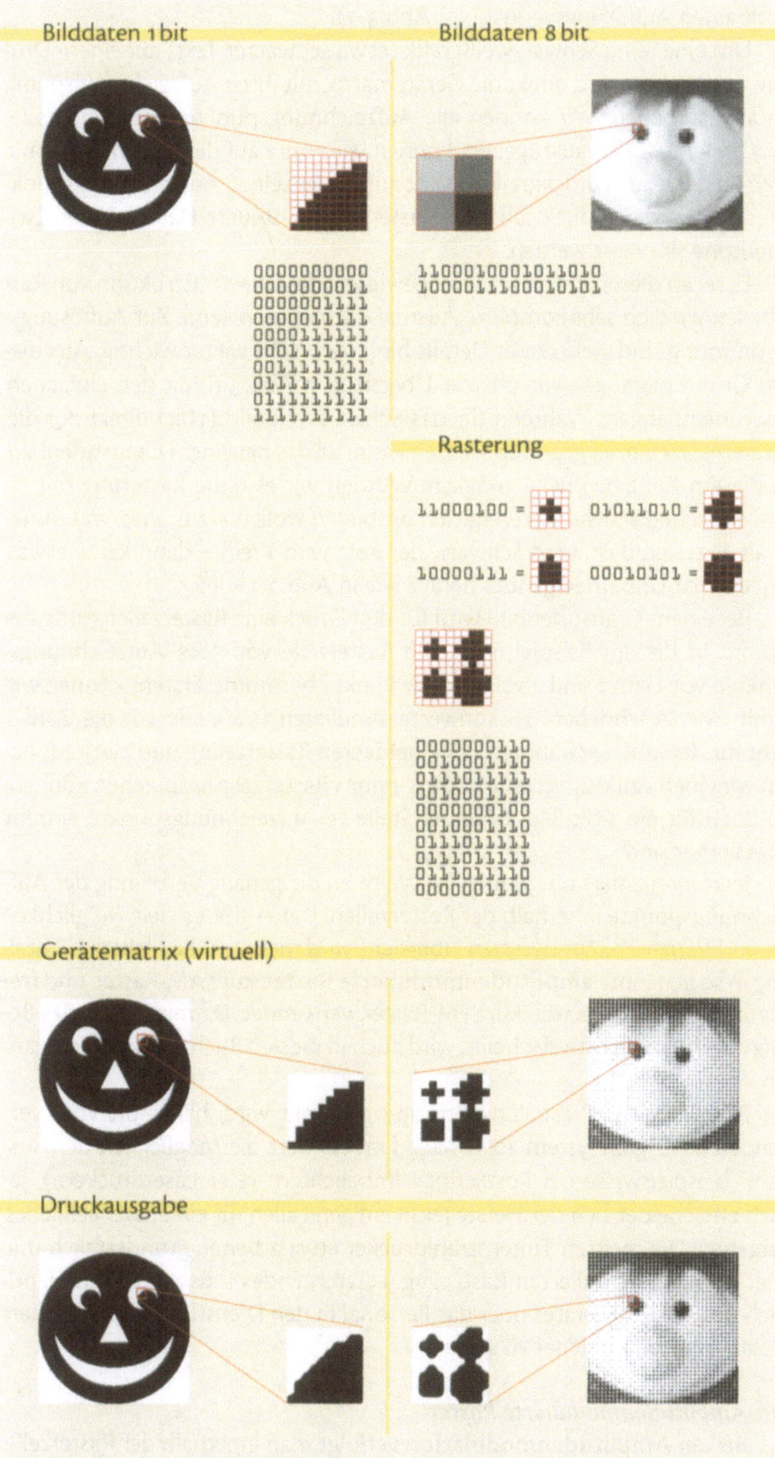

Abb. 3-6 **Vom Bild zum Druck**

Die Bebilderung der Ausgabegeräte erfolgt über die Gerätematrix (1 bit). Diese existiert nur geräteintern, kann aber zum besseren Verständnis als Bitmap-Bild dargestellt werden.

Ein 1-bit-Bild wie in der Abbildung links kann direkt auf der Gerätematrix abgebildet werden. Allerdings ist es in vielen Fällen nicht ganz so einfach. Wenn zum Beispiel das digitale Bild nicht direkt in die Gerätematrix eingepasst werden kann, muss beim Bebildern eine Skalierung der Bildmatrix in die Gerätematrix durchgeführt werden. Ist Letztere feiner als die Pixelmatrix, könnte es sein, dass vielleicht vier Aufzeichnungspunkte ein Bildpixel abbilden. Natürlich gibt es Fälle, wo ein Bildpixel zwar größer als ein Aufzeichnungspunkt, aber kleiner als deren vier ist. In dieser Situation sind leider Deformationen der ursprünglichen Bildpixel nicht zu vermeiden, was sich bei niedrigen Auflösungen tatsächlich negativ bemerkbar machen kann.

Ein 8-bit-Bild (Halbtonbild) kann nicht direkt auf der Gerätematrix abgebildet werden. Hier muss über den Umweg des Rasterns eine Halbtonsimulation vorgenommen werden. Hier illustriert am Beispiel eines amplitudenmodulierten Rasters (rechts).

In die Gerätematrix wird – durch die Größe der Rasterzelle bestimmt – eine weitere Matrix eingepasst, die Rastermatrix. Ein jedes Bildpixel nimmt nun auf die Rastermatrix Bezug, indem (in diesem Beispiel) eine Rasterzelle für ein Bildpixel zuständig ist. (In der Praxis kommen auf eine Rasterzelle mehrere Bildpixel.) Hier bilden nun 5×5 Aufzeichnungspunkte eine Rasterzelle und können damit 26 Tonwerte simulieren. Das sind deutlich weniger als die möglichen 256 Abstufungen des digitalen Bildes, aber immer noch viel mehr, als die 2 echten Tonwerte durch das Ausgabegerät. Auch die Menge der einzeln zu bebildernden Bildpixel ist geringer: nur ein fünfundzwanzigstel. Dennoch ist das Ergebnis in Ordnung, da wir Halbtöne simuliert haben, ohne die das Bild einfach nicht auskommt.

Das Druckbild schließlich weicht etwas von der als Bitmap dargestellten Gerätematrix ab, da sich die Aufzeichnungspunkte nicht genau in die Matrix fügen können. Diese haben in der Regel eine runde Form, die auch größer sein muss, damit die ihnen zugewiesene Fläche auf jeden Fall ausgefüllt werden kann.

werden und dadurch weniger hiervon in die Rastermatrix passen. Wir haben somit einen Auflösungsverlust (vgl. Abb. 3-7).

Um eine reine Schwarzweißgrafik (etwa schwarzer Text) auf einem Drucker auszugeben, wird direkt die Gerätematrix mit ihren Aufzeichnungspunkten angesprochen. Wir können alle Aufzeichnungspunkte einzeln adressieren. Um Graustufen auszugeben, können wir »nur« auf die Rastermatrix mit ihren Rasterzellen zurückgreifen, nicht auf die einzelnen Aufzeichnungspunkte – diese werden indirekt über die Rasterzellen gesteuert. Dafür können Zwischentöne simuliert werden.

Es sei an dieser Stelle darauf hingewiesen, dass die Konstruktion von Rasterzellen wirklich sehr komplexe Ausmaße annehmen kann. Zur Auflösungsbestimmung sind viele dieser Details hingegen nicht weiter wichtig. Aus diesem Grund begnügen wir uns zur Übersicht in Abb. 3-6 mit den einfachen Zusammenhängen: Während für das Schwarzweißbild (1 bit) direkt auf die Gerätematrix zurückgegriffen werden kann, ist das bei einem Graustufenbild (in diesem Fall 8 bit) nicht möglich. Würden wir es ohne Rasterung mit einem einfachen Schwellwertvergleich probieren wollen – z. B. alles, was dunkler als Mittelgrau ist, wird Schwarz, der Rest wird Weiß – dann käme etwas vergleichbar Unbefriedigendes heraus wie in Abb. 2-1 auf S. 9.

Bei einem Graustufenbild wird für den Druck eine Rasterzellengröße bestimmt. In diesem Beispiel liegt eine Rasterzelle von 5×5 Aufzeichnungspunkten vor. Damit sind zwei wichtige Punkte bestimmt: Erstens können wir damit, wie beschrieben, 26 Tonwerte simulieren ($5 \times 5 + 1 = 26$; die Zahl 1 steht für den oben erwähnten Fall einer leeren Rasterzelle); und zweitens haben wir einen Auflösungsverlust, da wir nur 1 Rasterzelle ansprechen können, wo doch für ein 1-bit-Bild an selber Stelle 25 Aufzeichnungspunkte einzeln adressierbar sind.

Jetzt interessiert uns jedoch im Weiteren die genaue Verteilung der Aufzeichnungspunkte innerhalb der Rasterzellen. Dabei gibt es viele Möglichkeiten und Varianten. Zur besseren Übersicht wird meistens die plakative Einteilung in so genannte **amplitudenmodulierte Raster**, kurz AM-Raster, und **frequenzmodulierte Raster**, kurz FM-Raster, verwendet. Da mir das als das Benutzungsfreundlichste erscheint, wird auch in diesem Buch danach vorgegangen.

Mit welchem »Verteilungsprinzip« gedruckt wird, hängt oft vom verwendeten Ausgabesystem ab. Je nachdem existiert die Möglichkeit der Auswahl (beispielsweise bei PostScript-Filmbelichtern oder Laserdruckern), jedoch entscheidet sich der Hersteller in einigen Fällen für ein ausschließliches Vorgehen. Die meisten Tintenstrahldrucker etwa arbeiten grundsätzlich mit einer frequenzmodulierten Rasterung. Letzten Endes müssen Sie das Handbuch des Ausgabegerätes oder das Personal in den Dienstleistungsbetrieben zu Rate ziehen, um sicher zu gehen.

3.3.1 Amplitudenmodulierte Raster

Bei der **Amplitudenmodulation** verfolgt man innerhalb der Rasterzelle das Ziel, alle Aufzeichnungspunkte zu einer gemeinsamen, in der Größe variablen Form zusammenzuführen. Meistens wird aus der Mitte der Rasterzelle

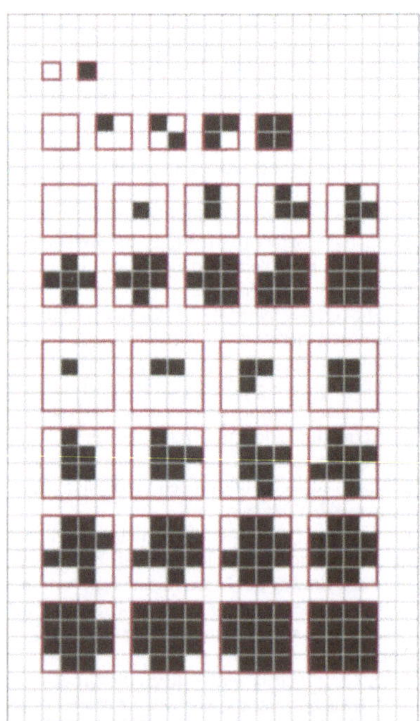

Abb. 3-7 Je größer die Rasterzelle, desto mehr Tonwerte lassen sich simulieren

Abb. 3-8 Amplitudenmodulierter Raster

Abb. 3-9 Vierfache Vergrößerung aus Abb. 3-8

heraus ein einzelner, sichtbarer Rasterpunkt gebildet. Je größer dieser so gebildete Rasterpunkt wird, desto dunkler wird der simulierte Tonwert und umgekehrt (vgl. Abb. 3-8 und 3-9). Diese Rasterung nennt man auch autotypisch (selbstbildend) oder schlicht herkömmlich, da die ersten überhaupt jemals erzeugten Raster – damals auf fotografischem Weg – so aussahen. Mit Hilfe einer Glasplatte, in die ein Gitter bildende Linien eingraviert waren und durch die man dann einen knapp dahinter befindlichen Film belichten konnte (Distanzrasterung), wurde das Licht über die Fläche in regelmäßigen Abständen gebündelt und schuf – je nach Schwärzung der Vorlage und der daraus resultierenden Lichttransmission – größere oder kleinere Punkte.

Dieselbe Struktur ist auch für den Begriff Amplitudenmodulation verantwortlich. Innerhalb der Rasterzelle wird, wie erläutert, nur *ein* größenvariabler Rasterpunkt gebildet, auch wenn dieser aus vielen einzelnen, aber nicht einzeln erkennbaren Aufzeichnungspunkten besteht. Ein anderer Begriff für die Schwankungsbreite der Größe ist Amplitude. Die Tonwerte werden demnach über die Größe des Rasterpunktes (die Höhe der Amplitude) variiert (moduliert). Demgegenüber bleibt der Abstand vom Mittelpunkt eines Rasterpunktes zu einem anderen konstant; was nicht weiter verwundert, da wir es ja mit gleich großen Rasterzellen zu tun haben: Breite der Rasterzelle = Abstand von einem zum anderen Rasterpunktzentrum.

Die spätestens durch eine Lupe erkennbare Rasterpunktform kann verschieden ausfallen, eben nicht nur rund. Häufiger kommt ein elliptischer Umriss zum Einsatz und auch alternative Formen sind im Gebrauch. Die Gründe dafür sind vielfältig und überwiegend in der Druckvorstufe verankert. Aus grafischer Sicht sind die so genannten Effektraster interessant. Bei genügend großen und dementsprechend ohne Lupe sichtbaren Rasterpunkten (genügend viele Aufzeichnungspunkte pro Rasterzelle vorausgesetzt, aber auch meistens garantiert), kann man die Form auch illustrativ einsetzen (vgl. Abb. 3-10 bis 3-12).

Weil sich AM-Raster im Druck gut reproduzieren lassen und darüber hinaus die Erfahrungswerte damit enorm hoch sind, ist dieser in professionellen Druckumgebungen bis heute der am meisten verwendete Raster, auch wenn es systembedingte Nachteile gibt.

Im Mehrfarbdruck müssen mehrere Farben übereinander gedruckt werden. Es sind dies die schon in Abb. 2-17 bis 2-23 auf S. 13 abgebildeten Grund-

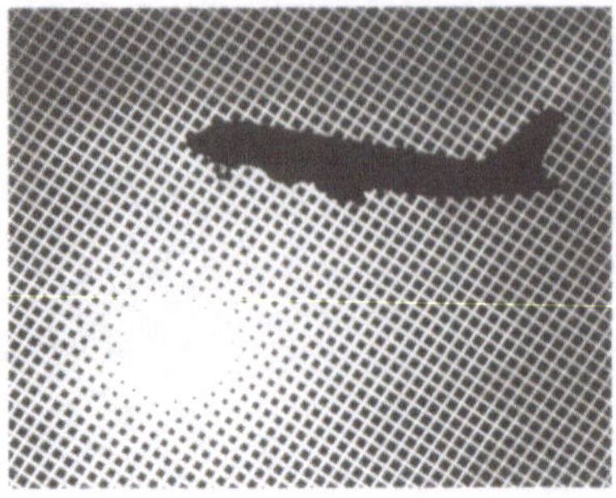

farben CMYK. Diese werden nicht exakt übereinander gedruckt, sondern ge-geneinander gedreht, gewinkelt. Dadurch ergeben sich neben den Raster- auch so genannte Rosettenstrukturen, die bei Farbbildern nicht selten mit bloßem Auge zu sehen sind, auch wenn die Raster bewusst sehr fein gedruck-t werden, um sich nicht störend bemerkbar zu machen. Abb. 3-14 zeigt typi-sche Winkelkombinationen der vier Grundfarben. Die deutlichste Farbe Schwarz liegt im Allgemeinen auf 45 Grad, da dieser Winkel am wenigsten auffällig ist. Das gilt vor allem auch für Graustufenbilder.

Die Winkelung der Raster erfolgt hauptsächlich aufgrund des Problems, dass ein absolut exakter Übereinanderdruck der einzelnen Rasterfarbauszüge nicht möglich ist. Früher oder später würde ein Effekt eintreten, welcher als Moiré bekannt ist. Moirés sind durch Überschneidungen zweier (oder auch mehrerer) Raster entstehende Strukturen, welche sicherlich kreativ genutzt werden, sich im autotypischen Farbdruck jedoch als wirklich unangenehme Begleiter erweisen können (vgl. Abb. 3-13).

In der digitalen Rasterung war es anfänglich nicht möglich, die idealen Rasterwinkel von 15 oder 75 Grad zu definieren. Eine aus einzelnen Aufzeich-nungspunkten bestehende Rasterzelle in einer rechtwinkligen Gerätematrix lässt sich ja nicht einfach drehen wie die oben beschriebene Glasplatte bei der Distanzrasterung. Eine Rasterzelle muss immer in die Gerätematrix hin-ein konstruiert werden, was zu festen, nicht immer gewünschten Winkeln

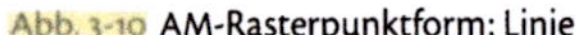

Abb. 3-13 Zwei Moirés, oben mit kleinerer, unten mit größerer Periode

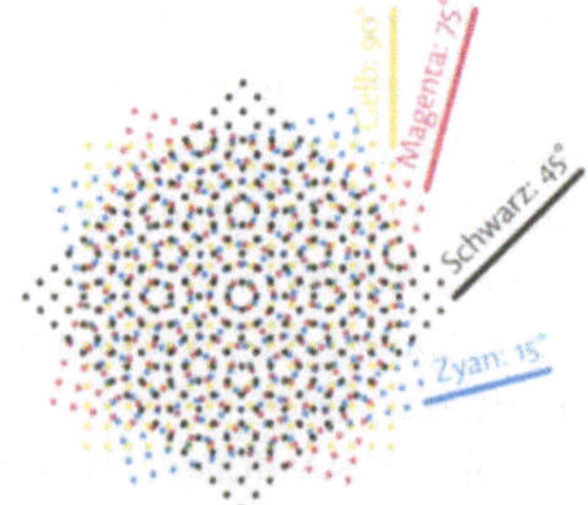

Abb. 3-14 Verschiedene Rasterwinkel pro Farbe im autotypischen Mehrfarbdruck.
Die Zuweisung der Winkel kann z. B. bedingt durch Motiv oder Druckverfahren abweichend ausfallen.

Abb. 3-15 FM-Raster, ungeordnet   Abb. 3-16 Vierfache Vergrößerung aus Abb. 3-15

führt. Je kleiner eine Rasterzelle ist, desto weniger Winkel stehen zur Verfügung und desto eher kann es zu Moirés kommen.

Wir dürfen nicht den Fehler machen zu glauben, dass die AM-Rasterung ein einfaches Thema ist. Zur Erklärung der Technik werden aus didaktischen Gründen zwar einfache Strukturen herangezogen, aber damit ist nur ein Einstieg geschafft. Immerhin, für uns reicht dieser nun aus. Wer noch mehr Interesse hat, soll sich ermuntert fühlen, im Literaturverzeichnis nach weiterführenden Werken zu schauen.

3.3.2 Frequenzmodulierte Raster

Bei der frequenzmodulierten Rasterung ist der augenscheinlichste Unterschied zum amplitudenmodulierten Verfahren der, dass die Aufzeichnungspunkte keine einzelne gemeinsame Form mehr bilden, sondern isoliert sichtbar sind.

Stellen wir uns dazu ein paar runde, verschieden große Kekse vor, sagen wir mal fünf Stück in ansteigender Größe von klein nach groß, und platzieren wir sie so nebeneinander, dass ein Keksmittelpunkt jeweils gleich weit vom nächsten entfernt ist. Sie bemerken es: Damit haben wir eine amplitudenmodulierte Keksreihe vor unserem geistigen Auge. – Um daraus jetzt eine frequenzmodulierte Reihe zu machen, hauen wir vorsichtig so lange mit der Faust auf die Kekse, bis nur noch Krümel übrig bleiben. Diese verteilen wir über eine quadratische Fläche mit dem Finger so, dass ein gleichmäßiger Krümelteppich zurückbleibt. Geschafft. Nun haben wir eine frequenzmodulierte Kekskrümelreihe kreiert. Die Kekse bestehen nur noch aus Krümeln, haben aber zusammengenommen noch dieselbe Masse bzw. denselben Sättigungsgrad (in der Fläche und beim Hunger…). Kehren wir aber besser wieder zu den Ausgabegeräten zurück.

Das Grundprinzip der Tonwertsimulation ist immer noch dasselbe: Wir müssen innerhalb einer festgelegten rechteckigen Fläche für dunkle Tonwerte viele Aufzeichnungspunkte aktivieren und für hellere entsprechend weniger. Ob AM- oder FM-Rasterung, die aktivierte Menge für einen gegebenen Tonwert ist im Prinzip gleich, nur die Auswahl der Aufzeichnungspunkte ist eine andere: Das führt dazu, dass wir bei den AM-Rastern alle zusammen als *eine* Form wahrnehmen (die in der Amplitude variiert), bei den FM-Rastern aber diese einzeln als immer gleich kleine Rasterpunkte ausgemacht werden

Abb. 3-17 FM-Raster, geordnet

Abb. 3-18 Vierfache Vergrößerung aus Abb. 3-17

können, die in der Menge und im Abstand zueinander variieren. Es wird somit die Frequenz moduliert.

Ungeordnete frequenzmodulierte Raster

Nun gilt es aber bei den FM-Rastern eine weitere Unterscheidung zu treffen: in ungeordnete und geordnete. Abb. 3-15 und 3-16 zeigen die ungeordnete Anordnung. Die Rasterzellen, innerhalb der die Verteilung auch bei FM-Rastern zu geschehen hat, lassen sich schwer bis gar nicht herauslesen. Die technische Umsetzung ist aufwändig. Es muss geklärt werden, in welcher Größe die Rasterzellen angelegt sind, ob und wie die Verteilung durch mathematische Algorithmen erfolgt oder durch gezielte Arrangements, wie körnig oder eben nicht die Ergebnisse werden, ob ein FM-Rasterpunkt einem Aufzeichnungspunkt entspricht oder bei höheren Ausgabeauflösungen aus z. B. mindestens vier davon besteht und einiges mehr. Das alles wird so verschieden umgesetzt, wie es Firmen gibt, die Bebilderungssysteme entwickeln. *Den FM-Raster gibt es nicht.* Wenn Dienstleister oder Druckereien Daten frequenzmoduliert belichten, dann verwenden sie das vom System angebotene Verfahren. Bei Agfa nennt es sich *CristalRaster*, bei Creo *Staccato-FM*, bei Heidelberg *Diamond Screening* sowie *Satin Screening* und bei der UGRA *Velvet Screening*, um nur einige zu nennen.

In jedem Fall wirkt die Struktur zufällig. Davon leiten sich auch die synonymen Begriffe ab: stochastischer (zufallsabhängiger) Raster oder direkt einfach Zufallsraster. Das Ganze geht soweit, dass eine Fläche, die einer typischen AM-Rasterzelle entspricht, eine immer andere Verteilung der Rasterpunkte aufweist, auch wenn die Ausgangsbedingung exakt gleich ist.

FM-Raster stellen in einigen Fällen eine höhere Anforderung an die Druckvorstufe, können aber im Endeffekt mit beeindruckenden Ergebnissen aufwarten. So erreicht man mit ihnen im Allgemeinen eine bessere Detailzeichnung, eine moiréfreie Ausgabe und sogar einen größeren darstellbaren Farbraum im Vergleich zu AM-Rastern.

Geordnete frequenzmodulierte Raster

Wenn man vom FM-Raster spricht, meint man meistens den ungeordneten. Allerdings gibt es auch die geordnete Verteilung, wie sie Abb. 3-17 und 3-18 zeigen. Hier wird die Aktivierung der einzelnen Aufzeichnungspunkte in gleichen, regelmäßigen Abständen vorgenommen. Das wird durch eine so genannte Schwellwertmatrix erreicht, in der alle möglichen Tonwerte abwechselnd geordnet eingetragen sind. Ein Aufzeichnungspunkt wird nur dann gesetzt, wenn der Grauwert des Digitalbildes dunkler oder gleich dem Wert in der Schwellwertmatrix ist. Bezeichnet werden diese Raster gelegentlich auch als Bayer-Dither, da B.E. Bayer das Originalverfahren schon 1973 vorgestellt hat. Auch wenn Dither eigentlich nichts anderes als Raster bedeutet, so wird dieses Wort oft stellvertretend für geordnete FM-Raster benutzt: Dither, Muster-Dither oder schlicht nur Muster.

Diese Rastertechnik wird bei manchen Bildschirmanwendungen, selten bei Druckermodellen, fast nicht mehr bei Monitordarstellungen und überhaupt nicht im konventionellen Vierfarbdruck eingesetzt, so dass diese Technik hier keine weitere Rolle spielen wird.

Error-Diffusion-Raster

Das sichtbare Ergebnis einer gelungenen Tonwertumsetzung mit Hilfe eines Error-Diffusion-Verfahrens wirkt wie eine stochastische Verteilung von Aufzeichnungspunkten und ist dementsprechend von dem zuvor beschriebenen geordneten FM-Raster nicht zu unterscheiden. Error-Diffusion-Verfahren unterscheiden sich allerdings in der technischen Umsetzung.

Vergleichen wir einmal die einfachste Umsetzung von einem Graustufen- in ein Schwarzweißbild. Erst legen wir einen Schwellwert fest, sagen wir 50 %, und bestimmen dann, dass alles, was dunkler oder gleich einem

Abb. 3-19 Error-Diffusion (Floyd-Steinberg)

Abb. 3-21 Error-Diffusion (Jarvis, Judice & Ninke)

Abb. 3-23 Error-Diffusion (Stucki)

Abb. 3-20 Vierfache Vergrößerung aus Abb. 3-19

Abb. 3-22 Vierfache Vergrößerung aus Abb. 3-21

Abb. 3-24 Vierfache Vergrößerung aus Abb. 3-23

50%igen Grauwert ist, schwarz wird, und folglich alles, was heller als 50 % ist, entsprechend weiß wird. Das Ergebnis wird in den allermeisten Fällen nicht befriedigen. Warum? Weil wir bei fast jedem Vergleich einen Fehler gemacht haben. Angenommen der erste Grauwert liegt bei 70 %, dann setzen wir diesen auf 100 % und haben schon einen Fehler, da der gesetzte Tonwert 30 % dunkler ist. Und das wird sich mit fast jedem Vergleich (außer natürlich bei rein schwarzen oder weißen Bildpixeln) erneut zutragen. Um diese Fehler nicht andauernd zu wiederholen, arbeiten wir nun nach dem Error-Diffusion- oder auf deutsch dem Fehlerkorrekturverfahren. Hierbei wird der Fehler beim aktuellen Vergleich zum nächsten hinzuaddiert. Beim gerade skizzierten um 30 % zu dunklen Tonwert ermitteln wir einen Fehler von 30 %, denn 70 % hätten es werden sollen, aber 100 % sind es geworden. Wir halten diesen Fehlerwert fest, indem wir folgendermaßen rechnen: $70 - 100 = -30$. Wäre der nächste Pixeltonwert z. B. 55 %, würde dieser nun nicht zu Schwarz konvertiert werden, sondern nach Weiß, da wir zuvor den Fehler einrechnen: $55 - 30 = 25$. So wird aus dem Wert 55 der Wert 25, welcher damit unter dem Schwellwert liegt und daher zu Weiß wird. Dieser 25%ige Tonwert produziert nun aber wieder den nächsten Fehler: $25 - 0 = +25$. Diesen schlagen wir erneut auf den nächsten Vergleich auf und so weiter und so fort. Am Ende haben wir das fertige Bild, das eine frequenzmodulierte Verteilung aufweist.

Wir arbeiten hier somit nicht mit Rasterzellen, sondern mit dem gesamten Bild.

Die Qualität des gerade beschriebenen Fehlerkorrekturverfahrens ist immer noch nicht sehr hoch, da sich bei dieser sehr einfachen Umsetzung störende Strukturen herausbilden. Daher werden bei allen benutzten Verfahren die Fehler auf mehrere umliegende noch nicht gerasterte Punkte verteilt. So auch beim ältesten und wohl bekanntesten Verfahren nach Floyd-Steinberg, welches schon 1975 vorgestellt wurde. Je nach eingesetztem Computerprogramm, meist eine Bildverarbeitung, können Sie explizit auf eine Umsetzung nach Floyd-Steinberg zugreifen. Weiterentwickelte Alternativen zu Floyd-Steinberg sind beispielsweise die Verfahren nach Jarvis, Judice & Ninke sowie nach Stucki.

Zur Verdeutlichung: Die *Anzahl* der aktivierten Aufzeichnungspunkte ergeben durch den anteilig gleichen Flächendeckungsgrad den Tonwert, nicht die *Anordnung*. Diese jedoch hat sehr viel mit der Detaildarstellung zu tun und ist daher für die Strategie der Bildauflösungsberechnung entscheidend.

3.4 Ergänzungen

Vollständigkeitshalber muss ich nun am Ende dieses Kapitels einige ergänzende Punkte aufführen.

Zum Ersten wird nicht nur auf Druckern gerastert. Auch auf Bildschirmen kommen diese Techniken zum Einsatz. Zwar wird keine amplitudenmodulierte Rasterung verwendet (zumindest habe ich so etwas bisher noch nicht gesehen), jedoch werden alle Varianten der FM-Rasterung eingesetzt. In den Anfangszeiten der Computergrafik ging es gar nicht ohne. Und auch heute noch wird vor allem im Internetbereich damit gearbeitet. Immer, wenn 256 verschiedene Farben nicht ausreichen, die Anzeigesysteme aber maximal nur diese Farben darstellen können, muss gerastert werden. Sie können es stets dann feststellen, wenn Sie eine fotorealistische Abbildung im gleichermaßen bekannten wie beliebten GIF-Grafikformat abspeichern möchten. Dort sind nur maximal 256 Farben definierbar, und so kann nur durch eine Rasterung für mehr Fotorealismus gesorgt werden. Diese 256 Systemfarben gelten als kleinster gemeinsamer Nenner gleichzeitig darstellbarer Farben. Bezogen auf eine übergreifende Farbdarstellung verschiedener Computersysteme etwa für Internetanwendungen, sind es sogar nur 216. Je älter jedoch ein Computersystem ist oder auch je »exotischer« es eingestellt ist, können außerdem andere Einstellungen gültig sein, beispielsweise 16 Farben. Dann geht ohne Dithern fast gar nichts, verbunden mit einer nur bescheidenen Qualität, da die Auflösung eines Monitors nicht annähernd in die Regionen eines Druckers vorstoßen kann.

Bei mehr als acht darstellbaren Farben auf dem Monitor kommt übrigens der Vorteil aller aktueller Monitore zum Zuge, nämlich pro Lichtstrahl, der die Phosphorschicht der Bildröhre zum Leuchten bringt, mehr als eine Intensitätsstufe darstellen zu können.

Damit kommen wir zur zweiten Ergänzung: Zu Beginn des Kapitels habe ich schon auf die Drucker verwiesen, die echte Halbtöne zu Papier bringen können. Damit ist meistens die volle Anzahl der auch von den Computersystemen verwendeten Halbtonstufen von 8 bit pro Farbe gemeint. Bei diesen Druckern ist es dementsprechend nicht notwendig, zu rastern.

Allerdings gibt es auch Ausgabesysteme – dazu gehören auch einige aktuelle Tintenstrahldrucker –, welche zwar Halbtöne ausgeben können, jedoch in nur wenigen Stufen. Das bedeutet, dass man immer noch auf Rastertechniken zurückgreifen muss, aber dann mit weniger Aufzeichnungspunkten pro simuliertem Tonwert.

Zum Dritten und Letzten möchte ich die Hybridraster nicht unerwähnt lassen. Hierbei werden die beiden Rasterprinzipien AM und FM vereinigt. Um die verschiedenen Vor- und Nachteile jeweils optimal miteinander zu kombinieren, werden in den hellen und dunklen Tonwertbereichen FM-Strukturen und in den mittleren Tonwertbereichen AM-Strukturen verwendet. Die Hybridraster sind ziemlich neu auf dem Markt und müssen sich in der Praxis erst noch etablieren. Was die Bildauflösung betrifft, orientiert man sich bis auf weiteres an AM-Rastern. Verfügbare Systeme sind z.B. *Samba-Screen* von Barco und *:Sublima* von Agfa.

Das Lesen dieses Kapitels ist von entscheidender Bedeutung für den Gebrauch dieses Buches. Hier werden nicht nur eine grundsätzliche Einführung in die Auflösung vorgenommen, sondern auch die Begriffe vorgestellt, die in diesem Buch verwendet werden. Selbst für fachlich versierte Anwender wird dieses Kapitel, zumindest zur Abstimmung der Fachbegriffe, empfohlen.

Kapitel 4

Auflösung

In diesem Kapitel widmen wir uns den verschiedenen Auflösungsarten, die uns bei der Arbeit mit digitalen Bilddaten begleiten. So beschäftigen wir uns mit den möglichen Auflösungen von Ein- und Ausgabegeräten – wie Scanner, Monitore und Drucker –, aber auch mit der möglichen Auflösung von zu scannenden Vorlagen sowie dem Auflösungsvermögen des Auges.

Um die sinnvollste Auflösung zu bestimmen, müssen wir die gesamte Reproduktionskette betrachten: Beim digitalen Abtasten (Scannen) einer Vorlage kann man allenfalls das herauslesen, was in dieser enthalten ist, oder höchstens das, was der Scanner zu erkennen in der Lage ist. Unabhängig davon hat auch ein Ausgabegerät eine Grenze in Bezug auf eine maximal visualisierbare Datenmenge. Und zu guter Letzt ist auch das Auge ein möglicher beschränkender Faktor in der finalen Auswertung der dargebotenen Information. Wie zweckmäßig sind Bilddetails, die vom Auge nicht mehr erkannt oder vom Ausgabesystem nicht publiziert werden können? Wie nützlich sind beworbene Fähigkeiten eines Scanners, kleinste Details erkennen zu können, wenn diese in der Vorlage gar nicht vorhanden sind? Das schwächste Glied dieser Kette bestimmt die machbare Qualität. Das gilt im Übrigen auch für eventuell durch Bearbeitung zerstörte Bildinhalte.

Bevor wir die Auflösungen nun im Einzelnen betrachten, sollten wir jedoch erst klären, was Auflösung eigentlich bedeutet und wie man damit umgeht.

4.1 Definition von Auflösung

Ganz allgemein betrachtet, lässt sich Auflösung definieren als die Zerlegung einer Informationsmenge in getrennt wahrnehmbare Elemente oder auch als das Vermögen, dicht an dicht liegende Objekte als eigenständig zu erfassen.

Gerade die letzte Formulierung »dicht an dicht« illustriert bildlich, warum auch exakter von örtlicher bzw. Ortsauflösung gesprochen wird.

Damit wir nun diese Auflösung in konkreten Werten festhalten können, müssen wir den Abstand der Elemente zueinander messen. Aber was wird gemessen? Nehmen wir an, wir haben eine Reihe mit einigen feinen nebeneinander liegenden schwarzen Linien, wie in Abb. 4-1 oben, dann müssen wir

30

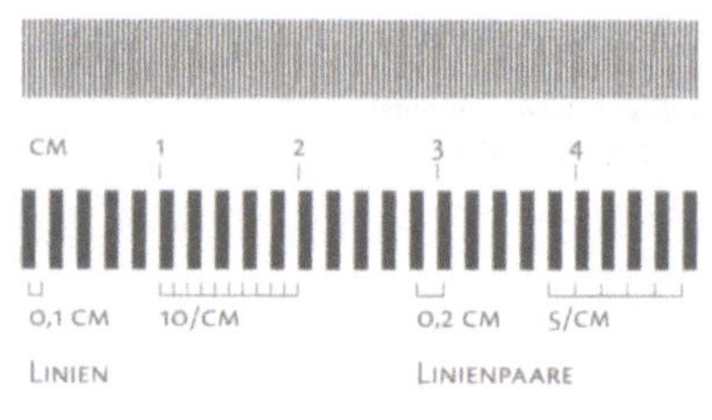

Abb. 4-1 Auflösung in Linien und Linienpaaren

uns gewahr werden, dass wir sie nur sehen können, weil Abstände dazwischen sind (sonst wäre es ja ein breiter schwarzer Balken). Diese feinen Abstände aber sind nichts anderes als weiße Linien. Daher können wir Folgendes messen: den Abstand von einer schwarzen zu einer weißen Linie oder den Abstand von zwei schwarzen Linien, jeweils ausgehend von den Strichmitten. Im letzteren Fall messen wir nicht den Abstand der Linien, sondern den der Linienpaare (lp), einem gebräuchlichen Gefüge aus einer schwarzen und weißen Linie. In einigen Anwendungsfällen wird auch von Zyklen anstelle von Linienpaaren gesprochen.

Im Allgemeinen wird in der klassischen Fotografie, bei optischen Geräten oder manchmal auch beim menschlichen Auge die Auflösung in Linienpaaren angegeben. Bei vielen technischen Geräten, vor allem im Computerbereich, wird jedoch mit dem kleinsten adressierbaren Element gearbeitet, also beispielsweise einem Pixel oder einem Aufzeichnungspunkt.

Wenn wir die Auflösungswerte ermitteln, kann es sein, dass (bezogen auf eine Maßeinheit) kleine bis sehr kleine Zahlenwerte herauskommen, z. B. 0,004 Zentimeter (cm), weshalb man auch angemessenere Einheiten nimmt: in diesem Falle 0,04 Millimeter (mm) oder 40 Mikrometer (µm).

Allerdings ist dies nicht die einzige Möglichkeit, Auflösungswerte zu definieren. Wir können nämlich auch so viele dieser Objekte nebeneinander legen, bis eine größere Maßeinheit »voll« ist: Bei 40 µm breiten Objekten würden wir folglich 250 davon auf der Breite eines Zentimeters unterbringen – kürzer geschrieben als 250 pro cm, also 250 cm^{-1} oder 250/cm. Mathematisch betrachtet ist das der Kehrwert des Abstandes. (Wahrscheinlich ist es den meisten von uns lieber, eine Auflösung in dieser Weise zu definieren als mit der gewöhnungsbedürftigeren Maßeinheit Mikrometer für den Abstand selbst.)

Ein wichtiger Hinweis noch zu den Bezeichnungen: Die Begriffe Auflösung und Auflösungsvermögen möchte ich an dieser Stelle unterscheiden. Leider findet sich in der Fachliteratur keine einheitliche Zuordnung oder auch Trennung der beiden Wörter. Weiterhin scheint es diesbezüglich keine Norm zu geben, so dass eine abweichende Verwendung in anderen Werken, beispielsweise der Physik, gegeben sein kann:

Der Ausdruck **Auflösungsvermögen** steht in diesem Buch für den Abstand zwischen den kleinsten Informationseinheiten und wird synonym zu dem Wortbestandteil »-weite« oder »-konstante« benutzt. Um etwa (wie wir später noch sehen werden) die Größe einer Rasterzelle zu beschreiben, benutzt man das Wort Raster*weite*, selten auch Raster*konstante*. Die Bezeichnung **Auflösung** steht demgegenüber für den Kehrwert des Auflösungsvermögens und wird synonym zu den Wortbestandteilen »-frequenz« oder »-feinheit« verwendet.

Natürlich lässt es sich nicht vermeiden, die Begriffe Auflösung oder Auflösungsvermögen bei allgemeinen Beschreibungen synonym einzusetzen, ohne im Einzelnen auf die hier verwendeten Unterschiede zu bestehen.

In Abb. 4-1 unten beträgt die Auflösung der Linien 10/cm und die der Linienpaare 5/cm. Das Auflösungsvermögen lässt sich für die Linien mit 0,1 cm und für die Linienpaare mit 0,2 cm angeben.

Zur Auflösung habe ich eine Beschreibungsvariante bisher noch nicht angesprochen, nämlich das Ganze als »Objekte pro Zentimeter« auszudrücken und eventuell als (hier rein fiktive) »opcm« abzukürzen. Womit wir bei den wohl bekannteren Bezeichnungen wären, da vor allem die US-Einheiten dpi (dots per inch, s. S. 32), lpi (lines per inch, s. S. 37) und ppi (pixel per inch, s. S. 46) – die auch bei uns durch den großen Einfluss des amerikanischen Marktes im Computerbereich häufig angewendet werden – eine solche Beschreibung benutzen. Diese Auflösungsangabe ist letztlich eine andere, auf die amerikanische Maßeinheit Inch (1 Inch = 25,4 mm) bezogene Schreibweise. 100 dpi entsprechen somit 39,37 cm^{-1} und 100 cm^{-1} stimmen mit 254 dpi überein.

In Deutschland ist die gesetzliche (und verinnerlichte) Grundeinheit das Meter mit seinen dezimalen Teilen oder Vielfachen. Die Schreibweise in diesem Buch wird daher auch meistens in diesen Maßeinheiten erfolgen. Ergänzend werden im Text die gerundeten US-Einheiten (manchmal auch die metrischen) zusätzlich in Klammern angegeben. Ein Beispiel: 236 cm^{-1} (599 dpi). Des Weiteren werden beide Systeme in den Tabellen vergleichend aufgeführt.

Grundsätzlich wird beim Einsatz dieser beiden Methoden zur Auflösungsangabe ein unterschiedlicher Aufbau verwendet: In der US-Form wird die Struktur »Bezugselement pro Einheit« benutzt, wohingegen in der metrischen Form nur die Einheit selbst vorgesehen ist. Da ein Auflösungswert praktisch immer in einem Text näher spezifiziert ist, kann die zusätzliche Verwendung des Bezugselementes entfallen.

Der Vorteil der US-Form – die natürlich auch metrisch adaptiert werden kann, indem man i in *cm* oder *mm* umrechnet – liegt bei der etablierten Verwendung und in einigen Fällen bei der kürzeren Schreibweise.

Als Nachteil steht dem die uneinheitliche Verwendung der Bezugselemente gegenüber, welche nicht selten zu Verständnisproblemen führt. Diese Gefahr wiederum besteht nicht bei Verwendung der Maßeinheit ohne ein solches Element, da die Bezüge nur noch dem Text entnommen werden können.

In jedem Fall wird bei den folgenden Abschnitten das jeweils sinnvolle Bezugselement ergänzend vorgestellt, auch wenn *sinnvoll* durchaus eine Frage des Standpunktes ist.

Am Ende des Kapitels ist ein Kommentar über den Wirrwarr der verschiedenen Begriffe zu finden, welcher die Problematik etwas eingehender beleuchtet.

4.2 Geräteauflösung

Am Computer arbeiten wir einerseits mit Ein- und Ausgabegeräten und andererseits mit digitalen Bilddaten. Bevor wir uns um die Auflösung von Pixelbildern, die Bildauflösung, bemühen, ist in diesem Abschnitt zuerst die Geräteauflösung an der Reihe, da sich die Bildauflösung in jedem Fall an den Fähigkeiten der verwendeten Geräte orientiert.

Geräteauflösung ist der allgemeine Auflösungsbegriff für alle digitalen Ein- und Ausgabegeräte, wie Scanner, Monitore oder Drucker. Aber um es vorneweg zu gestehen: Der Name »Geräteauflösung« wird nicht gerade oft verwendet. Besser bekannte, griffigere Bezeichnungen wie Drucker- oder Scannerauflösung können hingegen nicht an dieser Stelle eingesetzt werden, da sie sich nur einem Teil der Geräte zuwenden und somit in dem einen oder anderen Fall verwirren dürften. Eine alternative, computernahe Bezeichnung könnte »Hardwareauflösung« sein.

Die metrische Einheit für die Geräteauflösung sind hier üblicherweise reziproke Zentimeter (cm^{-1}). Bei sehr hochauflösenden Ausgabegeräten, wie Filmbelichtern (professionelle Ausgabegeräte für die Herstellung von Druckvorlagen), kommt es vor, dass man den kleinsten adressierbaren Abstand in Mikrometern angibt.

Die gängige US-Einheit – meistens aufgeführt in den technischen Datenblättern der Geräte – heißt **dpi** (dots per inch) und wird notfalls für alles benutzt, was eine Auflösungsangabe erfordert. Man spricht von »dots« (Punkte), da die Formen der Aufzeichnungspunkte bei Ausgabegeräten meistens näherungsweise rund und auch die Abtastareale von Eingabegeräten prinzipbedingt kreisförmig sind.

Folgendes Kennzeichnungsproblem möchte ich aber schon einmal an dieser Stelle aufführen: Die örtliche Auflösungsangabe gibt keine Auskunft über die Höhe der Tonwertauflösung (Farbtiefe) des angesprochenen Gerätes. Anders ausgedrückt, es wird nichts darüber ausgesagt, ob ein Gerät nur Volltöne oder auch Halbtöne (vgl. S. 15 f.) ausgeben bzw. erkennen kann. Da heute praktisch alle Scanner und Monitore echte Halbtöne verarbeiten können, bezieht sich die Aussage prinzipiell nur auf Drucker. Aus dem vorausgegangenen Kapitel wissen wir, dass das Simulieren von Tonwerten die Auflösung in Bezug auf Halbtöne deutlich verringern kann. In diesem Zusammenhang kann es dann erhebliche Verwirrungen geben, wenn man beispielsweise die örtlichen Auflösungen zweier Drucker vergleicht, etwa einen Halbtondrucker mit 118 cm^{-1} (300 dpi) auf der einen und einen Volltondrucker mit 567 cm^{-1} (1440 dpi) auf der anderen Seite, und dabei feststellt, dass die Qualität des ausgegebenen Fotos vom vermeintlich geringer auflösenden Gerät deutlich besser ist. (Natürlich wären bei einer reinen Schwarzweißgrafik die Ergebnisse genau gegenläufig.) Nun besteht daher für Hersteller teurer, hochqualitativer Ausgabesysteme mit echter Halbtonausgabe der Wunsch, durch die Wahl einer anderen Bezeichnung auf diesen Umstand hinzuweisen. Indem man beispielsweise für solche Geräte den Begriff »ppi« wählt, schafft man künstlich ein Bild von Äpfeln und Birnen, die man bekanntlich ja nicht vergleichen kann. Ich verwende jedoch einstweilen – bis Normierungsgremien oder die Großen der Zunft in gemeinsamer Zusammenarbeit einheitliche Begriffe und Einheiten finden – diejenigen, die bisher den größten Konsens zu haben scheinen. Das bedeutet, dass die eben skizzierte Unterscheidung nicht in meinen Ausführungen zu finden ist. Als Leser diese Buches werden Sie aber auch nicht den Fehler machen, die Tonwertauflösung von Ausgabegeräten außer Acht zu lassen.

4.2.1 Drucker

Bei Druckern ist das kleinste darstellbare Element ein Aufzeichnungspunkt. Im Gegensatz zu den erläuterten Linien und Linienpaaren, bei welchen das Auflösungsvermögen eines Linienpaars nicht nur für die Breite eines solchen, sondern auch für den Abstand von einem zum anderen steht, verhält es sich bei Ein- und Ausgabegeräten anders. Die Auflösungsangaben bei Druckern beziehen sich nicht auf die Größe eines Aufzeichnungspunktes, sondern immer auf die Anzahl der platzierbaren Aufzeichnungspunkte pro Maßeinheit. Ein Drucker mit beworbenen 600 dpi (236 cm^{-1}) schafft es, jeweils in der horizontalen und vertikalen Richtung, die ausgewiesene Zahl an Aufzeichnungspunkten pro Maßeinheit zu positionieren. Wir wissen noch aus dem vorigen Kapitel, dass ein Drucker über eine Gerätematrix die Aufzeichnungspunkte anspricht, man kann auch sagen: adressiert. Dementsprechend gibt es innerhalb der Gerätematrix in der Breite und Höhe je 236 Adressen pro Zentimeter. Der selten verwendete, alternative Begriff **Adressfrequenz** veranschaulicht den Sachverhalt recht gut. Ohne eine Information über die Größe der Aufzeichnungspunkte und in Folge dessen über die mögliche reale Auflösung zu geben, bedeutet ein Mehr an Adressen, auf die ein Drucker zugreifen kann (= höhere Adressfrequenz), ein höheres Qualitätspotential: Wir können durch mehr platzierbare Aufzeichnungspunkte bessere Ergebnisse realisieren.

Dabei ist der Durchmesser eines Aufzeichnungspunktes immer größer als der Abstand zwischen den einzelnen Adressen. Das muss auch so sein, da

Tab. 4-1   Gängige Druckauflösungen

Auflösung		Auflösungsvermögen		
cm^{-1}	dpi	cm	µm	inch
118,1	300	0,0085	84,7	0,00333
141,7	360	0,0071	70,6	0,00278
165,4	420	0,0060	60,5	0,00238
236,2	600	0,0042	42,3	0,00167
250,0	635	0,0040	40,0	0,00157
283,5	720	0,0035	35,3	0,00139
500,0	1270	0,0020	20,0	0,00079
566,9	1440	0,0018	17,6	0,00069
708,7	1800	0,0014	14,1	0,00056
944,9	2400	0,0011	10,6	0,00042
1000,0	2540	0,0010	10,0	0,00039
1133,9	2880	0,0009	8,8	0,00035
1181,1	3000	0,0008	8,5	0,00033
1200,0	3048	0,0008	8,3	0,00033
1250,0	3175	0,0008	8,0	0,00031
1417,3	3600	0,0007	7,1	0,00028
1500,0	3810	0,0007	6,7	0,00026
1889,8	4800	0,0005	5,3	0,00021
2000,0	5080	0,0005	5,0	0,00020

die zur Verfügung stehende quadratische Fläche sonst nicht ausgefüllt werden könnte. Zumal weiterhin bedacht werden muss, dass ein absolut randscharfer Aufzeichnungspunkt nicht möglich ist. Es gibt eine unscharfe Randzone, die jedoch von Gerät zu Gerät oder zwischen verschiedenen Bedruckstoffen (neutraler Begriff für das zu bedruckende Medium, z. B. Papier oder Folie) anders ausfällt. Im Gegenzug darf ein Aufzeichnungspunkt aber auch nicht zu groß ausfallen, da eine feine Adressierbarkeit weniger effizient ist, wenn ein Aufzeichnungspunkt gleich mehrere Adressen auf einmal abdeckt. Gelegentlich wird die Frage gestellt, warum ein Laserdrucker bei gleicher Auflösung nicht dieselbe Qualität erbringt wie ein Filmbelichter. Als Antwort ist das gerade beschriebene Problem als einer der Gründe dafür aufzuführen, denn Filmbelichter zeichnen feinere Aufzeichnungspunkte als Laserdrucker. Hier wird schon einmal verdeutlicht, dass eine Auflösungsangabe, die allein auf der Adressfrequenz beruht, vielfach nicht die reale Auflösung beschreibt.

Die beiden aufgeführten Faktoren, Adressweite und Aufzeichnungspunktgröße, müssen somit zueinander passen. Ein Aufzeichnungspunkt ist im optimalen Zusammenspiel gerade so groß, dass die ihm zugewiesene rechteckige Fläche innerhalb der Gerätematrix ausgefüllt ist. Das sieht dann so aus, dass der Aufzeichnungspunkt ein wenig über die Seiten herausragt, damit auch die Ecken ausgefüllt sind. Der Durchmesser eines idealen Aufzeichnungspunktes entspricht also theoretisch der Diagonalen eines Gerätematrixelementes (vgl. in Abb. 4-2 großen linkes »f«).

Nehmen wir an, dass der Aufzeichnungspunkt eines Tintenstrahldruckers, in Verbindung mit einem nicht beschichteten Papier, eine finale Größe mit einem vielleicht drei- bis viermal so hohen Durchmesser aufweist wie der Abstand von der Mitte eines Aufzeichnungspunktes zum nächsten. Dann hätte der Drucker nominell dieselbe Auflösung wie vielleicht ein anderer, aber die reale Auflösung, wie sie durch einen Testmusterausdruck mit anschließender Vermessung ermittelt werden kann, wäre jedoch deutlich geringer. Die nominelle Geräteauflösung ergibt somit keine sichere Information über die Ausgabequalität eines Druckers, sondern vielmehr nur ein Indiz.

Das FOGRA-Institut (Forschungsgesellschaft Druck) hat im Rahmen einer Untersuchung auch die reale Auflösung einiger Drucksysteme ermittelt [10]. Tab. 4-2 listet die veröffentlichten Werte auf, welche etwa für Laserdrucker ohne RIP (Raster Image Processor – Bebilderungskomponente von PostScript-Druckern) oder auch bei Tintenstrahldruckern (nicht nur in Piezo-

Tab. 4-2   Reale Druckerauflösungen nach FOGRA

Ausgabegeräte	nominelle Auflösung		reale Auflösung	
	cm⁻¹	dpi	cm⁻¹	dpi
Piezo-Tintenstrahldrucker	280	710	134	340
Elektrofotografie (Laser)	240	610	154	390
Elektrofotografie (Laser) mit RIP	160	405	75	190
Thermosublimation	118	300	47	120

Technik) in weiteren Testberichten vergleichbar aufgeführt werden (z. B. [17] oder [30]).

Bei Druckern (und auch Scannern) findet man vielfach eine Auflösungsangabe mit zwei Zahlenwerten. Dabei gibt nur der kleinere davon Auskunft über die reale Adressierbarkeit der Aufzeichnungspunkte, beispielsweise limitiert durch die Anordnung der Düsen im Druckkopf eines Tintenstrahldruckers. Normalerweise zeichnen Drucker nur in einer Richtung auf, für gewöhnlich über die kürzere Seite des maximal bedruckbaren Formats. In die verbleibende Richtung wird der Bedruckstoff mit Hilfe von Führungskomponenten zur weiteren Aufzeichnung vorgeschoben. Dabei liegt es nahe, die Vorschubschrittweite der Adressierbarkeit der Aufzeichnungseinheit anzugleichen. Um nun aber mit vergleichsweise einfachen Mitteln die Auflösung (nicht nur zu Werbezwecken) zu erhöhen, lässt sich diese Schrittweite halbieren: Fertig ist die in in diesem Fall doppelte vertikale Auflösung. Natürlich bleiben die Aufzeichnungspunkte gleich groß und überlappen dementsprechend zu jeweils einem Viertel zusätzlich die darüber bzw. darunter liegenden Sektoren. Aber man sieht, dass dadurch eine detailliertere Ausführung möglich ist (vgl. Abb. 4-2 B und Abb. 4-3, mittlerer Smiley). Gleichwohl ist die Ausgabequalität damit nicht so hochwertig wie bei der angesprochenen optimalen Kombination. In Abb. 4-2 C und 4-2 D ist die ausgewiesene Auflösung jeweils gleich hoch, jedoch nur in 4-2 D ist die Aufzeichnungspunktgröße angemessen.

Während bei diesen vereinfachten Illustrationen nur die reine Schwarzweißdarstellung berücksichtigt wurde, darf ergänzt werden, dass auch die Rasterausgabe davon profitiert. Denn in einem solchen Fall kann nicht nur die Anzahl der zu simulierenden Tonwerte etwas erhöht, sondern auch die Rasterstruktur ein wenig verbessert werden, da durch die zusätzlichen Adressen eine zweckmäßigere Platzierung der Aufzeichnungspunkte möglich ist.

Rasterfeinheit

Mit der Druckauflösung ist gewöhnlich die örtliche Auflösung gemeint, welche aber keine Unterscheidung macht zwischen Voll- und Halbtönen. Um Halbtöne auszugeben, benötigen wir entweder ein dazu fähiges Ausgabegerät (und nicht mehr diesen Abschnitt) oder wir müssen mit Volltönen Halbtöne durch Raster simulieren (s. S. 18 f.). Wie mehrfach dargelegt, bedeutet dieser Vorgang einen Auflösungsverlust, da wir pro zu simulierenden Tonwert mehrere Aufzeichnungspunkte ansprechen müssen. Letztlich wird zugunsten einer besseren Tonwertauflösung (simulierte Tonwerte) eine geringere Ortsauflösung in Kauf genommen – je nach gewünschter Priorität des einen oder anderen.

Während wir bei den frequenzmodulierten Rastern so gut wie keinen direkten Einfluss auf das Zusammenspiel Orts-/Tonwertauflösung haben, ist die Sachlage bei amplitudenmodulierten Rastern immer noch anders. Hier wird über die Größe der Rasterzelle beides bestimmt. Wie berichtet, muss eine Rasterzelle immer in die Gerätematrix hinein konstruiert werden. Dabei ergibt die Menge an Aufzeichnungspunkten innerhalb der Rasterzelle die Anzahl wiedergebbarer Tonwerte an (plus einen). Die Breite dieser Rasterzelle

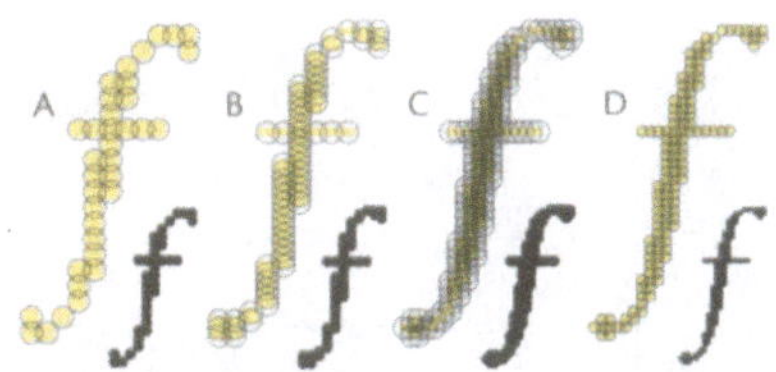

Abb. 4-2 A: Aufzeichnungspunktgröße und Adressweite (Abstand von einer zur anderen Adresse) sind aufeinander abgestimmt.
B: Vertikal halbierte Adressweite, gleiche Aufzeichnungspunktgröße wie bei A.
C: Wie B, aber zusätzlich horizontal halbierte Adressweite. Damit nominell gleich hohe Auflösung wie bei D.
D: Doppelte reale Auflösung im Vergleich zu A.

Abb. 4-3 Der mittlere Smiley hat im Gegensatz zum linken eine doppelte vertikale Auflösung. Der rechte hat im Vergleich zum linken die doppelte Auflösung in beiden Richtungen.

36

Abb. 4-4 Bild mit 28er-Raster: Rasterfeinheit: 28 cm^{-1}, Rasterweite: 357 µm

Abb. 4-5 Bild mit 36er-Raster: Rasterfeinheit: 36 cm^{-1}, Rasterweite: 278 µm

Abb. 4-6 Bild mit 40er-Raster: Rasterfeinheit: 40 cm^{-1}, Rasterweite: 250 µm

Abb. 4-7 Bild mit 48er-Raster: Rasterfeinheit: 48 cm^{-1}, Rasterweite: 208 µm

Abb. 4-8 Bild mit 54er-Raster: Rasterfeinheit: 54 cm^{-1}, Rasterweite: 185 µm

Abb. 4-9 Bild mit 60er-Raster: Rasterfeinheit: 60 cm^{-1}, Rasterweite: 167 µm

Abb. 4-10 Bild mit 70er-Raster: Rasterfeinheit: 70 cm^{-1}, Rasterweite: 143 µm

Abb. 4-11 Bild mit 80er-Raster: Rasterfeinheit: 80 cm^{-1}, Rasterweite: 125 µm

wird als **Rasterweite** bezeichnet. Dieser Begriff ist in der internationalen Norm DIN ISO 12647-1 festgelegt [9], die auch gleich die dazugehörige Einheit in Zentimetern definiert (im aktuellen Entwurf zur nächsten Fassung sind Mikrometer vorgesehen [11]).

Der Begriff Rasterweite wird jedoch meistens falsch verwendet, nämlich als sein eigener Kehrwert. Vielleicht haben Sie schon einmal, etwa im Zuge einer Absprache zu einem Druckauftrag, etwas von »48er« oder »60er«-Raster gehört. Damit sind 48 bzw. 60 Rasterpunkte (= Rasterzellen; alternativ meistens als Linien bezeichnet) pro Zentimeter gemeint. Die wiederum genormte Bezeichnung lautet **Rasterfeinheit** oder auch **Rasterfrequenz**. Die gängige US-Einheit – oft die einzige, die in Softwareprogrammen definierbar ist – heißt **lpi** (lines per inch). Man spricht auch hier von Linien, da die ersten gerasterten Filme mit Hilfe verkitteter Glasplatten erzeugt wurden, in die beispielsweise je 60 Linien auf einen Zentimeter so eingraviert wurden, dass sie ein Gitter bildeten, durch welches hindurch ein kurz dahinter angebrachter Film belichtet werden konnte; mit dem Ergebnis, so viele Rasterpunkte pro Maßeinheit bekommen zu haben, wie Linien eingraviert waren.

Abb. 4-4 bis 4-11 zeigen geläufige Rasterfeinheiten von 28 cm^{-1} (71 lpi) bis 80 cm^{-1} (203 lpi). Je feiner die Rasterfrequenz ist, desto weniger fällt die Tonwertsimulation durch Rasterpunkte auf, da bei normalem Betrachtungsabstand und ohne optische Vergrößerung das normalsichtige Auge diese einzeln nicht mehr wahrnehmen kann. Im Abschnitt 4.4 über das Auflösungsvermögen des Auges (s. S. 47 f.) werden weitere grundlegende Informationen hierüber vermittelt. Es kann aber schon einmal davon ausgegangen werden, dass ab einer in der Praxis bewährten Rasterfeinheit von 60 cm^{-1} (152 lpi) die einzelnen Rasterpunkte für sehr viele Menschen an der Schwelle zur Sichtbarkeit liegen (vgl. auch Tab. 4-3). Trotzdem muss ich noch einmal auf die im vorigen Kapitel erwähnten Rosettenstrukturen verweisen, die, je nach gebildetem Farbton, sehr wohl gut sichtbar sein können (vgl. auch Abb. 3-14 auf S. 22).

Wichtig sind auch die abgestimmten Geräteauflösungen zur gewählten Rasterfeinheit. Um 60 Rasterzellen auf einem Zentimeter unterzubringen, die ihrerseits 256 Tonwerte pro Farbe simulieren können, brauchen wir einen

Tab. 4-3   Gängige Rasterfeinheiten

cm^{-1}	lpi	Anwendung	Bedruckstoff
34	86		
36	91	Zeitungen, Prospekte, Fotokopien	Recyclingpapiere, ungestrichene (oft holzhaltige) Naturpapiere
40	102		
48	122		
54	133		
60	**152**	Bücher, Magazine, Prospekte	gestrichene Papiere
70	178		
80	203		
100	254	sehr hochwertige Druckerzeugnisse	Kunstdruckpapiere
120	305		

Tab. 4-4 Realisierbare Tonwerte bei AM-Rastern

| Druck-auflösung | | Rasterfeinheit (Rasterfrequenz) | | | | | | | | | | |
cm⁻¹	dpi	20 cm⁻¹ 51 lpi	28 cm⁻¹ 71 lpi	36 cm⁻¹ 91 lpi	40 cm⁻¹ 102 lpi	48 cm⁻¹ 122 lpi	54 cm⁻¹ 137 lpi	60 cm⁻¹ 152 lpi	70 cm⁻¹ 178 lpi	80 cm⁻¹ 203 lpi	100 cm⁻¹ 254 lpi	120 cm⁻¹ 305 lpi
118	300	36	19	12	10	7	6	5	4	3	2	2
142	360	51	27	17	14	10	8	7	5	4	3	2
157	400	63	33	20	16	12	10	8	6	5	3	3
236	600	141	72	44	36	25	20	17	12	10	7	5
250	635	157	81	49	40	28	22	18	14	11	7	5
283	720	202	103	63	51	36	29	23	17	14	9	7
500	1270	>256	>256	194	157	110	87	70	52	40	26	18
567	1440	>256	>256	249	202	141	111	90	67	51	33	23
709	1800	>256	>256	>256	>256	219	173	141	103	79	51	36
945	2400	>256	>256	>256	>256	>256	>256	249	183	141	90	63
1000	2540	>256	>256	>256	>256	>256	>256	>256	205	157	101	70
1134	2880	>256	>256	>256	>256	>256	>256	>256	>256	202	130	90
1181	3000	>256	>256	>256	>256	>256	>256	>256	>256	219	141	98
1200	3048	>256	>256	>256	>256	>256	>256	>256	>256	226	145	101
1250	3175	>256	>256	>256	>256	>256	>256	>256	>256	245	157	110
1417	3600	>256	>256	>256	>256	>256	>256	>256	>256	>256	202	141
1500	3810	>256	>256	>256	>256	>256	>256	>256	>256	>256	226	157

Filmbelichter mit einer minimalen Geräteauflösung von 960 cm⁻¹ (2438 dpi). Die Rechnung geht folgendermaßen: Breite der Rasterzelle in Aufzeichnungspunkten × Rasterfeinheit. Um 256 Tonwerte in einer (quadratischen) Rasterzelle definieren zu können, brauchen wir 16 × 16 Aufzeichnungspunkte, was nichts anderes bedeutet, als dass wir die 16fache Druckauflösung zur Rasterfeinheit benötigen. Tab. 4-4 listet die maximal möglichen Tonwertabstufungen pro Grundfarbe bei gängigen Druckerauflösungen und Rasterfeinheiten auf.

Vollständigkeitshalber muss jedoch gesagt werden, dass die wirklichen Rasterfeinheiten mit hieraus resultierenden Tonwertabstufungen abweichen können, da es verschiedene AM-Rastertechniken für die gewünschten Umsetzungen der Rasterfeinheiten gibt. Dabei spielt die Notwendigkeit, Rasterzellen in die Gerätematrix einpassen zu müssen, eine wichtige Rolle.

Auch ist es möglich, Tonwertstufen nicht nur ausschließlich über eine Rasterzelle zu realisieren, was vor allem wichtig ist, wenn Farbverläufe zum Einsatz kommen, denn dort können einzelne Tonwertsprünge leichter wahrgenommen werden (vgl. auch Abb. 2-1 bis 2-8 ab S. 9). Angenommen, wir haben Rasterzellen aus 10 × 10 Aufzeichnungspunkten. Innerhalb der Rasterzelle können dadurch nicht mehr als 101 Tonwerte simuliert werden (10 × 10 + 1). Damit ist unter anderem ein 50%iger oder ein 51%iger Tonwert möglich, ein 50,5%iger jedoch nicht. Allerdings könnten abwechselnd (wie bei einem Schachbrett) 50%- und 51%-Rasterzellen erzeugt werden. Man könnte sich das auch wie eine geordnete FM-Rasterstruktur (s. S. 25) vorstellen, die nicht aus Aufzeichnungspunkten, sondern aus diesen abwechselnden Rasterzellen besteht. Letzten Endes hat man in diesem Fall die doppelte Anzahl an Tonwerten. Ein kleines Problem dabei ist, dass man selten weiß, wann solche Techniken eingesetzt werden, weshalb man sich auch in der Regel nicht darauf beziehen kann.

Abschließend sei betont, dass die Rasterfeinheit die Halbtonauflösung eines Druckers beschreibt, falls bei diesem amplitudenmoduliert gerastert wird. Damit ist die Rasterfeinheit weitgehend mit der Geräteauflösung von echten Halbtondruckern vergleichbar. In beiden Fällen stellen sie einen der wichtigsten Bezüge dar, die Bildauflösung zu bestimmen: Ein Pixelbild mit echten Halbtoninformationen bezieht sich naturgemäß auf die Auflösungseinheiten, die für die Halbtondarstellung verfügbar sind, also entweder auf halbtonfähige Aufzeichnungspunkte oder auf die Rasterzellen, welche Halbtöne nur durch Simulation ermöglichen.

Mit welcher Druckauflösung ein Raster aufgebaut wird, ist für die Bildauflösung eher unwichtig; aber natürlich sollte bei der Ausgabe die richtige Auflösung zur definierten Rasterfeinheit gewählt sein, damit auch die angemessene Zahl an Tonwertstufen erreicht werden kann.

4.2.2 Monitor

Ein Monitor ist ein halbtonfähiges Ausgabegerät, das den Standard für die Kommunikation zwischen Mensch und Computer bildet. Da ein Computer zunehmend als Multimediagerät eingesetzt wird, hat die Monitordarstellung auch keinen ausschließlichen Überprüfungscharakter mehr für Daten, welche anschließend auf einem Drucker auszugeben sind, sondern sie dient auch als finale Ausgabe der direkten Konsumierung einer Bilderschau, einer Präsentation, einem Lehrgang oder einem Computerspiel.

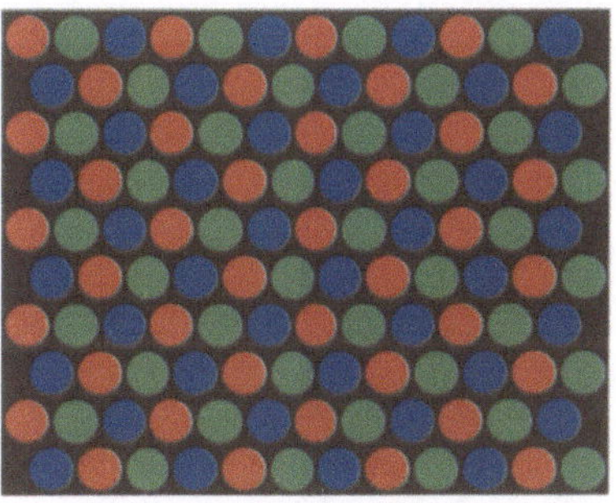

Abb. 4-12 Farbtripel eines CRT-Monitors

Das kleinste bei einem Monitor darstellbare Element lässt sich vielleicht am neutralsten noch als Farbtripel beschreiben, sofern wir davon ausgehen, dass so gut wie alle heute verwendeten Monitore farbfähig sind. Ein Farbtripel besteht aus drei Segmenten, die für die Darstellung einer Farbinformation stehen, aufgeteilt in die additiven Grundfarben des RGB-Farbsystems, das schon in Kapitel 2 (ab S. 12) kurz erklärt wurde.

Monitore setzen das elektronische Signal, das die Grafikkarte aus den digitalen Bilddaten erzeugt, in sichtbare Information um. Wir unterscheiden Röhrenmonitore und Flachbildschirme. Erstere werden auch CRT-Monitore (Cathode Ray Tube, Kathodenstrahlröhre) genannt und Letztere auch LCD-Monitore (Liquid Crystal Display, Flüssigkristallanzeige), wenn auch nicht alle Flachbildschirme LC-Displays sind.

Bei einem CRT-Monitor werden innerhalb der Bildröhre drei Elektronenstrahlen, die gleichzeitig auch in ihrer Intensität gesteuert werden können, zeilenweise über eine zum Leuchten angeregte Phosphorschicht gelenkt. Damit sich diese Elektronenstrahlen nicht gegenseitig beeinträchtigen, können sie durch die so genannte Lochmaske nur die ihnen zugewiesenen Positionen auf dem Bildschirm erreichen. Diese Lochmaske ist meistens ein dünnes, mit kleinen runden Löchern versehenes, direkt hinter der Mattscheibe angebrachtes Blech; sie kann aber ebenso als Streifen- oder auch als Schlitzmaske ausgeführt sein. Immer jedoch sind es entweder drei zusammengehörende

Tab. 4-5 CRT-Monitorauflösungen*

Monitor-diagonale		Systemauflösung														
		640 × 480 VGA		800 × 600 SVGA		1024 × 768 XGA		1152 × 864		1280 × 1024 SXGA		1600 × 1200 UXGA		1800 × 1440		2048 × 1536 QXGA	
cm	inch	cm^{-1}	dpi	cm^{-1}	dpi	cm^{-1}	dpi	cm^{-1}	dpi	cm^{-1}	dpi	cm^{-1}	dpi	cm^{-1}	dpi	cm^{-1}	dpi
35,6	14	24	62	30	77	39	99	44	111	50	128	61	154	71	179	78	197
38,1	15	23	58	28	72	36	92	41	104	47	119	57	144	66	167	73	184
40,6	16	21	54	27	68	34	86	38	97	44	112	53	135	62	157	68	173
43,2	17	20	51	25	64	32	81	36	91	41	105	50	127	58	148	64	163
45,7	18	19	48	24	60	30	77	34	86	39	99	47	120	55	140	60	154
48,3	19	18	45	22	57	29	73	32	82	37	94	45	114	52	132	57	146
50,8	20	17	43	21	54	27	69	31	78	35	89	43	108	49	126	54	138
53,3	21	16	41	20	51	26	66	29	74	33	85	40	103	47	120	52	132
55,9	22	15	39	19	49	25	63	28	71	32	81	39	98	45	114	49	126

Tab. 4-6 LCD-Monitorauflösungen*

Monitor-diagonale		Systemauflösung														
		640 × 480 VGA		800 × 600 SVGA		1024 × 768 XGA		1152 × 864		1280 × 1024 SXGA		1600 × 1200 UXGA		1800 × 1440		2048 × 1536 QXGA	
cm	inch	cm^{-1}	dpi	cm^{-1}	dpi	cm^{-1}	dpi	cm^{-1}	dpi	cm^{-1}	dpi	cm^{-1}	dpi	cm^{-1}	dpi	cm^{-1}	dpi
35,6	14	22	57	28	71	36	91	40	103	46	118	56	143	65	166	72	183
38,1	15	21	53	26	67	34	85	38	96	43	110	52	133	61	155	67	171
40,6	16	20	50	25	63	31	80	35	90	41	103	49	125	57	145	63	160
43,2	17	19	47	23	59	30	75	33	85	38	97	46	118	54	137	59	151
45,7	18	17	44	22	56	28	71	31	80	36	92	44	111	51	129	56	142
48,3	19	17	42	21	53	27	67	30	76	34	87	41	105	48	122	53	135
50,8	20	16	40	20	50	25	64	28	72	33	83	39	100	46	116	50	128
53,3	21	15	38	19	48	24	61	27	69	31	79	37	95	44	111	48	122
55,9	22	14	36	18	45	23	58	26	65	30	75	36	91	42	106	46	116

Tab. 4-7 Benannte Systemauflösungen

Kennung	Bedeutung	Auflösung	Seitenverhältnis
VGA	Video Graphics Array	640 × 480	4:3
SVGA	Super VGA	800 × 600	4:3
XGA	eXtended Graphics Adapter	1024 × 768	4:3
SXGA	Super XGA	1280 × 1024	5:4
SXGA+	SXGA Plus	1400 × 1050	4:3
UXGA	Ultra XGA	1600 × 1200	4:3
QXGA	Quantum XGA	2048 × 1536	4:3

Tab. 4-8 CRT-Monitorauflösung gemäß Lochmaske

Lochabstand	cm^{-1}	dpi
0.21 mm	48	121
0.22 mm	45	115
0.23 mm	43	110
0.24 mm	42	106
0.25 mm	40	102
0.26 mm	38	98
0.27 mm	37	94
0.28 mm	36	91
0.29 mm	34	88
0.30 mm	33	85
0.31 mm	32	82

* Die Systemauflösungen mit 1280 × 1024 sowie 1800 × 1440 Pixeln weisen ein abweichendes Seitenverhältnis von 5:4 im Vergleich zu einem normalen Monitor mit 4:3 auf.
In den beiden obersten Tabellen sind die demzufolge unterschiedlichen horizontalen und vertikalen Auflösungen nicht einzeln, sondern im arithmetisch gemittelten Wert aufgeführt.

»Lücken«, durch die hindurch die Phosphorschicht angeregt wird und die ein Farbtripel bilden, oder je Tripel gibt es nur ein Loch und entsprechend versetzte Ausgangspunkte der drei Elektronenstrahlen (vgl. Abb. 4-12). Die Entfernung der Farbtripel zueinander gibt letztlich die maximale Auflösung des Gerätes an, wobei ein Abstand von derzeitig 0,26 mm als Mindeststandard und einer von 0,22 mm als hochwertig angesehen werden kann. In Tab. 4-8 sind die daraus resultierenden Auflösungswerte gelistet.

Flachbildschirme bestehen im Wesentlichen aus einer Hintergrundbeleuchtung und einer davor platzierten Schicht, mit der gesteuert wird, an welcher Stelle wie viel von der Hintergrundbeleuchtung durchdringen darf. Stellen wir uns einen vor einem Fenster befindlichen Adventskalender ohne Rückseite vor. Wenn wir eine Klappe öffnen, strömt Licht durch; mal mehr, mal weniger, je nachdem, wie weit wir sie öffnen. Diese Klappe stellt damit eine Art Lichtventil dar, das die Menge an durchgelassenem Licht steuert. Die verschiedenen technischen Ausführungsdetails der Lichtventile beschäftigen uns hier nicht weiter. Für uns interessant dagegen ist deren Anordnung beim Monitor: Jeweils drei Lichtklappen in der Form eines schmalen Rechtecks bilden wieder ein Farbtripel in der Gesamtgröße einer quadratischen Fläche (vgl. Abb. 4-13). Die Menge der Farbtripel in horizontaler und vertikaler Richtung definieren die Auflösung des Flachbildschirms. Nur die durchgelassene Lichtmenge (pro Grundfarbe) innerhalb der Fläche ist steuerbar, nicht die Fläche selbst. Damit ergibt die Konstruktion eine festes Auflösungsvermögen. Fast alle 15"-Flachbildschirme haben beispielsweise eine Anordnung von 1024 × 768 Farbtripeln. Wie der Tab. 4-6 zu entnehmen, bedeutet das eine feste Geräteauflösung von 36 cm⁻¹ (91 dpi).

Kommen wir zur Grafikkarte. Wie erwähnt, übersetzt diese digitale in elektronische Signale, aus denen ein Monitor am Ende ein Bild produziert. Diese Signale entsprechen den am Computer einzustellenden Systemauflösungen und repräsentieren als kleinste Einheit ein Pixel. Dem Betriebssystem dienen zur grafischen Repräsentation der Informationsdaten – wie bei einer Pixelgrafik – viele dieser Elemente, sauber angeordnet in einer Matrix. Die Auflösung wird jedoch nicht, wie bei Druckern oder Scannern, in Punkte pro Längeneinheit, sondern in Pixel pro Gesamtbreite und zusätzlich in Pixel pro Gesamthöhe angegeben. Heraus kommt beispielsweise eine Auflösung von 640 Pixeln horizontal mal 480 Pixel vertikal, in dieser Ausführung auch bestens bekannt als VGA-Auflösung (Video Graphics Array). Das ist aus dem Grund sinnvoll, da ja das Betriebssystem bei einer eingestellten Auflösung nicht zwischen einem großen oder kleinen zur Anzeige verwendeten Monitor unterscheiden kann. Sicherlich sollte man, nicht zuletzt aus Gründen der Darstellungsqualität, die Systemauflösung auf die Hardware abstimmen.

Ein CRT-Monitor ist heute praktisch immer ein Multifrequenzgerät. Das bedeutet, dass dieser sich über die Grafikkarte auf die unterschiedlichen Auflösungen einstellt; jedoch nur bis zu einem maximal zulässigen Wert, welchen man individuell den zugehörigen technischen Daten entnehmen kann. Insofern ist die Tab. 4-5 in einigen Angaben zu gründlich, da beispielsweise einen 14"-CRT-Monitor mit einer Auflösung von 2048 × 1536 Farbtripeln zu betreiben eher utopisch ist. Noch eine Anmerkung zu den Zahlen in Tab. 4-5:

Abb. 4-13 Farbtripel eines LCD-Monitors

Die Auflösungswerte wurden ausgehend von der sichtbaren Monitordiagonalen ermittelt, welche in der Regel um ca. acht Prozent geringer ausfällt, da der äußere Teil der Bildröhre immer vom Gehäuse verdeckt ist.

Zur konkreten Benutzung eines CRT-Monitors: Theoretisch liegt die optimale Systemauflösung genau bei der realisierbaren Auflösung des Bildschirms, wie sie Tab. 4-8 bei entsprechend ausgewiesenem Tripelabstand auflistet. (Den Tripelabstand kann man den technischen Daten des Gerätes entnehmen, dort jedoch meist als Loch- oder Punktabstand bzw. dotpitch bezeichnet.) Praktisch aber stimmen die System- und die reale Monitorauflösung selten überein, wie man durch einen Vergleich mit den Werten in Tab. 4-5 schnell selbst herausfinden kann. Da ein CRT-Monitor die Eigenschaft besitzt, die darzustellenden Pixel zu glätten, fallen die Interpolationen prinzipiell nicht auf. Folglich erreicht man eine sehr gute Darstellungsqualität, solange die eingestellte Systemauflösung unter der realen Geräteauflösung liegt. Und dennoch, ein Röhrenmonitor kann auch Systemauflösungen über der realisierbaren anzeigen – mit in der Folge mehr oder weniger reduzierter Anzeigequalität –, aber nicht selten ist das gleichwohl eine bevorzugte persönliche Einstellung.

Bei einem Flachbildschirm ist die Sachlage einfacher. Dort gibt es, wie dargelegt, prinzipbedingt nur eine wirklich adäquate Auflösung. Diese, und nur diese, führt zu einer sehr guten Darstellungsqualität. Alle anderen Systemauflösungen, die die Grafikkarten-/Monitorlogik zur Anzeige bringt, sind zumindest als ungünstig bis eher schlecht zu bezeichnen.

Damit können wir den Abschnitt mit zwei Feststellungen abschließen: Erstens ist zur Auflösungsbestimmung für Bildschirmanwendungen weder die maximal erreichbare noch die qualitativ beste Auflösung eines Monitors relevant, sondern einzig die verwendete Systemauflösung. Zweitens gibt es keine allein gültige Systemauflösung. Je nach Monitor/Grafikkarten-Gespann können wir aktuell von bis zu zwei Dutzend verschieden verwendeter Einstellungen bei Computeranwendungen ausgehen (siehe auch Abschn. »72-ppi-Mythos« ab S. 126).

4.2.3 Scanner

Scanner sind Eingabegeräte und »lesen« Informationen, indem sie in definierten Abständen eine Vorlage punktweise abtasten. Man unterscheidet zwischen Aufsichtsvorlagen (z. B. Fotos), die *beleuchtet*, und Durchsichtsvorlagen (z. B. Negative), die *durch*leuchtet werden.

Unabhängig von der eingesetzten Technik wird das reflektierte oder transmittierte Licht mit Hilfe einer Optik auf einen so genannten Bildwandler gelenkt, der die Lichtintensitäten in elektrische Ladungen transformiert, die anschließend von einem Analog-/Digital-Wandler (kurz: A/D-Wandler auch ADC, Analog to Digital Converter) in für den Computer verständliche digitale Signale umgesetzt werden.

Bei den Bildwandlern gibt es überwiegend zwei Technologien: die (ausgereiften) PMTs (Photo Multiplier Tube, Fotoverstärkerröhre) und die CCDs (Charged Coupled Device, Ladungsgekoppeltes Bauelement).

Fotoverstärkerröhren finden nur in sehr teuren Trommelscannern Verwendung, weshalb man diese gelegentlich auch als PMT-Scanner bezeichnet. Hierbei gibt es nur einen punktuellen Lichtstrahl, der eine auf einer Trommel befindlichen Vorlage vornehmlich spiralförmig abtastet, indem sich die Trommel um die eigene Achse dreht und gleichzeitig die Abtasteinheit entlang der Trommelachse vorgeschoben wird. Über eine Optik wird der Lichtstrahl gleichsam auf drei PMTs geleitet, jeweils für eine der RGB-Grundfarben. Die Auflösung bestimmt sich aus der Abtastfrequenz mit angepasstem Vorschub. Und wie bei Druckern ist die optimale Qualität einer gegebenen Auflösung nur möglich, wenn die Größe des erfassten Bildpunktes zur Abtastweite passt. Bei Trommelscannern wird dies zufrieden stellend mittels einer Blende realisiert.

Ein CCD-Sensor besteht aus einer Matrix von Fotodioden. Man unterscheidet hier Zeilen- und Flächensensoren. CCD-Scanner erfassen die Vorlagen infolgedessen zeilenweise oder als Ganzes. Bei der bekanntesten Scannerbauform, den Flachbettscannern, be- oder durchleuchtet ein schmaler Lichtstreifen die gesamte Breite der Vorlage und wird unter Verwendung einer Optik auf eine dreifache CCD-Einheit gesteuert, welche die ganze Bildzeile, getrennt nach RGB-Grundfarben, auf einmal registriert. CCD-Sensoren werden auch in Dia- bzw. Filmscannern und Digitalkameras eingesetzt. Bei Letzteren kommt jedoch in der Regel eine Flächen-CCD zum Einsatz, welche die gesamte Bildfläche in Breite und Höhe zugleich erfasst. Allerdings sind erst die neuesten Chipgenerationen in der Lage, für jede einzelne Fotodiode die kompletten RGB-Werte gleichermaßen zu erkennen. Bei den derzeit aktuellen Konsumenten-Digitalkameras kann nur eine der drei Grundfarben pro Fotodiode erfasst werden. Durch eine abwechselnde Anordnung von Farbfiltern vor den CCD-Elementen, durch die die Fotodioden das Licht nach Farben getrennt registrieren, können erst aus Nachbarinformationen vollständige RGB-Werte für jedes spätere Bildpixel interpoliert werden. Lediglich bei den professionellen Kamerasystemen konnte man bisher ohne Interpolation auskommen.

Die so genannte optische oder physikalische Scanauflösung bezieht sich auf die Anzahl der Fotodioden auf dem CCD-Element, mit welchem die meist kürzere Seite der Vorlagenfläche abgetastet wird. Jedoch, wie schon ähnlich bei den Druckern beschrieben, kann die Schrittweite der Abtasteinheit beim Scannen halbiert werden, um auf eine doppelte Abtastfrequenz (Auflösung) in dieser Richtung zu kommen. Ein Scanner mit z. B. 236 × 472 Abtastpunkten pro Zentimeter (600 × 1200 dpi) liefert bei einer Auflösung von 472 cm^{-1} eine vierfach höhere Datenmenge, jedoch maximal die doppelte Information im Vergleich zu einer Auflösung von 236 cm^{-1}. Denn im entstehenden Pixelbild sind nur quadratische Pixel möglich, aber jeweils zwei horizontal nebeneinander liegende, Speicher beanspruchende Pixel haben denselben Ursprung. Da bei Pixelgrafiken der Speicherplatz eine Rolle spielt, muss man sich in diesen Fällen immer wieder überlegen, ob ein solches Vorgehen angemessen ist. Manchmal wird zwischen der optischen Auflösung (nur der kleinere Wert) und der physikalischen (mit reduzierter Abtastschrittweite) unterschieden.

44

Fast schon grotesk wird es, wenn man einen Scanner mit einer interpolierten Auflösung bewirbt, z. B. 3780 × 3780 cm^{-1} (9600 × 9600 dpi). Interpolieren ist in diesem Fall eine beschönigende Bezeichnung für »Lügen«. Und selbst wenn eine solcherart erdachte höhere Auflösung einen Sinn macht, kann das nicht kaufentscheidend für einen Scanner sein. Praktisch jede Bildbearbeitungssoftware ist nämlich in der Lage, diese Aufgabe ebenso gut zu lösen – oft sogar besser –, aber dennoch nicht gut genug. Das Resultat sind immer größere Datenmengen, bei in der Regel nicht machbaren Detailverbesserungen. Wie groß die Datenmengen werden können, zeigt Tab. 4-9. Bei höheren Auflösungen hat der Platzbedarf für die erzeugten Dateien schnell die Grenze der zügigen Bearbeitung überschritten. Die Wartezeit schmerzt umso mehr, wenn kein wirklicher Gewinn daraus erwächst. Kapitel 9 »Nachträgliches Anpassen von Pixelbildern« geht gesondert auf das Thema Interpolation ein. – Weiterhin müssen wir bei den Dateigrößen noch bedenken, dass Scanner im Allgemeinen mehr als 8 bit pro Grundfarbe unterscheiden kön-

Tab. 4-9   Dateigrößen in Megabyte (MB)

| Scanauflösung | | Vorlagengröße | | | | | | | | | | | |
| | | 3,6 × 2,4 cm | | | | 6 × 6 cm | | | | 15 × 10 cm | | | |
cm^{-1}	dpi	1 bit	8 bit	24 bit	32 bit	1 bit	8 bit	24 bit	32 bit	1 bit	8 bit	24 bit	32 bit
118	300	0,0	0,1	0,3	0,5	0,1	0,5	1,4	1,9	0,2	2,0	6,0	8,0
157	400	0,0	0,2	0,6	0,8	0,1	0,9	2,6	3,4	0,4	3,5	10,6	14,2
197	500	0,0	0,3	1,0	1,3	0,2	1,3	4,0	5,3	0,7	5,5	16,6	22,2
213	540	0,0	0,4	1,1	1,5	0,2	1,6	4,7	6,2	0,8	6,5	19,4	25,9
236	600	0,1	0,5	1,4	1,8	0,2	1,9	5,7	7,7	1,0	8,0	23,9	31,9
266	675	0,1	0,6	1,7	2,3	0,3	2,4	7,3	9,7	1,3	10,1	30,3	40,4
315	800	0,1	0,8	2,5	3,3	0,4	3,4	10,2	13,6	1,8	14,2	42,6	56,8
354	900	0,1	1,0	3,1	4,1	0,5	4,3	12,9	17,2	2,2	18,0	53,9	71,8
394	1000	0,2	1,3	3,8	5,1	0,7	5,3	16,0	21,3	2,8	22,2	66,5	88,7
472	1200	0,2	1,8	5,5	7,4	1,0	7,7	23,0	30,7	4,0	31,9	95,8	127,7
531	1350	0,3	2,3	7,0	9,3	1,2	9,7	29,1	38,8	5,1	40,4	121,2	161,6
709	1800	0,5	4,1	12,4	16,6	2,2	17,2	51,7	69,0	9,0	71,8	215,5	287,4
787	2000	0,6	5,1	15,3	20,4	2,7	21,3	63,9	85,1	11,1	88,7	266,1	354,8
945	2400	0,9	7,4	22,1	29,4	3,8	30,7	92,0	122,6	16,0	127,7	383,1	510,9
1000	2540	1,0	8,2	24,7	33,0	4,3	34,3	103,0	137,3	17,9	143,1	429,2	572,2
1063	2700	1,2	9,3	27,9	37,2	4,8	38,8	116,4	155,2	20,2	161,6	484,9	646,6
1260	3200	1,6	13,1	39,2	52,3	6,8	54,5	163,5	218,0	28,4	227,1	681,2	908,2
1575	4000	2,6	20,4	61,3	81,7	10,6	85,1	255,4	340,6	44,3	354,8	1064,3	1419,1
1890	4800	3,7	29,4	88,3	117,7	15,3	122,6	367,8	490,4	63,9	510,9	1532,6	2043,5
1969	5000	4,0	31,9	95,8	127,7	16,6	133,0	399,1	532,2	69,3	554,3	1663,0	2217,3
2000	5080	4,1	33,0	98,9	131,8	17,2	137,3	412,0	549,3	71,5	572,2	1716,6	2288,8
2126	5400	4,7	37,2	111,7	149,0	19,4	155,2	465,5	620,7	80,8	646,6	1939,7	2586,3
2480	6300	6,3	50,7	152,1	202,8	26,4	211,2	633,6	844,8	110,0	880,0	2640,1	3520,2
2520	6400	6,5	52,3	156,9	209,3	27,2	218,0	653,9	871,9	113,5	908,2	2724,6	3632,8
3200	8128	10,5	84,4	253,1	337,5	43,9	351,6	1054,7	1406,3	183,1	1464,8	4394,5	5859,4
3780	9600	14,7	117,7	353,1	470,8	61,3	490,4	1471,3	1961,7	255,4	2043,5	6130,4	8173,8

nen (was hauptsächlich für nachfolgende Tonwertkorrekturen gewünscht wird). Sie können etwa 10, 12, 14 oder 16 bit pro RGB-Grundfarbe auflösen und werden häufig beworben als 30, 36, 42 oder 48 bit (3 × Abtasttiefe). In allen Fällen höherer Abtastung als 8 bit werden 16 bit pro Pixel gespeichert. Pixelbilder mit 16-bit-Farbkanälen belegen somit den doppelten Platz. In diesen Fällen müssen die 8- und 24-bit-Werte von Tab. 4-9 verdoppelt werden.

Die Qualität eines Scanners kann nicht einfach auf ein paar Zahlenwerte reduziert werden. Die Güteklasse der Linsen, Spiegel und Gläser oder das mechanische Niveau der Abtasteinheit können so nicht ausgedrückt werden; sie haben aber einen großen Einfluss auf das erreichte Ergebnis, auch hinsichtlich der Auflösung. Die reale Auflösung eines Scanners kann schon einmal gut und gern um den Faktor zwei (und mehr) unter den beworbenen Werten liegen. Je höher die Auflösungsangaben bei einem Flachbettscanner sind, desto eher gilt diese Aussage; bei Filmscannern ist demgegenüber eine erheblich bessere Übereinstimmung zwischen angegebenen und erreichten Auflösungen festzustellen [35]. – Ich möchte an dieser Stelle auf die qualitativ höherwertigen Computerzeitschriften verweisen, die dankenswerterweise bei einem Gerätetest zunehmend die realen Auflösungen ermitteln.

Scanauflösung

Unter Scanauflösung wird normalerweise der Wert verstanden, den man in der Scansoftware einträgt, bevor man eine Vorlage scannt.

Hierbei ist es sinnvoll zu wissen, dass ein Scanner nur mit seiner physikalischen Auflösung oder ganzen Teilern davon arbeitet, indem die Elektronik eben nicht nur jede Fotodiode auf der CCD ausliest, sondern lediglich jede zweite, dritte, vierte und so weiter; den Rest macht die Scansoftware. Angenommen, wir haben einen Scanner mit 2700 dpi (1063 cm^{-1}), dann sind weitere physikalische Auflösungsstufen 1350 dpi (531 cm^{-1}), 900 dpi (354 cm^{-1}), 675 dpi (266 cm^{-1}) oder 540 dpi (213 cm^{-1}). Wird in der Scansoftware beispielsweise 1000 dpi (394 cm^{-1}) eingestellt, wird dennoch mit 1350 dpi (531 cm^{-1}) gescannt und per Software auf den gewünschten Wert herunter gerechnet.

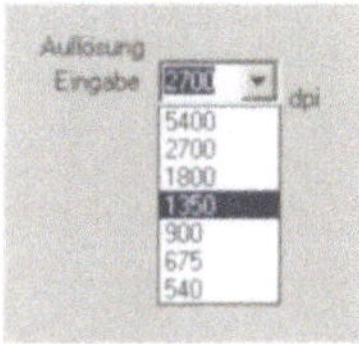

Abb. 4-14 Scandialogausschnitte mit vorgeschlagenen physikalischen Scanauflösungen. Oben: *Dimage Scan* (Minolta) Unten: *ScanWizard Pro* (Microtek)

In der Praxis ist es daher sinnvoll, sich auch direkt auf diese Werte zu beziehen, gerade dann, wenn es die Scanprogramme zusätzlich anbieten (vgl. Abb. 4-14). Anschließend kann man sich in der vertrauten Bildbearbeitung um die richtige Anpassung kümmern, was auch die Wahl der Maßeinheit betrifft, da eine metrische Alternative in Scanprogrammen leider seltener anzutreffen ist (vgl. auch Abschn. 6.8 ab S. 110).

Liegt die gewünschte Auflösung in der Nähe der physikalischen ist von einer Berechnung möglicherweise abzusehen, da jedwede Interpolation, auch von der günstigeren Ausgangsposition, bei der aus mehr Daten weniger errechnet werden, zu Qualitätseinbußen führen kann. Da das auch sehr von den Algorithmen der beteiligten Programme abhängt, muss das jedoch im Einzelfall entschieden werden.

Die Scanauflösung bezieht sich immer auf die Bildauflösung (siehe nachfolgenden Abschnitt) multipliziert mit dem Skalierungsfaktor – das ist die Größenanpassung von der Vorlagengröße an die gewünschte Ausgabegröße –, was zusammen eine einfache Rechnung ergibt. Der konkreten Bestimmung von Bild- und Scanauflösung sind zwei eigene Kapitel gewidmet: Kapitel 6 »Bildauflösung für Printmedien« (ab S. 71) sowie Kapitel 7 »Bildauflösung für Nonprintmedien« (ab S. 119).

4.3 Bildauflösung

Ein digitales Bild, wie es von Scannern oder Digitalkameras erzeugt wird, besteht ausschließlich aus Pixeln, welche die kleinste Informationseinheit bilden (s. auch Abschn. 1.1 ab S. 3).

Die Bildauflösung kann auf zwei Arten deklariert werden: Einerseits lässt sich die Breite mal Höhe des ganzen Bildes in Pixel angeben, wie bei der Kodak Photo-CD, der Systemauflösung für Monitore oder bei den Digitalkameras. Eine Variante davon ist es, die beiden Werte miteinander zu multiplizieren, um auf die Gesamtpixelzahl zu kommen, bekannt durch die Auflösungsdeklaration bei Digitalkameras. In der gleichen Art kann auch bei bekannter Farbtiefe die unkomprimierte Dateigröße Auskunft über die Auflösung geben (vgl. Tab. 4-14 auf S. 53). Vor allem in der Form der Bildabmessungen in Pixel werden Bildauflösungen für Monitoranwendungen bestimmt.

Andererseits, und das ist die vorwiegende und bevorzugte Definition bei Druckanwendungen, beschreibt die Bildauflösung, wie viel Bildpixel auf einer Maßeinheit abgebildet werden. Angegeben wird sie, wie schon zuvor die Geräteauflösung und die Rasterfeinheit, in cm^{-1} bzw. als US-Einheit in **ppi** (pixel per inch).

Dabei ist aber Folgendes unbedingt zu beachten: Ein Pixelbild ist kein gegenständliches Objekt mit nur einer Auflösung; im Gegenteil, ein Pixelbild ist in höchstem Maße dehnbar. Jede Person, die schon Erfahrung mit Digitalbildern innerhalb von Gestaltungsprogrammen hat, weiß, dass dort ein importiertes Bild in der Ausdehnung angepasst werden kann; man »zieht« es einfach auf die richtige Größe. Das wäre nichts Beachtenswertes, wenn es sich um eine Vektorgrafik handeln würde, aber es geht hier um eine Pixelgrafik und diese ändert ihre Auflösung, wenn sie ohne Berechnung skaliert wird. In Abb. 4-15 können wir uns diesen Sachverhalt am Beispiel eines aus 32 × 32 Pixeln bestehenden Computericons anschauen. Das Prinzip ist recht einfach: Man geht von der Breite *oder* Höhe des Pixelbildes aus – es kann beides genommen werden, da die Bildpixel quadratisch sind – und teilt z. B. die horizontale Pixelmenge durch die Breite des gedruckten Bildes. Heraus kommen die Pixel pro benutzter Maßeinheit. So liegt die Bildauflösung des kleinen Icons im oberen Teil der Abbildung bei 32 ÷ 0,7 = 46 cm^{-1} (116 dpi) oder des großen Icons im unteren Teil der Abbildung bei 96 ÷ 1,4 = 69 cm^{-1} (174 dpi). Vielleicht ist das einigen zu mathematisch, daher möchte ich gerne noch ein analoges Beispiel geben: Stellen Sie sich Ihren Geburtstag vor, zu dem Sie, vielleicht ausnahmsweise, niemanden eingeladen haben. Zur Sicherheit aber haben Sie eine Schüssel von geschätzten 200 Erdnüssen bereitgestellt und warten ab, ob doch ein paar Überraschungsgäste kommen. Falls nicht, können Sie sich an 200 Erdnüssen den Magen verderben. Besucht Sie jedoch ein Gratulant, können Sie die Erdnüsse solidarisch aufteilen, wodurch jeder

32 × 32 Pixelgrafik

Bildgröße:	1,4 cm	1,0 cm	0,7 cm
Bildauflösung:	23 cm^{-1}	32 cm^{-1}	46 cm^{-1}
	58 dpi	81 dpi	116 dpi

96 × 96 Pixelgrafik

Bildgröße:	1,4 cm	1,0 cm	0,7 cm
Bildauflösung:	69 cm^{-1}	96 cm^{-1}	137 cm^{-1}
	174 dpi	244 dpi	348 dpi

Abb. 4-15 Zwei verschieden große Pixelgrafiken in jeweils drei unterschiedlichen Bildgrößen und die resultierenden Bildauflösungen

100 Stück bekommt, immer noch eine ganze Menge. Bei weiterem Besuch mit dann insgesamt fünf Personen könnte jeder 40 Erdnüsse zu sich nehmen, ein vielleicht gerade richtiges Maß. Spätestens aber, wenn der ganze Sportklub dazukommt, wird es knapp. Für 25 Menschen gäbe es nur noch 8 Erdnüsse … Das Prinzip ist hier: Erdnüsse pro Person. Je mehr Leute (Bildgröße in Zentimeter oder Inch) sich der Schüssel zuwenden, desto weniger Erdnüsse (Pixel) stehen für einen Einzelnen (Zentimeter oder Inch) zur Verfügung. Umgekehrt gilt: Je kleiner ein Pixelbild (Personenzahl) wird, desto höher wird die Auflösung (Erdnussmenge).

Noch ein Problem kann an diesem Beispiel gut illustriert werden: die Frage nach der Nahrungsmenge. Wir haben uns in einem solchen Fall nicht nur zu überlegen, wie viele Personen kommen werden, sondern auch, wie viele Erdnüsse für eine Person angemessen sind. Das Unangenehme dabei ist, man muss es vorher wissen; genau wie bei den Pixelbildern. Wenn Sie vor einem Scanner sitzen und sich über die Scanauflösung Gedanken machen, sollten Sie wissen, wie hoch die Bildauflösung für das Ausgabeverfahren sein soll und wie groß das Bild am Ende sein wird.

Die richtige Bildauflösung ist ein sehr wichtiger Punkt. Warum man diese berechnen soll, ist Gegenstand des nächsten Kapitels (ab S. 59); wie man diese bestimmt, ist den Kapiteln 6 (ab S. 71) und 7 (ab S. 119) zu entnehmen; in welchem sinnvollen Rahmen die Bildauflösung variiert werden kann, erläutert Abschnitt 9.1 »Pixelbilder skalieren« (ab S. 142), und warum sie sich ändert, wenn man die Pixelgrafik skaliert, haben uns gerade die Erdnüsse verdeutlicht.

So viel muss aber hier schon gesagt werden: Die Bildauflösung orientiert sich immer an dem begrenzenden Glied der Reproduktionskette, also beispielsweise an dem Ausgabegerät. Wenn es etwa um die Auflösungsbestimmung eines Bildes mit einer Farbtiefe größer oder gleich 8 bit geht, wäre ein Bezug die Geräteauflösung eines Halbtondruckers oder die Rasterfeinheit eines AM-Rasters für Volltondrucker. Für viele Geräte, die FM-Raster einsetzen, können oft nur Erfahrungswerte als Bezug dienen.

Weitere zu berücksichtigende Kettenglieder werden in den beiden folgenden Abschnitten diskutiert.

4.4 Auflösungsvermögen des Auges

Auf der Netzhaut des menschlichen Auges befinden sich ca. 130 Millionen lichtempfindliche Rezeptoren, die für die Umwandlung von Lichtquanten in Sinnesreize sorgen, unterteilt in zwei verschiedene Rezeptortypen: Stäbchen und Zapfen.

Die Stäbchen bilden die überwältigende Menge der Rezeptoren und sind für das Hell-Dunkel-Empfinden zuständig. Sie kommen vor allem in der Nacht zum Einsatz, weshalb man auch von Nachtsehen spricht.

Die Zapfen wiederum zeichnen für das Tagessehen sowie die Farbempfindungen verantwortlich, indem sich drei verschiedene Zapfenarten an den kurz-, mittel- und langwelligen Lichtstrahlen orientieren, aus denen nach der

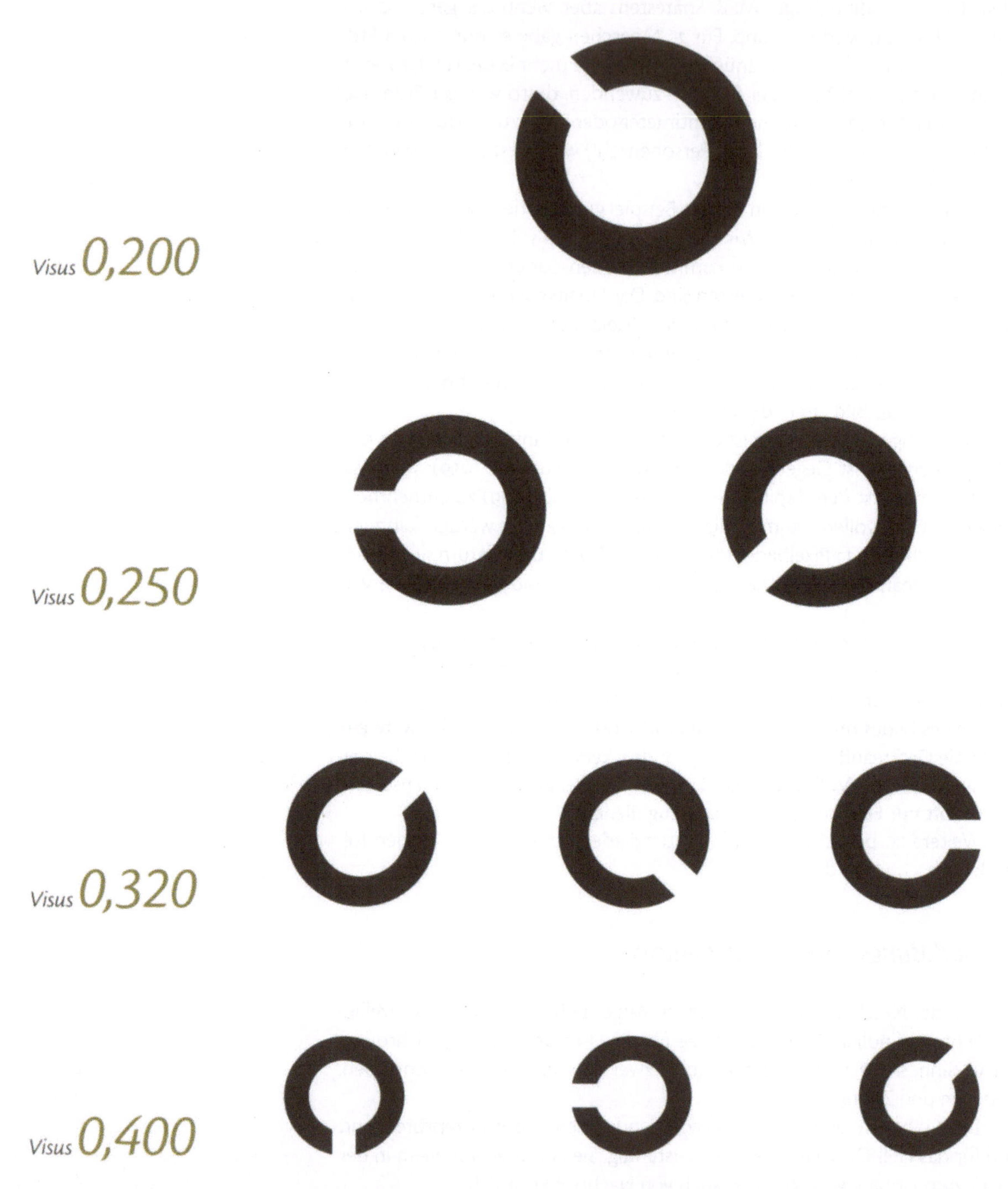

Abb. 4-16 Kleiner Sehtest zur Überprüfung der Sehschärfe (Visus). Siehe Text zur Vorgehensweise. Betrachtungsabstand: 5 Meter.

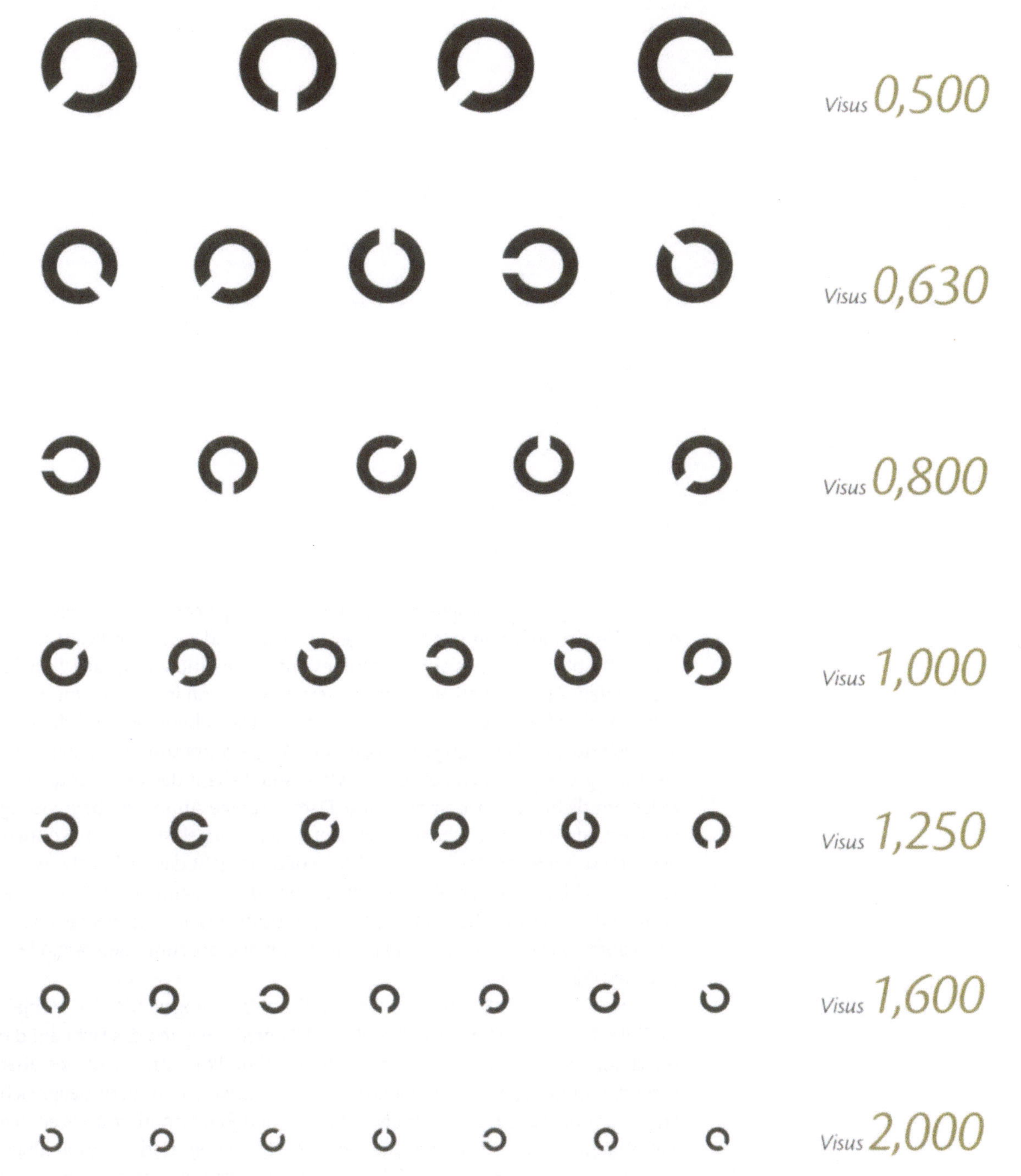

Abb. 4-17 Kleiner Sehtest zur Überprüfung der Sehschärfe (Visus). Siehe Text zur Vorgehensweise. Betrachtungsabstand: 5 Meter.

Tab. 4-10   Auflösungsvermögen des Auges

Sicht-ab-stand	Auflösungsvermögen mm			Auflösung lp/mm			cm^{-1}			dpi		
	Visus			Visus			Visus			Visus		
	0,667	1,000	1,500	0,667	1,000	1,500	0,667	1,000	1,500	0,667	1,000	1,500
25 cm	0,11	0,07	0,05	4,58	6,88	10,31	91,7	137,5	206,3	232,9	349,3	523,9
30 cm	0,13	0,09	0,06	3,82	5,73	8,59	76,4	114,6	171,9	194,0	291,1	436,6
35 cm	0,15	0,10	0,07	3,27	4,91	7,37	65,5	98,2	147,3	166,3	249,5	374,2
40 cm	0,18	0,12	0,08	2,86	4,30	6,45	57,3	85,9	128,9	145,5	218,3	327,4
45 cm	0,20	0,13	0,09	2,55	3,82	5,73	50,9	76,4	114,6	129,4	194,0	291,1
50 cm	0,22	0,15	0,10	2,29	3,44	5,16	45,8	68,8	103,1	116,4	174,6	262,0
75 cm	0,33	0,22	0,15	1,53	2,29	3,44	30,6	45,8	68,8	77,6	116,4	174,6
1 m	0,44	0,29	0,19	1,15	1,72	2,58	22,9	34,4	51,6	58,2	87,3	130,9
2 m	0,87	0,58	0,39	0,57	0,86	1,29	11,5	17,2	25,8	29,1	43,7	65,5
3 m	1,31	0,87	0,58	0,38	0,57	0,86	7,6	11,5	17,2	19,4	29,1	43,7
4 m	1,75	1,16	0,78	0,29	0,43	0,64	5,7	8,6	12,9	14,6	21,8	32,7
5 m	2,18	1,45	0,97	0,23	0,34	0,52	4,6	6,9	10,3	11,6	17,5	26,2
7,5 m	3,27	2,18	1,45	0,15	0,23	0,34	3,1	4,6	6,9	7,8	11,6	17,5
10 m	4,36	2,91	1,94	0,11	0,17	0,26	2,3	3,4	5,2	5,8	8,7	13,1
15 m	6,54	4,36	2,91	0,08	0,11	0,17	1,5	2,3	3,4	3,9	5,8	8,7
20 m	8,73	5,82	3,88	0,06	0,09	0,13	1,1	1,7	2,6	2,9	4,4	6,6

Tab. 4-11   Sehschärfe/Sehwinkel

Visus (Sehschärfe)	minimaler Sehwinkel
2,000	0,50'
1,500	0,67'
1,000	1,00'
0,667	1,50'
0,500	2,00'

Umwandlung für uns violettblaue, grüne und orangerote Farbeindrücke werden. (Die Grundfarben der Empfänger im Auge sind demnach RGB-Farben, vgl. auch Abb. 2-11 bis 2-15 auf S. 12.) Insgesamt gibt es »nur« ungefähr 7 Millionen Zapfen. Aber da sich ein nennenswerter Teil davon in der ca. 5 mm² großen, stäbchenfreien Netzhautgrube (Fovea centralis) befindet, sind die Zapfen auch für das Auflösungsvermögen des Auges mitbestimmend, denn die Netzhautgrube stellt den Bereich des schärfsten Sehens dar, weil hier die Sehzellen am dichtesten beisammen sind. Damit ist eine Auflösungsbegrenzung definiert, da zwei benachbarte Elemente nicht aufgelöst werden können, wenn diese auf einen Zapfen fallen. (Wie erläutert, geht das auch nicht, wenn zwei benachbarte Sinneszellen gereizt werden, da wir dann bestenfalls ein dickeres Objekt ausmachen, aber nicht zwei; somit braucht es wenigstens einen Zapfen dazwischen, um zwei Elemente aufzulösen, zumindest wenn letztere gleichfarbig sind.)

Einen weiteren Einfluss auf das Auflösungsvermögen hat der »Objektiv-Teil« des Auges: Hornhaut, Pupille und Augenlinse leiten das Licht auf die Netzhaut. Wenn Licht durch eine Öffnung (Pupille) tritt, »läuft« es aber nicht nur in der einfallenden Richtung geradeaus weiter, sondern beugt sich auch »um die Ecke«. Dadurch entstehen an den Rändern Interferenzen, die mit abnehmender Öffnungsgröße destruktiver werden und zu Abbildungsfehlern, vor allem Unschärfen, führen. Wie bei optischen Geräten gibt es ein entsprechend benanntes, beugungsbegrenztes Auflösungsvermögen. In Verbindung mit dem Durchmesser der Eintrittspupille und einer ausgesuchten Wellenlänge des Lichts lässt sich damit das theoretisch optimale Auflösungsvermögen des Auges bestimmen. Im Normalfall sind die einzelnen Teile des Auges, Optik und Empfänger, optimal (also ohne Abbildungsfehler) aufeinander abgestimmt.

Zur Umsetzung: Absolute Werte sind hier sicher nur von geringem praktischem Interesse, denn da es sich beim Sehen um einen entfernungsabhängigen Wahrnehmungsprozess handelt, ist auch der Betrachtungsabstand relevant. Man bezieht sich daher auf einen minimalen Sehwinkel (minimum separabile), mit dem es gerade noch möglich ist, zwei dicht benachbarte Punkte sicher voneinander zu unterscheiden.

Die Angaben zum minimalen Sehwinkel gehen in der Fachliteratur leider ein wenig auseinander. Allerdings ist das nicht wirklich verwunderlich, da es bestenfalls einen Durchschnittswert geben kann. (Der Mensch kann auch nicht einheitlich gut hören oder gleich laut sprechen.) Recht häufige, jedoch nicht die einzigen Angaben sind die von 1,5' oder 1' (1' = 1 Bogenminute = 1/60 Grad = 1/3600 Vollkreis – man kann demzufolge auch 0,025° bzw. 0,017° angeben).

In der Augenoptik gibt es als Einheit für das Auflösungsvermögen des Auges die Sehschärfe, auch **Visus** genannt. Dieser basiert (leicht willkürlich) auf einem minimalen Sehwinkel von 1', der sich fast automatisch ergab, da man die Sehschärfe durch den Kehrwert des minimum separabile bestimmt und infolgedessen für den Visus ebenfalls auf 1 kommt (Visus = 1 / Bogenminute; vgl. Tab. 4-11). Der Vorteil: Höhere Werte bedeuten sinnvollerweise eine bessere Sehschärfe.

Während bei einem Menschen im mittleren Alter tatsächlich einen Visus von 1 normal sein kann, ist es vielleicht im hohen Alter nur ein Visus von 0,5 und im jungen Alter und bei besten Voraussetzungen eventuell ein Visus von 2,0. Beispielsweise müssen Sie hier in Deutschland zur Fahrtüchtigkeit einen minimalen Visus von 0,7 erreichen. In der Augenoptik wird der individuelle Visus unter anderem mit speziellen Sehprobentafeln bestimmt. Auf diesen bilden Sehzeichen in unterschiedlicher Größe Reihen, die in einem festgelegten Abstand betrachtet werden müssen und durch die erkannten Zeichenreihen eine sofortige Visusbestimmung zulassen. Vielleicht versuchen Sie einmal, Ihre Sehschärfe mit Abb. 4-16 und 4-17 zu bestimmen. Dazu müssen Sie einen Betrachtungsabstand von 5 Metern und gute Beleuchtungsbedingungen (Tageslicht) herstellen. Anschließend decken Sie bitte ein Auge mit der Hand ab und versuchen der Reihe nach die Richtung der Ringöffnungen zu erkennen. Zirka 60 % der Angaben sollten richtig sein. Dann sollten Sie es mit dem anderen Auge und schließlich mit beiden versuchen. In der Regel ergibt das beidäugige (binokulare) Sehen die besseren Werte. (Ein kleiner Hinweis: Auch wenn die Abbildungen mit Sorgfalt erstellt wurden, sind sie dennoch keine autorisierten Sehprobentafeln. Sie ergeben aber zumindest eine Orientierung zur eigenen Sehschärfe.)

Auf Sehprobentafeln, wie denen zuvor, ist der so genannte Landolt-Ring als Normsehzeichen besonders häufig anzutreffen. Die kleine Öffnung gibt Auskunft über den minimalen Sehwinkel, mit dem diese noch erkannt wird und aus dem, wie schon dargelegt, der Visus als Kehrwert errechnet wird.

52

Vollständigkeitshalber sind noch zwei Dinge anzumerken. Erstens wird zwischen Visus c.c. (cum correctione – mit eventueller Lesehilfe) und Visus s.c. (sine correctione – ohne Hilfen), auch als Sehleistung bezeichnet, unterschieden. Ich beziehe mich ausschließlich auf den erstgenannten. Zweitens beeinflussen unter anderem die Dauer der Wahrnehmungszeit, die persönliche Aufmerksamkeit, Bekanntheit, Kontrast und Umfeld der beobachteten Gegenstände und einiges mehr die Sehschärfe.

Tab. 4-10 führt einige Werte zu verschiedenen Betrachtungsabständen und Visus-Angaben auf.

4.5 Auflösung fotografischer Vorlagen

Wenn man die Auflösung von fotografischen Vorlagen ermitteln möchte, ist das gar nicht so einfach.

Zum Ersten: Wir benötigen eine hochwertige Testvorlage mit geeigneten, sinnvoll auszuwertenden Testmustern, eine hochwertige Optik, ein Stativ, gute, konstante Lichtbedingungen und, sagen wir einmal, eine empirische Akkuratesse, um später auch zu einer sinnvollen Aussage zu kommen. Dazu muss gesagt werden, dass nur mit den allerbesten Kameraobjektiven und unter guten Bedingungen die Auflösung heutiger normalempfindlicher Filme erreicht werden kann.

Zum Zweiten: Wenn wir nun einen Testfilm unter unserem Fadenzähler (zusammenklappbare Lupe mit Messskala) haben, wird es, wie zu erwarten, in Richtung der höher aufgelösten Linienmuster zunehmend schwerer, die Linien optisch voneinander zu trennen – jedoch nicht nur der Auflösung, sondern auch des Kontrastes wegen. Der Kontrast hat generell einen großen Einfluss darauf, wie scharf wir etwas sehen. Den höchsten Kontrast erleben wir, wenn eine größtmöglich

Abb. 4-18 Im Kontrast verschiedene Linienpaare

Tab. 4-13 Auflösungen in verschiedenen Einheiten		
lp/mm	cm⁻¹	dpi
30	600	1524
40	800	2032
50	1000	2540
55	1100	2794
60	1200	3048
63	1260	3200
70	1400	3556
80	1600	4064
90	1800	4572
100	2000	5080
110	2200	5588
120	2400	6096
125	2500	6350
130	2600	6604
140	2800	7110
150	3000	7620
160	3200	8128
170	3400	8636
180	3600	9144
190	3800	9652
200	4000	10160

Tab. 4-12 Filmauflösungen nach Herstellerangaben							
Film-empfindlichkeit in ISO (ASA/DIN)	Farbnegativ Objektkontrast		S/W-Negativ Objektkontrast		Farbdia Objektkontrast		
	1,6:1	1000:1	1,6:1	1000:1	1,6:1	1000:1	
25/15°–64/19°	50–80	140–200	125	200–320	50–80	100–160	
100/21°–160/23°	50–63	125–150	60–63	150–200	40–60	125–140	
200/24°–800/30°	40–50	100–130	40–50	110–160	40–55	100–135	
1600/33°–3200/36°	40–50	80–100	40	125	40	100	

schwarze neben einer maximal weißen Linie liegt. Sollten diese beiden Linien vielleicht nur dunkel- und hellgrau sein, haben wir einen deutlich schwächeren Kontrast. Dadurch sind sie schwerer unterscheidbar. Im Allgemeinen nimmt das Kontrastverhalten mit zunehmender Auflösung immer mehr ab, bis alle Elemente in einem grauen Meer verschwunden sind (vgl. Abb. 4-18). Darüber hinaus wird die Trennung von Details noch dadurch erschwert, dass benachbarte kontrastierende Elemente nicht abrupt, sondern mehr oder weniger sacht ineinander übergehen. Während wir nun, mit unserem Fadenzähler über der Vorlage gebeugt, eher intuitiv das Auflösungsvermögen herauslesen, kann man in professionellen Prüfsystemen Auflösung und Kontrast zusammen in der so genannten Modulations- oder auch Kontrastübertragungsfunktion (MTF, für Modulation Transfer Function) übersichtlich festhalten. Damit nur die Eigenschaften des Films in die Funktion einfließen, wird ein solcher unter Zuhilfenahme einer Testvorlage mit exakten Schwarzweißmustern in verschiedenen Ortsfrequenzen (Perioden/mm) im Kontaktverfahren belichtet. Anschließend werden mit einem Densitometer (Schwärzungsmesser) zu jeder einzelnen Ortsfrequenz die erreichten Kontrastwerte im Film ermittelt. Im endgültigen Funktionsgraphen kann dann zu jedem gewünschten Kontrastwert die erreichte Auflösung abgelesen werden.

Tab. 4-14 Gegenüberstellung von Film- zu Bildauflösungen

Gesamtpixel in Millionen Filmformate			Bildabmessungen in Pixeln Filmformate			RGB-Dateigröße in MB Filmformate			Film-auflösung
24×36	60×60	90×120	24×36	60×60	90×120	24×36	60×60	90×120	lp/mm
3,1	13,0	38,9	2160 × 1440	3600 × 3600	7200 × 5400	8,9	37,1	111,2	30
5,5	23,0	69,1	2880 × 1920	4800 × 4800	9600 × 7200	15,8	65,9	197,8	40
8,6	36,0	108,0	3600 × 2400	6000 × 6000	12000 × 9000	24,7	103,0	309,0	50
10,5	43,6	130,7	3960 × 2640	6600 × 6600	13200 × 9900	29,9	124,6	373,9	55
12,4	51,8	155,5	4320 × 2880	7200 × 7200	14400 × 10800	35,6	148,3	444,9	60
13,7	57,2	171,5	4536 × 3024	7560 × 7560	15120 × 11340	39,2	163,5	490,6	63
16,9	70,6	211,7	5040 × 3360	8400 × 8400	16800 × 12600	48,4	201,9	605,6	70
22,1	92,2	276,5	5760 × 3840	9600 × 9600	19200 × 14400	63,3	263,7	791,0	80
28,0	116,6	349,9	6480 × 4320	10800 × 10800	21600 × 16200	80,1	333,7	1001,1	90
34,6	144,0	432,0	7200 × 4800	12000 × 12000	24000 × 18000	98,9	412,0	1236,0	100
41,8	174,2	522,7	7920 × 5280	13200 × 13200	26400 × 19800	119,6	498,5	1495,5	110
49,8	207,4	622,1	8640 × 5760	14400 × 14400	28800 × 21600	142,4	593,3	1779,8	120
54,0	225,0	675,0	9000 × 6000	15000 × 15000	30000 × 22500	154,5	643,7	1931,2	125
58,4	243,4	730,1	9360 × 6240	15600 × 15600	31200 × 23400	167,1	696,3	2088,8	130
67,7	282,2	846,7	10080 × 6720	16800 × 16800	33600 × 25200	193,8	807,5	2422,5	140
77,8	324,0	972,0	10800 × 7200	18000 × 18000	36000 × 27000	222,5	927,0	2780,9	150
88,5	368,6	1105,9	11520 × 7680	19200 × 19200	38400 × 28800	253,1	1054,7	3164,1	160
99,9	416,2	1248,5	12240 × 8160	20400 × 20400	40800 × 30600	285,8	1190,6	3571,9	170
112,0	466,6	1399,7	12960 × 8640	21600 × 21600	43200 × 32400	320,4	1334,8	4004,5	180
124,8	519,8	1559,5	13680 × 9120	22800 × 22800	45600 × 34200	356,9	1487,3	4461,8	190
138,2	576,0	1728,0	14400 × 9600	24000 × 24000	48000 × 36000	395,5	1647,9	4943,8	200

Am einfachsten ist es demnach, wenn wir die Arbeit den Herstellerfirmen überlassen und nur noch die Ergebnisse auswerten. Die Firmen stellen in aller Regel Angaben über ihre Produkte bereit, so auch die Kontrastübertragungsfunktionen. Leider lässt sich, wie so oft, kein allgemein gültiger Wert daraus extrahieren, denn die angegebenen Auflösungswerte variieren teilweise deutlich, selbst zwischen gleich empfindlichen Filmtypen.

Umso mehr bleibt das Problem bestehen, einen zu erreichenden Kontrast mit der Auflösungsangabe zu verbinden. Kann ein Film beispielsweise bei maximalem Kontrast vielleicht 20 lp/mm darstellen, sind es eventuell 50 lp/mm bei einem auf die Hälfte reduzierten und möglicherweise 80 lp/mm, wenn dieser noch einmal auf ein Viertel des ursprünglichen Kontrastes fallen darf. Unterscheidbar sind die Linien in allen Fällen mehr oder weniger, aber was optimal ist, lässt sich allgemein verbindlich nicht eindeutig beantworten.

Den meisten Datenblättern können Sie aber auch direkte Angaben zum Auflösungsvermögen des Films entnehmen. Diese informieren über die maximale Ortsfrequenz, die noch klar differenzierbar wiedergegeben werden kann. Dabei gibt es in der Regel zwei Werte, jeweils bezogen auf einen Objektkontrast von 1,6:1 und 1000:1. Der Objektkontrast bezeichnet die Kontrastverhältnisse des fotografierten Motivs. Auch dort ist natürlich die Differenz zwischen der hellsten und der dunkelsten Stelle sehr unterschiedlich. Je höher dabei die Kontraste ausfallen, desto mehr lässt sich auf den Film bannen. Das ist genau wie im Leben: an einem wolkenlosen Sommertag, mit seinen extremen Gegensätzen zwischen Licht und Schatten, können wir Gegenstände ausmachen, die bei Regenwetter vielleicht kaum, mindestens aber schwerer zu erkennen sind; und im Nebel sind wir eventuell nicht einmal in der Lage, die Bäume am Wegesrand zu unterscheiden.

Diese beiden Bezüge stellen somit den Bereich des Auflösungsvermögens dar, was ein Film minimal und maximal aufzulösen vermag. Einige Grenzwerte sind in Tab. 4-12 aufgeführt. Ich habe dazu die Filmdaten von ein paar Dutzend Filmen ausgewertet, und auch wenn ich damit leider keine vollständigen Angaben präsentieren kann, so stellen diese Werte zumindest einen Anhaltspunkt dar. Von einigen Fachleuten der großen Filmhersteller konnte ich mehrfach den Auflösungswert von prinzipiell realistischen 100 lp/mm für einen aktuellen guten Standardfilm erfahren. Wie man der Tabelle entnehmen kann, passt diese Aussage recht gut zwischen die beiden anderen Angaben zum Objektkontrast.

Jetzt gilt es nur noch Folgendes zu bedenken: Annähernd erreichbar ist die hohe Auflösungsangabe im Film bestenfalls dann, wenn die gesamte Kette der Filmentstehung (Objektkontrast, Motivkontrast, Objektiv, Fokus, Stativ, Belichtungseinstellung, Entwicklung usw.) perfekt aufeinander abgestimmt ist. Andererseits erreichen wir bei ungenügender Ausgangssituation (Gegenlicht, schlechteres Objektiv, falscher Fokus, verwackelte Aufnahme, Bewegungsunschärfe, geringer Motivkontrast usw.) nicht einmal die erste Auflösungsangabe, umso mehr, wenn mehrere dieser Faktoren zusammenkommen. Zur Verdeutlichung: Im Endeffekt ist nicht die Befähigung des Films, sondern die Umsetzung im Film relevant.

Wenn Sie nun diese Auflösungswerte in Einheiten übersetzt haben möchten, mit denen Sie mehr anfangen können, schauen Sie sich bitte Tab. 4-13 und 4-14 an. In Tab. 4-13 finden sich zu den Angaben in Linienpaaren pro Millimeter auch die Auflösungen in Zentimetern und Inches, jedoch bezogen auf einen Bildpunkt (Linie). Die Tab. 4-14 stellt diesen Werten die Bildpunktmenge (wie bei den Digitalkameras), die Pixelabmessungen (wie bei Bildschirmen) sowie die Dateigrößen für RGB-Daten voran, aufgelistet für das verbreitete Kleinbildformat, aber auch für jeweils ein gängiges Mittel- und Großformat. Gerade wenn Sie auch eigene Auflösungswerte ermittelt oder konkrete Auflösungswerte erfahren haben, lassen sich die relevanten Daten damit schnell herausfinden.

Interessant ist auch die Frage, ob Negative oder Diapositive höher auflösend sind. Nach den von den Filmherstellern gelieferten Filmdaten, aber auch nach entsprechend klaren Herstellerauskünften muss festgestellt werden, dass Negative in der Regel höhere Werte aufweisen (auch in Bezug zum Dynamikumfang). Allerdings ist diese höhere Auflösung mit einem meist stärker sichtbaren Filmkorn verbunden, was sich in der Folge störend auswirken und daher subjektiv einer etwas reduzierten Schärfe (gegenüber den objektiven Daten) entsprechen kann. Die Suche nach dem schärfsten Film scheint mit aktuellen Erzeugnissen eher die nach einem speziellen Produkt, denn nach dem Filmtyp zu sein.

Zum Abschluss des Abschnitts noch ein Hinweis zum Auflösungsvermögen von fotografischen Aufsichtsvorlagen. Da es sich hier um Endprodukte handelt (bei Vergrößerungen nimmt man erneut den Film), wundert es kaum, wenn hier nicht vergleichbare Auflösungen erreicht werden wie beim Negativ. Fotos beinhalten alle Detailinformationen, wie sie für normale Betrachtungsbedingungen notwendig sind. Als Originalvorlage zum Scannen sind sie prinzipiell nicht vorgesehen, weshalb sich erklärt, dass bei zu starken Vergrößerungsmaßstäben beim Scannen sehr schnell die Qualitätsgrenze erreicht ist. Papierabzüge, analog wie digital erstellt, besitzen Auflösungen von ungefähr $100–160\,cm^{-1}$ (ca. 250–400 dpi), wobei Werte um und unter $120\,cm^{-1}$ (ca. 300 dpi) wahrscheinlich den Normalfall bilden. Falls eine errechnete Scanauflösung über diesen Werten liegt, muss auf die Originalfilme zurückgegriffen werden.

4.6 Begriffsdurcheinander

In diesem Buch wurde auf möglichst schlüssige, konsequente und gebräuchliche Begriffe Wert gelegt. Zum Gebrauch in der Praxis kann man leider nur feststellen, dass hier keine Übereinstimmung herrscht. Daher lag die Priorität stärker bei der schlüssigen und konsequenten Darstellung.

Eingangs des Kapitels bin ich schon auf die Problematik eingegangen, dass die Bezeichnungen Auflösung und Auflösungsvermögen nicht einheitlich und teilweise sogar entgegengesetzt, wie etwa in der Physik, definiert sind. Dass hier das Auflösungsvermögen für den Abstand der Punkte, Linien, Linienpaare oder Pixel steht, liegt an der überwiegenden Einhelligkeit entsprechender Bezüge innerhalb der physiologisch-optischen, fotografischen oder allgemein bildenden Literatur. Die Auflösung als Kehrwert des Auflösungsvermögens zu definieren, kommt schließlich der allgemeinen Verwendung innerhalb der grafischen Arbeitsbereiche entgegen, eine bezeichnete Menge von Detailelementen auf eine Bezugslänge anzugeben.

Noch größere Verwirrung jedoch herrscht bei den Begriffen in den wichtigen Bereichen Geräteauflösung, Rasterfeinheit und Bildauflösung. Auch wenn die bisher gemachten Angaben diesbezüglich genügen könnten, möchte ich hier noch einiges anmerken, insbesondere für diejenigen von Ihnen, die in Anbetracht des verschiedenartigen Gebrauchs der Begriffe gelegentlich verzweifeln.

Unglücklicherweise gibt es ein gerüttelt Maß verschiedener Bezeichnungen, die aus den unterschiedlichsten Gründen nicht einheitlich verwendet werden: Da gibt es dpi, dpcm, lpi, Linien/cm, Raster/cm, lpcm, ppi, Pixel/cm, ppcm oder auch spi, um nur einige aufzuführen, denen ich schon einmal begegnet bin. Was soll man da nehmen?

Natürlich empfehle ich die in diesem Buch verwendeten Bezeichnungen, die noch einmal in Tab. 4-15 zusammengefasst sind. Ob diese nun allein so richtig angewendet werden dürfen, lässt sich hier nicht klären. Ich musste mich festlegen und habe dies nach den für mich erkennbar sinnvollsten Kriterien getan.

Im Zweifelsfall sollte man sich keinesfalls von ungeliebten Ausdrücken ablenken lassen, denn das Allerwichtigste ist die Unterscheidung

Tab. 4-15 Auflösungsbegriffe in diesem Buch

	Begriffe	Einheit			US-Begriffe	US-Einheit
Geräteauflösung	Aufzeichnungspunkte	cm⁻¹		*dpcm*	dots	dpi
Rasterfeinheit	Linien	cm⁻¹	L/cm	*lpcm*	lines	lpi
Bildauflösung	Pixel	cm⁻¹		*ppcm*	pixel	ppi
Filmauflösung	Linienpaare	lp/mm	mm⁻¹		line pairs	lp/mm lp/in

von Geräteauflösung, Rasterfeinheit und Bildauflösung! Sie – und Ihre Gesprächspartner – sollten immer wissen, wovon Sie reden, damit sich keine unnötigen Hindernisse ergeben. Man sollte darauf achten, dass im Kontext zu den Zahlenangaben und Maßeinheiten auch ein Bezug wie Geräteauflösung (spezifiziert: Scannerauflösung, Ausgabeauflösung, Druckerauflösung usw.), Rasterfeinheit oder Bildauflösung steht. Vor allem bei Druckern muss zusätzlich bekannt sein, ob sie Halbtöne nur gerastert oder rasterlos ausgeben können.

Auch ist es schließlich Ihnen und Ihren Partnern überlassen, welche Maßeinheit Sie benutzen möchten. Inchbasierte Bezeichnungen zu verwenden, könnte schon allein deswegen einen Sinn ergeben, weil einige Programme in ihrer Ignoranz leider nur dieses Maßsystem anbieten. Dennoch, in Deutschland sind die metrischen Einheiten nicht nur gesetzlich vorgeschrieben, sondern auch allgemein gebräuchlich.

Bleiben wir aber einstweilen bei den US-Bezeichnungen: Manchmal wird bei Scannern ein Unterschied zwischen *ppi* und *dpi* gemacht. Das heißt, dass einige Hersteller die Auflösungsangabe von Scannern in ppi angeben. Halten wir in diesem Zusammenhang fest, dass Drucker, deren Auflösungswerte fast immer mit *dpi* beschrieben werden, meistens keine Halbtöne direkt ausgeben, Scanner aber Halbtöne erkennen können – wie ja auch Pixel eines Digitalfotos Halbtöne zu beschreiben vermögen (die richtige Farbtiefe vorausgesetzt). Ein möglicher Grund, Scannerauflösungen mit *ppi* anzugeben, könnte demnach der Wunsch sein, ausdrücken zu wollen, dass Scanner Halbtöne einlesen können. Ich halte das vor allem deswegen für wenig praktikabel, da die Angabe *ppi* bei Scannern eine Gleichheit von Scan- und Bildauflösung suggeriert, die aber so nicht existiert.

Ähnlich dazu bezeichnen einige Hersteller von Halbtonausgabegeräten, wie auch schon zuvor erwähnt, die Druckauflösung dieser Geräte mit *ppi*, um damit die Unterscheidung zu Volltondruckern deutlich zu machen.

Selbstverständlich gibt es nachvollziehbare Gründe, bestehende Einheiten zu adaptieren. Aber ich kann nur davon abraten, *pixel* und *dots* so durcheinander zu mischen, wie es aktuell geschieht. Ein Pixel ist das kleinste Element eines digitalen Bildes. Daher sollte *ppi* auch nur für die digitale Bildauflösung stehen. Die Anzahl an Pixeln pro Maßeinheit beschreibt lediglich die örtliche Auflösung; die Tonwertauflösung (vgl. Kap. 2) lässt sich daraus nicht ermitteln und muss gesondert angegeben werden. Dieses Prinzip ist problemlos auf Ein- und Ausgabegeräte anwendbar, so dass die in diesem Buch angewendeten Begriffe konsequent genutzt werden können (bei »nur« drei Begriffsunterscheidungen).

Dennoch sei hier eine kurze Suche nach alternativen Bezeichnungen für Scanner und Halbtondrucker erlaubt: Für Scanner könnte die vorhandene, weitgehend unbekannte Bezeichnung *spi* (samples per inch) passend verwendet werden, da mit dem Begriff »samples« die technische

Umsetzung gut beschrieben ist: schrittweise abtasten. Damit einhergeht die relevante Erkenntnis, dass die Abtastweite nicht gleichbedeutend mit realem Auflösungsvermögen sein muss.

Für Halbtondrucker müsste ich aber einen fiktiven Begriff kreieren, etwa *cpi* (continuous tones per inch). Bei dieser Gelegenheit sei darauf hingewiesen, dass der englische Begriff *continuous tone* den hier verwendeten Halbtönen entspricht, wohingegen *halftone* für einen gerasterten Tonwert steht.

Ob es jedoch ratsam ist, für jeden Anwendungsfall eine eigene Begriffseinheit zu finden, muss diskutiert werden. Optimal wäre es, wenn Repräsentanten von führenden Herstellern relevanter Hard- und Software, unterstützt von grafischen Verbänden und / oder Schulungseinrichtungen, eine Expertenrunde bilden würden, die sich dieser Aufgabenstellung widmen. Das darf hier durchaus als ein Appell verstanden werden, auch wenn ich keine große Hoffnung hege, dass eine solche Gruppe Vorschläge erarbeitet, welche eine reelle Chance zur Verwirklichung haben.

Abschließend sei noch einmal die metrische Variante empfohlen, bei welcher es keine verwirrenden Abkürzungen gibt, sondern nur klare Maßeinheiten. Ein Grund mehr, mit cm^{-1} oder μm zu arbeiten …

Dieses Kapitel fasst ein wenig den Zweck dieses Buches zusammen. Sie können es ruhig vor den vorhergehenden vier Kapiteln in diesem Teil des Buches lesen, vielleicht werden Sie dann feststellen, dass Sie sie doch lesen sollten – die hier gezeigten Beispiele mögen ein zusätzlicher Anlass sein.

Kapitel 5

Warum Auflösungen berechnen?

Eine der wichtigen Aufgaben, die wir im grafischen Bereich zu lösen haben, ist eine angemessene Informationsmenge für einen gewünschten Einsatzzweck zu bestimmen und bereitzustellen.

Stellen wir uns ein reines Textplakat – etwa zu einem Konzert – vor. In der Regel werden wir dort große Schriftgrade sehen können, damit das Wesentlichste auch aus größerer Entfernung gelesen werden kann. Wäre vielleicht nur »Konzert« gut lesbar, die Stilrichtung aber nicht, dann können wir diese nächstwichtige Information nicht mehr *auflösen*, da sie für die gegebene Distanz zu klein ist. Welcher Art das Konzert ist, dürfte z. B. für die Anhänger der klassischen Musik nicht ganz egal sein, falls es sich um eine Hardrock-Veranstaltung handelt (und wohl auch umgekehrt).

Wie wir gesehen haben, ist das Auflösungsvermögen des menschlichen Auges von der Entfernung des betrachteten Objektes geprägt. Selbstverständlich könnten daher die betrachtenden Personen bei einem zu großen Sichtabstand näher an das Plakat herantreten, aber eventuell sitzen sie im vorbeifahrenden Bus – dann ginge das nicht. Damit hätte das Plakat für diese Entfernung seinen Zweck nicht erfüllt, denn alle weiteren Zusatzinformationen (*wer, wann, wo* usw.) verschwinden in der Entfernung. Wir haben hier zu viele Informationen, die nicht aufgenommen werden können. Dies ist nicht nur aus örtlicher, sondern auch aus zeitlicher Sicht gegeben: In der Kürze der Zeit, die einem in aller Regel beim Betrachten eines Plakats zur Verfügung steht, ist es schwierig, Detailinformationen herauszulesen, beispielsweise eine kompliziertere Wegbeschreibung, Hinweise zu Kleiderordnung, Verpflegung und vieles mehr.

Andererseits würde eine Werbesendung zu diesem Konzert im Format eines Großplakats sicher etwas unpraktisch erscheinen. Vor allem weil dieselbe Information in handlicheren Größen nicht nur angemessener in der Anwendung, sondern auch besser lesbar ist. Weiterhin hat man in diesem Fall nun ausreichend Zeit, sich auf all die Zusatzinformationen einzulassen, derer man bedarf.

Ein anderes Beispiel: Bücher für Menschen mit einem verminderten Sehvermögen werden in einem dem Zielvisus angepassten größeren Schriftgrad gesetzt, um eine Situation angenehmen Lesens zu schaffen.

Für den Erfolg einer Gestaltungsarbeit ist es demzufolge notwendig, eine für einen bestimmten Zweck geeignete Informationsmenge zu finden,

60

Abb. 5-1 Bildauflösung: 17,5 cm^{-1} (44 ppi)   CMYK-Dateigröße: 23 Kilobyte

Abb. 5-2 Bildauflösung: 35 cm^{-1} (89 ppi)   CMYK-Dateigröße: 93 Kilobyte

Abb. 5-3 Bildauflösung: 52,5 cm^{-1} (133 ppi)   CMYK-Dateigröße: 208 Kilobyte

die aufgenommen werden kann. Stellen wir uns an dieser Stelle nun ein Wahlplakat vor: Neben der deutlichen Präsentation des Parteilogos ist meistens auch die beworbene Person für die Erkennbarkeit groß genug abzubilden. Für die Ausgewogenheit der richtigen Textmenge, Abbildungsgrößen oder Schriftgrade zu sorgen, ist eine Gestaltungsaufgabe. Die richtige Bildauflösung zu bestimmen, ist in der Regel eine technische Aufgabe, die man bei der Arbeit mit digitalen Fotos nicht ignorieren kann. Hat das Bild eine zu geringe Auflösung, wird es unscharf oder im noch ungünstigeren Fall »pixelig«. Selbst wenn bei dem Wahlplakat wegen zu geringer Bildauflösung das Konterfei noch gut erkennbar, aber in der Folge zu unscharf ist, wird die mangelnde Qualität wahrscheinlich eine abträgliche Werbung sein. Hat der Datensatz auf der anderen Seite eine zu hohe Auflösung, wird es im Allgemeinen keine Qualitätseinbußen im Druck geben, aber die Verarbeitung der Daten könnte zu ernsthaften Problemen in der Produktion führen, was zumindest einige Zeit kosten kann.

Genau diese beiden ungünstigen Szenarien, einerseits zu wenig, andererseits zu viel Bildinformation zu haben, sollten vermieden werden. Vergleichen Sie bitte die spaltenweise angeordneten Fotos Abb. 5-1 bis 5-12. Diese haben unterschiedlich hohe Bildauflösungen mit hieraus resultierenden unterschiedlich großen Datenmengen. Bei einer zu geringen Bildauflösung sind zwar die Dateien angenehm klein, aber der Mangel an Inhalt ist sehr schnell zu bemerken. Bei den Bildern mit den nächsthöheren Bildauflösungen wird es zunehmend schwerer, diese Schwäche festzustellen, bis schließlich keine Unterscheidung der Bildinhalte mehr möglich ist. Letztlich werden Sie für sich eine Grenze erkennen, bis zu der eine Steigerung der Bildqualität zu beobachten ist, ich nenne sie hier *untere Bildauflösungsgrenze*. Danach ändert sich qualitativ nur noch recht wenig, bis zu einer zweiten Grenze, welche ich als *obere Bildauflösungsgrenze* bezeichne, ab der praktisch ein Bild wie das andere ist – abgesehen von der Dateigröße, die immer weiter ansteigt. Wenn es Ihnen nicht gelingt, zwischen den Bildern über der oberen Bildauflösungsgrenze, das könnte Abb. 5-6 mit 0,81 oder Abb. 5-8 mit 1,44 Megabyte sein, und Abb. 5-12 mit 5,77 Megabyte einen Unterschied zu erkennen, dann erleben Sie damit, was überflüssige Datenmengen sind: Wir hätten in diesen Fällen eine vier- bis siebenfach überhöhte Dateigröße!

Die untere und obere Bildauflösungsgrenze ist jeweils von einigen Faktoren abhängig. So etwa von dem Motiv, der Bildqualität, dem Ausgabeverfahren oder dem Auflösungsvermögen des Auges. Innerhalb der beiden Grenzen liegt die erstrebenswerte Bildauflösung. Gemäß der allgemeinen Regeln bezüglich amplitudenmoduliert gerasterter Bilder (vgl. Abschn. 6.3 ab S. 74) markiert hier ungefähr Abb. 5-6 die untere und Abb. 5-8 die obere Bildauflösungsgrenze.

Kurze Rückbesinnung zum Abschnitt »Auflösungsvermögen des Auges« mit gleichnamiger Tabelle 4-10 auf S. 50: Wenn wir von einem Visus mit dem Wert 1 sowie einem Betrachtungsabstand von ca. 30 cm ausgehen, dann kann von den Augen keine höhere Information aufgelöst werden als 115 cm^{-1} (291 dpi). – In diesem Fall kann es keinen sichtbaren Unterschied zwischen den Abbildungen 5-7 bis 5-12 geben. Auch darf nicht außer Acht gelasswer-

Abb. 5-6 Bildauflösung:
105 cm⁻¹ (267 ppi)
CMYK-Dateigröße:
833 Kilobyte

Abb. 5-9 Bildauflösung:
175 cm⁻¹ (445 ppi)
CMYK-Dateigröße:
2314 Kilobyte

Abb. 5-4 Bildauflösung:
70 cm⁻¹ (178 ppi)
CMYK-Dateigröße:
370 Kilobyte

Abb. 5-7 Bildauflösung:
122,5 cm⁻¹ (311 ppi)
CMYK-Dateigröße:
1137 Kilobyte

Abb. 5-10 Bildauflösung:
210 cm⁻¹ (533 ppi)
CMYK-Dateigröße:
3328 Kilobyte

Abb. 5-5 Bildauflösung:
87,5 cm⁻¹ (222 ppi)
CMYK-Dateigröße:
578 Kilobyte

Abb. 5-8 Bildauflösung:
140 cm⁻¹ (356 ppi)
CMYK-Dateigröße:
1475 Kilobyte

Abb. 5-11 Bildauflösung:
245 cm⁻¹ (622 ppi)
CMYK-Dateigröße:
4526 Kilobyte

Abb. 5-12 Bildauflösung:
280 cm⁻¹ (711 ppi)
CMYK-Dateigröße:
5908 Kilobyte

den, dass die verwendete Rasterfeinheit von 70 cm^{-1} eine weitere Beschränkung bedeutet, da beispielsweise in diesem Fall jeweils ein Rasterpunkt in Abb. 5-12 sechzehn (!) Bildpixel darstellen muss. Weiterhin haben das Motiv und die Qualität der digitalen Vorlage einen starken Einfluss auf die Unterscheidbarkeit einzelner Abbildungen solcher Testreihen (s. auch Kap. 6).

Achten Sie außerdem bitte auf die Mühe, die Sie sich bei der Betrachtung geben. Weder wird beim gewöhnlichen Lesen einer alltäglichen Drucksache ein Vergrößerungsglas nur für die Bilder zur Hilfe genommen, noch gibt es Vergleichsabbildungen, die eine zusätzliche schärfere oder unschärfere Alternative zeigen. Selbst die Zeit, die in die Betrachtung investiert wird, schwankt abhängig vom Motiv, dem Interesse, der Art zu Lesen, dem aktuellen Wohlbefinden oder dem Anwendungszweck. Das bedeutet, dass die angesprochenen Bildauflösungsgrenzen nach unten abweichen können, ohne dass dies nachteilig auffallen muss.

Demgegenüber gibt es Anwendungen, bei denen eine besonders hohe Bildauflösung gefordert ist, da die Leser sie mit »zusammengekniffenen« Augen oder einer Lupe regelrecht studieren, wie etwa medizinische, mikrobiologische oder astronomische Atlanten, Sammlerkataloge für Philatelisten oder Numismatiker sowie jede Art von Faksimiles. Wenn dabei etwa eine optische Hilfe mit zweifacher Vergrößerung im Gebrauch ist, lässt sich das mit einem halbierten Betrachtungsabstand bzw. einer doppelten Sehschärfe vergleichen.

Bezüglich des Speicherplatzes bedenken wir ferner, dass es sich bei den Beispielen um vergleichsweise kleine Abbildungen handelt; bei vielen davon oder bei größeren Bildformaten (ganz zu schweigen von mehreren Seiten) kann das benötigte Speichervolumen ein ernsthaftes Problem sein.

Kurz zusammengefasst: Die Darstellungsqualität digitaler Bilddaten ist sichtbar schlechter, wenn die Bildauflösung zu gering ist, während die Verarbeitungszeit und der Speicherbedarf spürbar anschwellen, wenn die Bildauflösung zu hoch ist. Daher müssen wir die Datenmenge vorher bestimmen, gemäß der Devise: *So viel wie nötig, so wenig wie möglich.* Leider ist das eines der Hauptärgernisse bei der Arbeit mit Digitalbildern: deren Auflösung *vorher* zu bestimmen. Denn bei einer grafischen Arbeit ist es normal bzw. wünschenswert, dass man mit den Gestaltungselementen »spielt«, indem man sie den Ideen anpasst. Da wird nicht nur verschoben oder gedreht, sondern auch die Größe geändert (skaliert). Was mit Vektorobjekten in der Regel kein Problem darstellt, ist bei Pixelgrafiken anders (vgl. Kap. 1 ab S. 3).

Abb. 5-13
In der Layoutanwendung verkleinerte Abbildung mit daraus folgender höherer Bildauflösung

Abb. 5-14
In vorbereiteter (gewünschter) Größe und Bildauflösung abgebildetes Foto

Haben wir ein Bild mit optimaler Bildauflösung bei geplanter Größe, wie Abb. 5-14, wird bei einer Verdoppelung derselben leider auch die Auflösung halbiert. Dieselbe Informationsmenge muss nun für eine vierfach größere Fläche herhalten (vgl. Abb. 5-15), und im umgekehrten Fall der Verkleinerung erhöhen wir die Bildauflösung (vgl. Abb. 5-13 sowie Abschn. 4.3 »Bildauflösung« mit Abb. 4-15 ab S. 46).

Diese Bildauflösungsänderung folgt dem Konzept innerhalb von Layoutprogrammen. In diesen wird die Anzahl der Bildpixel nicht angepasst (das Bild behält die Pixelmenge bei), sondern nur vergrößert oder verkleinert, wodurch sich in der Folge die Bildauflösung ändert. Daher muss man die Bildauflösung immer im Auge behalten.

Leider muss ich hier ergänzen, dass eine zu hohe Auflösung nicht nur zu einer überhöhten Datenmenge, sondern sehr wohl auch zu einer Qualitätsverschlechterung führen kann. Dies gilt fast immer bei Monitordarstellungen und, abhängig vom verwendeten Gerät, auch bei Druckern. Bei Letzteren kann es unter anderem durch einfache Interpolationsalgorithmen zu etwas schlechteren Ergebnissen kommen, falls solche eingesetzt werden (beispielsweise zur Schaffung einer besseren Ausgangssituation zur Rasterberechnung oder zur Angleichung der Bildauflösung an die Geräteauflösung bei Halbtondruckern).

Bei Monitoranwendungen ziehen zu viele (oder selbstredend auch zu wenige) Daten immer einen Anpassungsvorgang nach sich. Im Optimalfall wird ein Bildpixel genau von einem Systempixel dargestellt. Haben wir etwa eine Abbildung mit 1200 × 900 Pixeln, die trotz geringerer Systemauflösung von 800 × 600 Pixeln komplett bei dieser dargestellt werden soll, dann stehen einem Systempixel 2¼ Bildpixel gegenüber, die auf jeweils einen Systempixel reduziert werden müssen. So könnte eine Anpassung z. B. nur die Bildpixel anzeigen, die am ehesten an der richtigen Stelle sind, und die anderen dazwischen einfach verwerfen. Das bedeutet wenig Berechnungszeit, aber auch eine reduzierte Bildqualität, durch, wie schon eben erwähnt, notwendigerweise schnelle, aber weniger gute Interpolationen. Die folgenden vergrößerten Abbildungen sind reellen Bildschirmdarstellungen entnommen: Abb. 5-16 bis 5-20 zeigen ein – beispielsweise in einer Schulungspräsentation aufgeführtes – Programmdialogfeld, während Abb. 5-21 bis 5-23 einen Ausschnitt eines aus 640 × 480 Pixeln bestehendes Foto darstellen.

Im ersten Fall zeigt Abb. 5-16 den ohne Anpassung auskommenden Idealfall und Abb. 5-17 sowie 5-18 den weniger guten Sachverhalt mit schneller Anpassung des anzeigenden Systems. Das Gleiche gilt für die Bildausschnitte von Abb. 5-21 bis 5-23.

Man kann in allen angepassten Beispielen eine Qualitätsverschlechterung feststellen, welche sich etwas vermindern lässt, wenn man sich bei den

Abb. 5-15
In der Layoutanwendung vergrößerte Abbildung mit daraus folgender niedrigerer Bildauflösung

zu erfolgenden Anpassungsvorgängen nicht auf die Systeme verlässt, sondern in Bildbearbeitungsprogrammen vorher selbst die Angleichung mit besseren Interpolationsalgorithmen durchführt. Bei den gezeigten Dialogfeldern

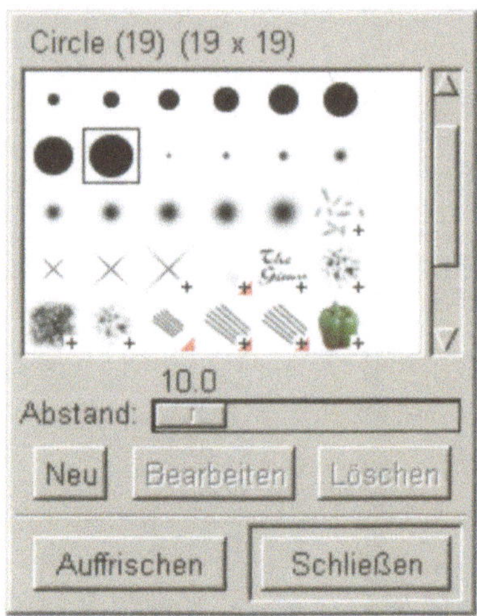

Abb. 5-16 Bild- und Systempixel sind deckungsgleich (Größenverhältnis ist 1:1), wodurch die optimale Darstellungsqualität erreicht wird.

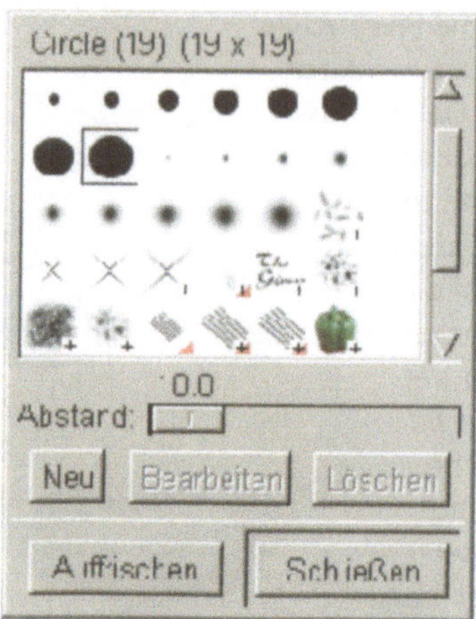

Abb. 5-17 Bild- und Systempixel sind *nicht* deckungsgleich (Größenverhältnis ist 0,92:1), weshalb durch einen schnellen Anpassungsalgorithmus nur eine schlechtere Darstellungsqualität erreicht werden kann.

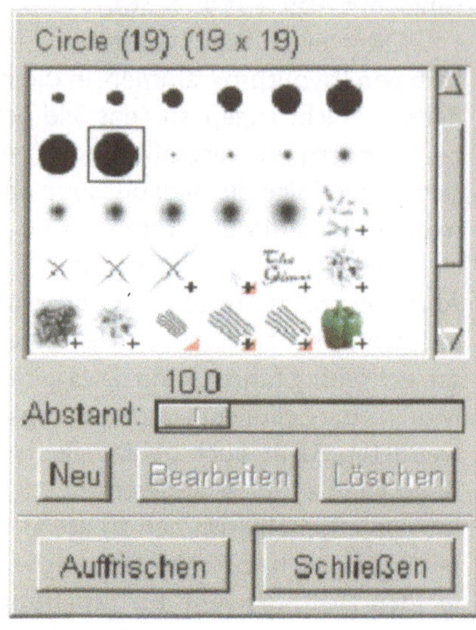

Abb. 5-18 Wie bei Abb. 5-17, lediglich mit einem Größenverhältnis von 1:1,08

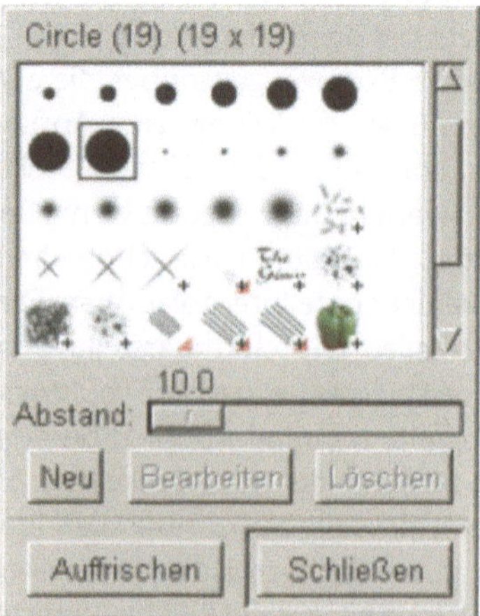

Abb. 5-19 Bild- und Systempixel wie bei Abb. 5-17. Bei entsprechender Vorbereitung kann durch einen besseren Interpolationsalgorithmus auch ein zufrieden stellenderes Ergebnis erreicht werden, jedoch nicht in der Qualität von Abb. 5-16.

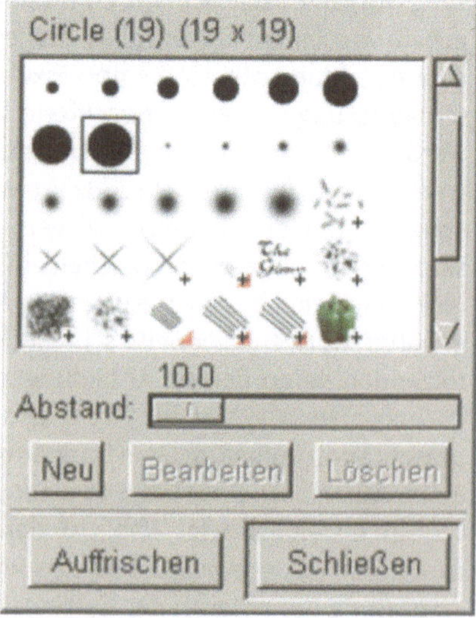

Abb. 5-20 Wie bei Abb. 5-19, lediglich mit einem Größenverhältnis von 1:1,08

Abb. 5-21 Schlechtere Darstellung ähnlich wie bei Abb. 5-17 (Größenverhältnis von 0,89:1)

Abb. 5-22 Optimale Darstellungsqualität wie bei Abb. 5-16

Abb. 5-23 Schlechtere Darstellung ähnlich wie bei Abb. 5-17 (Größenverhältnis von 1:1,11)

ist, im Gegensatz zu Fotos, damit dennoch meistens kein zufrieden stellendes Ergebnis möglich (vgl. Abb. 5-19 und 5-20).

Wenn man bedenkt, dass bei Bildschirmanwendungen selbst eine Verkleinerung der Grafiken zu einer verminderten Abbildungsqualität führt, wird deutlich, wie wichtig es ist, in diesen Fällen die optimale Datenmenge zu bestimmen. Sollte dann noch ein Medium mit besonders knappen Ressourcen genutzt werden, wie z.B. das Internet, schmerzen zu viel Daten ganz besonders.

Am Ende des Kapitels möchte ich noch einmal auf das beschränkende Glied innerhalb einer Reproduktionskette zu sprechen kommen: Die richtige

Bildauflösung zu bestimmen heißt nicht, nur auf die an der Ausgabe beteiligten Geräte zu achten, sondern auch auf das Auflösungsvermögen des Auges (wie am Anfang des Kapitels schon geschehen) und das der fotografischen Vorlagen. Abb. 5-24 zeigt den Bildausschnitt eines Fotos mit einer angemessenen Bildauflösung von 105 cm^{-1} (267 dpi), für welchen eine Scanauflösung von 236 cm^{-1} (600 dpi) notwendig war. Eine solche Auflösung stellt für einen Scanner normalerweise kein Problem mehr dar. Spätestens aber, wenn wir Abb. 5-25 mit derselben Bildauflösung zum Vergleich heranziehen, stellen wir eine klar schlechtere Qualität fest, die nicht durch einen minderwertigen Scanner oder ungünstige Interpolationsalgorithmen, sondern einzig durch die begrenzte Informationsdichte der Vorlage zustande kommt. Abb. 5-25 wurde von einem Negativ mit einer wesentlich höheren Scanauflösung von 1063 cm^{-1} (2700 dpi) eingelesen. Auch wenn die Darstellungsqualität beider Abbildungen durch den gängigen Bildbearbeitungsschritt der Scharfzeichnung hätte gesteigert werden können, wurde hier zum unverfälschten Ver-

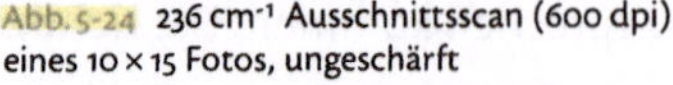

Abb. 5-24 236 cm^{-1} Ausschnittsscan (600 dpi) eines 10 × 15 Fotos, ungeschärft

Abb. 5-25 1063 cm^{-1} Ausschnittsscan (2700 dpi) vom KB-Negativ, ungeschärft

gleich darauf verzichtet (wenn auch ein vergleichbares Ergebnis herausgekommen wäre). In keinem Fall wird dem (4½fach vergrößerten) Fotoabzug dieselbe hohe Information zu entnehmen sein wie dem Negativ. Eine Vergleichsreihe wie die auf Seite 60/61 mit einer solchermaßen schlechteren Ausgangssituation würde die Bildauflösungsgrenzen unweigerlich nach unten absinken lassen.

Vergleichen wir abschließend die Bildauflösung mit einem gefüllten Kaffeebecher: Was nutzt ein 0,4-Liter-Gefäß, wenn dieses nur zu einem Viertel gefüllt ist? Mit einer vollen 0,1-Liter-Tasse kann dieselbe Menge Kaffee für unser Wohlbefinden zur Verfügung stehen.

Zur genauen Bestimmung der richtigen Informationsmenge lesen Sie vor allem Kapitel 6 »Bildauflösung für Printmedien« ab S. 71, Kapitel 7 »Bildauflösung für Nonprintmedien« ab S. 119 und Kapitel 8 »Bildauflösung zur quantitativen Bildbearbeitung« ab S. 133 (wenn die Pixel nur als Zwischenstation für eine anschließende Umwandlung dienen).

Tab. 5-1   Angemessene und unangemessene Bildauflösung

zu geringe Bildauflösung	angemessene Bildauflösung	zu hohe Bildauflösung
Sichtbare Verschlechterung der möglichen Darstellungsqualität	Qualität und Ressourcenbedarf stimmt	Über die notwendigen Bildinformationen hinaus werden einige bis viele Daten vergeudet und überflüssigerweise berechnet

Auflösungsbestimmung

*Zum optimalen Verständnis dieses Kapitels sind Grundkenntnisse über Tonwertabstu-
fungen (s. Kap. 2), Tonwertausgabe (s. Kap. 3) und die verschiedenen Auflösungsarten
(s. Kap. 4) wichtig.
Dieses Kapitel behandelt nur die Bildauflösungsbestimmung für zu druckende Bilddaten (Printmedien). Die Werteermittlung für Monitoranwendungen wie z. B. Internetauftritte, CD-ROM-Produktionen oder Präsentationen (Nonprintmedien) behandelt
Kapitel 7 ab S. 119.*

Kapitel 6

Bildauflösung für Printmedien

Printmedien sind traditionelle Publikation wie Bücher, Zeitungen und
Zeitschriften, aber auch Plakate, Prospekte, Handzettel, Geschäftspapiere, Fotoabzüge usw. – also schlicht alles, was ausgedruckt wird. Dieses Kapitel wid-
met sich ausschließlich den Printmedien.

Hierbei legt die Bildauflösung die Pixelmenge pro Maßeinheit für ein
auszugebendes Pixelbild bei gegebener Ausgabegröße fest. In Kapitel 5 wurde
darauf hingewiesen, dass sich die Bildauflösung oft nicht auf einen einzelnen
richtigen Wert reduzieren lässt, sondern dass verschiedene Bildauflösungen
innerhalb eines Wertebereichs geeignet sind. Dieser Wertebereich garantiert
eine gute Qualität bei angemessener Datenmenge.

Die Fragestellung ist nun, in welche Richtung sich die Bildauflösung (die
ja nur einen Wert repräsentieren kann) innerhalb des Wertebereichs am besten orientiert: Eher zu den höheren Werten mit prinzipiell besserer Qualität,
aber auch größeren Datenmengen, oder zu den niedrigeren Werten mit geringeren Datenmengen und für die meisten Betrachter kaum sichtbaren Unterschieden? Die Antwort muss ich leider offen lassen, denn die zuvor angesprochenen Faktoren, mit denen man eben im Allgemeinen nur einen Bereich und keinen einzelnen Wert ermitteln kann, lassen keine dogmatische
Anwendung der Regeln zu. Immerhin, in einigen Fällen wie z. B. bei Bildauflösungen für Nonprintmedien (s. Kap. 7) oder Halbtonausgabegeräten (s. Abschn. 6.5) kann man exakte Werte ermitteln.

Zur besseren Orientierung hier eine kurze Übersicht zu den nachfolgenden Abschnitten: Zuerst bestimmen wir die Bildauflösung bezüglich des
Auflösungsvermögens des Auges bei typischem Betrachtungsabstand (Abschn. 6.1) und anschließend passend zum Drucker (Abschn. 6.2). Da dort verschiedene Ausgabeverfahren zum Einsatz kommen, müssen weitere Ein-
teilungen vorgenommen werden. Die erste Unterscheidung liegt bei der
Erzeugung der Tonwertabstufungen. Geräte, die echte Halbtöne in allen Abstufungen auszugeben vermögen, wie Thermosublimationsdrucker oder
auch echtes Fotopapier belichtende Systeme, behandelt Abschnitt 6.5 (ab
S. 99). Den Ausgabeeinheiten, die rastern müssen, um Tonwerte zu simulieren, widmen sich gleich zwei Abschnitte: Abschnitt 6.3 (ab S. 74) für Systeme
mit amplitudenmoduliertem Rasteraufbau (der noch immer meistverwendete bei professionellen Druckerzeugnissen) und Abschnitt 6.4 (ab S. 93) für
den frequenzmodulierten Rasteraufbau, welcher sowohl professionelle

Druckaufträge als auch die Benutzung von Schreibtisch-Ausgabegeräten wie Tintenstrahldrucker einschließt. Abschnitt 6.6 (ab S. 105) schließlich behandelt den reinen Schwarzweißdruck von beispielsweise Strichgrafiken.

Falls Sie sich nur für ein spezielles Druckprinzip interessieren, können Sie daher auch direkt zur entsprechenden Stelle blättern. Aber natürlich wäre es nützlich, wenn Sie alle Abschnitte durchlesen, vor allem auch, weil sie sich zum Teil aufeinander beziehen und somit ergänzen.

6.1 Bildauflösung für den Betrachtungsabstand

Schon in Abschnitt 4.4 (ab S. 47) wurde darauf hingewiesen, dass das Auflösungsvermögen des Auges bei der Bildauflösungsbestimmung einen wichtigen Bezugspunkt darstellt. Abhängig von der individuellen Sehschärfe (Visus) sowie dem Betrachtungsabstand, kann man die maximal für das Auge umsetzbare Bildauflösung berechnen. Tab. 6-1 ist eine kommentierte Variante der in Abschnitt 4.4 vorgestellten Tab. 4-10, bei welcher zusätzlich Angaben zur Filmauflösung in lp/mm vergleichend aufgeführt sind. In Tab. 6-1 sind weitere Sichtabstände für die kleinsten möglichen Leseabstände aufgeführt, wobei wir jedoch bedenken sollten, dass diese sich mit zunehmendem Alter vergrößern: Während mit 20 Jahren ein Nahpunkt (kürzest möglicher Betrachtungsabstand, bei dem man noch scharf sieht) von ca. 15 cm normal ist, kann dieser mit 40 Jahren schon bei 30 cm und höher liegen, abhängig von verschiedenen Faktoren, so haben beispielsweise kurzsichtige Personen ohne Sehhilfe im Allgemeinen einen kürzeren Nahpunkt. Kurze Betrachtungsabstände aufzuführen ergibt auch bei der Verwendung von optischen Hilfsmitteln einen Sinn: Wenn wir etwa ein Vierfach-Vergrößerungsglas bei einem Sehabstand von 40 cm einsetzen, dann ist das mit einem von 10 cm ohne optische Hilfe vergleichbar (einfache Rechnung: Sichtabstand durch Vergrößerungsfaktor).

Üblicherweise geht man bei der Kalkulation des Betrachtungsabstandes von der Größe des zu druckenden Mediums aus. Eine einfache Grundregel setzt die Länge der Diagonalen eines betrachteten (flachen) Objektes mit dem Betrachtungsabstand gleich. Ausgenommen sind etwa Bedürfnisse bei einigen Anwendungen durch eine optische Vergrößerung noch weitere Details erkennen zu können (Sammlerkataloge usw.), altersbedingte Beschränkungen bezüglich des Nahpunktes oder der simple Wunsch, Details in einem Abstand sehen zu können, der nicht der Größe des Mediums entspricht. Daher ist diese Grundregel nur eine grobe Richtschnur; aber sie stellt bei ihrer Umsetzung sicher, bei welchem minimalen Betrachtungsabstand das Medium in einem Blick erfasst werden kann. Wenn man davon abweicht, muss man folglich immer abschätzen, zu welchem Zweck das betrachtete Produkt eingesetzt wird. Beispielsweise kann der Betrachtungsabstand eines Panoramaplakates in einem Flur (und damit die notwendige Bildauflösung) natürlich nicht der Regel gemäß bestimmt werden, da ein solches Plakat aufgrund der äußeren Einflüsse als Ganzes ja gar nicht erfasst werden kann. Vielmehr muss überlegt werden, ob an dem Plakat nicht nur schnell vorbeigegangen

Tab. 6-1 Bildauflösung entsprechend des Auflösungsvermögens des Auges

Sicht-abstand	Formate (Auswahl) Diagonale entspricht ca.-Abstand	Fläche in m²	Auflösungsvermögen mm Visus 0,667	1,000	1,500	Auflösung cm⁻¹ Visus 0,667	1,000	1,500	dpi Visus 0,667	1,000	1,500
Kleinster Leseabstand bzw. Einsatz optischer Hilfen											
10 cm			0,04	0,03	0,02	229,2	343,8	515,7	582,1	873,2	1309,8
15 cm			0,07	0,04	0,03	152,8	229,2	343,8	388,1	582,1	873,2
20 cm			0,09	0,06	0,04	114,6	171,9	257,8	291,1	436,6	654,9
Bücher, Zeitschriften, Prospekte, Fotos usw.											
25 cm	DIN A5	0,03	0,11	0,07	0,05	91,7	137,5	206,3	232,9	349,3	523,9
30 cm			0,13	0,09	0,06	76,4	114,6	171,9	194,0	291,1	436,6
35 cm	DIN A4	0,06	0,15	0,10	0,07	65,5	98,2	147,3	166,3	249,5	374,2
40 cm			0,18	0,12	0,08	57,3	85,9	128,9	145,5	218,3	327,4
Plakate											
45 cm			0,20	0,13	0,09	50,9	76,4	114,6	129,4	194,0	291,1
50 cm	DIN A3	0,12	0,22	0,15	0,10	45,8	68,8	103,1	116,4	174,6	262,0
75 cm	DIN A2	0,25	0,33	0,22	0,15	30,6	45,8	68,8	77,6	116,4	174,6
100 cm	DIN A1	0,50	0,44	0,29	0,19	22,9	34,4	51,6	58,2	87,3	130,9
150 cm	DIN A0	1,00	0,65	0,44	0,29	15,3	22,9	34,4	38,8	58,2	87,3
Groß-, Gerüst- oder Gebäudeplakate, Transparente											
2 m	4/1-Bogen	2,00	0,87	0,58	0,39	11,5	17,2	25,8	29,1	43,7	65,5
3 m	8/1-Bogen	4,00	1,31	0,87	0,58	7,6	11,5	17,2	19,4	29,1	43,7
4 m	16/1-Bogen	8,00	1,75	1,16	0,78	5,7	8,6	12,9	14,6	21,8	32,7
5 m	3,5 × 3,5 m	12,50	2,18	1,45	0,97	4,6	6,9	10,3	11,6	17,5	26,2
7 m	32/1-Bogen	15,99	3,05	2,04	1,36	3,3	4,9	7,4	8,3	12,5	18,7
10 m	48/1-Bogen	23,99	4,36	2,91	1,94	2,3	3,4	5,2	5,8	8,7	13,1
15 m	72/1-Bogen	35,99	6,54	4,36	2,91	1,5	2,3	3,4	3,9	5,8	8,7
20 m	14 × 14 m	196,00	8,73	5,82	3,88	1,1	1,7	2,6	2,9	4,4	6,6

wird, sondern eventuell wartende Personen sich an den vielfältigen Detailinformationen erfreuen möchten – bei einem Abstand wahrscheinlich deutlich unter einem Meter. Damit wäre aber schon eine sinnvolle Größe gefunden: Bei einem Visus von 1,0 kann das Auge bei einem Sehabstand von 75 cm nur 45,8 cm⁻¹ (116,4 dpi) auflösen.

Es ist durchaus empfehlenswert auf die nächste glatte Zahl auf- oder abrunden, je nachdem welche Richtung einem angemessener erscheint.

6.2 Bildauflösung passend zum Ausgabesystem

Während die soeben behandelte Bildauflösung für den Sehabstand einen für die Betrachter absoluten Bezug (unabhängig vom verwendeten Ausgabesystem) festlegt, steht bei der Bildauflösung passend zum Drucker die Frage nach den Möglichkeiten bzw. Beschränkungen der Geräte im Mittelpunkt. Dabei ist festzuhalten, dass die zuvor ermittelte notwendige Bildauflösung zum Betrachtungsabstand von einem Ausgabegerät eventuell nicht erreicht werden kann. In diesem Fall ist auch nur die vom Drucker maximal umsetzbare Bildauflösung relevant – und eine möglicherweise minderwertige Detailauflösung der auszugebenden Bilddaten nicht zu vermeiden, auch nicht mit einer höheren Bildauflösung. Auf der anderen Seite gilt gleichermaßen, dass eine höhere Bildauflösung als für den minimalen Betrachtungsabstand eines Anwendungsfalles gebraucht, wenig sinnvoll ist, auch wenn das Ausgabegerät diese umsetzen könnte. Wenn wir z. B. Bilder ausgeben, die im Normalfall aus mindestens zwei Meter Abstand betrachtet werden (etwa die abgebildeten, besonders schönen Imbissprodukte auf der Preistafel hinter dem Tresen eines Schnellrestaurants), dann gibt es, selbst bei einem angenommenen überdurchschnittlichen Visus von 2,0, keinen Grund, eine Bildauflösung von über 34,4 cm^{-1} (87,3 dpi) zu avisieren. So ist es auch einleuchtend, dass ein Ausgabegerät für Plakate, die aus deutlich größeren Abständen betrachtet werden, keine sonderlich hohen Auflösungswerte benötigt. Wenn dennoch höhere Auflösungen vom Drucker erreicht werden, mag das für Sonderfälle ganz angenehm sein (Messeplakate, Panoramabilder im Flur, …), aber zugunsten einer schnelleren Ausgabe und ohne sichtbare Einschränkung wird für die üblichen Anwendungen oft nicht mit den maximalen Geräteauflösungen gedruckt.

Zur konkreten Bestimmung der Bildauflösung müssen wir nun im Einzelnen die Ausgabesysteme anhand der Kriterien betrachten, mit der diese die Umsetzung der Halbtöne im Druck erreichen: beispielsweise direkt oder über den Umweg des Rasterns. Wie wir in Kapitel 3 (insbesondere Abschn. 3.3 »Digitale Rasterverfahren« ab S. 18) gesehen haben, müssen wir beim Rastern mit Hilfe von mehreren in Rasterzellen organisierten Aufzeichnungspunkten Tonwerte bei der Druckausgabe simulieren. Da es hierbei innerhalb der Rasterzellen verschiedene Anordnungsstrukturen mit unterschiedlichen Auswirkungen gibt, müssen wir die Bildauflösungsbestimmung sogar darauf ausrichten. Den Anfang macht nun im Folgenden die älteste und immer noch am meisten verbreitete Rastertechnik mit größenvariablen Rasterpunkten: der amplitudenmodulierte Raster.

6.3 Druckausgabe mit amplitudenmoduliertem Raster

Kurz zusammengefasst: Wir möchten ein Ausgabeverfahren verwenden, welches zur Simulation von Halbtönen eine amplitudenmodulierte Rastertechnik einsetzt, also etwa der Offsetdruck für die meisten Druckerzeugnisse. Im Falle von Graustufen- oder Farbbildern werden daher für den Druck Rasterzellen erzeugt, um damit eine durch ein Bildpixel repräsentierte Tonwertabstufung abbilden zu können.

Damit ist der wichtigste Bezug zur Bestimmung der Bildauflösung bei AM-Rastern definiert: die Rasterfeinheit!

Abb. 6-1   Graustufenbild mit 0° Rasterwinkelung

6.3.1 Rasterfeinheit

Zur Verdeutlichung: In einem 8-bit-Graustufenbild kann das kleinste Element, ein Pixel, bei immer gleicher Ausdehnung, 254 Graustufen zwischen Schwarz und Weiß annehmen; ein Rasterpunkt hingegen wird in diesem Fall immer mit der Farbe Schwarz, jedoch in unterschiedlicher Größe abgebildet. Die Fläche, in der das geschieht, ist mit einer für alle Rasterpunkte verbindlichen Ausdehnung festgelegt. Alle Rasterzellen bilden eine Rastermatrix, welche mit einer Pixelmatrix vergleichbar ist, da in beiden Fällen die Matrixelemente Halbtöne beschreiben können: Pixel auf der einen und Rasterzellen auf der anderen Seite.

Das bedeutet im idealisierten Fall, dass die auf den Druckprozess abgestimmte Bildauflösung gleich der Rasterfeinheit ist. Würde etwa eine Rasterfeinheit von 60 cm^{-1} (152 lpi) für einen professionellen Offsetdruck festgelegt werden, wäre die maximal verwertbare Bildauflösung gleichsam bei 60 cm^{-1} (152 ppi) – und damit weit entfernt von einer in solchen Fällen verwendeten Geräteauflösung mit 1000 cm^{-1} (2540 dpi). Wenn wir ein Bild wie in Abb. 6-1 mit einem Rasterberechnungssystem ausdrucken würden, das die Rasterpunkte z. B. in 0°-Richtung mit einer einfachen mathematischen so genannten Spotfunktion berechnen müsste, dann gälte die gerade skizzierte Gleichung *Rasterfeinheit = Bildauflösung* sogar in der Praxis.

Im einfachsten Falle wird nämlich nur auf Basis *einer* Tonwertinformation pro Rasterzelle der Rasterpunkt in dieser berechnet (vgl. Abb. 6-1, 6-8 und 6-12). Dies kann auch entweder durch eine exakte Übereinstimmung von Bildpixel zu Rasterzelle geschehen oder durch eine Mittelwertbildung der Tonwertinformationen aller Pixel, die von einer Rasterzelle repräsentiert werden, *bevor* der Rasterpunkt berechnet wird. Man kann in Abb. 6-1, 6-8 und 6-12 einen »sauberen« Rasterpunktaufbau erkennen, der genau darauf hindeutet. Die Regel *Rasterfeinheit = Bildauflösung* würde demnach bedeuten, dass eine geringere Bildauflösung mit Qualitätseinbußen verbunden ist, da ein Pixel mehrere Rasterzellen »versorgen« muss, wodurch weniger Detailunterscheidungen realisiert werden können. Das gilt uneingeschränkt. Mathematisch gesehen legt die Rasterfeinheit die untere Bildauflösungsgrenze fest, die in Kapitel 5 vorgestellt wurde. Sie wäre außerdem in diesem Beispiel gleichzeitig die obere Bildauflösungsgrenze, da jede Mehrinformation nicht umgesetzt werden könnte. Genau das ist aber in der Regel nicht der Fall.

6.3.2 Qualitätsfaktor

Soweit ich die verfügbaren Herstellerangaben überschauen kann, werden heute praktisch alle AM-Raster letztendlich mit einer **Schwellwertmatrix**, wie sie vergleichbar schon B. E. Bayer für sein *Bayer-Dither* (vgl. Abschn. 3.3.2, ab S. 24) eingesetzt hat, erzeugt. Eine typische Schwellwertmatrix einer 5 × 5 Aufzeichnungspunkte umfassenden Rasterzelle (für 0°-Raster) ist in Abb. 6-2 dargestellt. Wie wir wissen, steht jedes Rasterzellenelement für einen Aufzeichnungspunkt. Die Schwellwertmatrix einer Rasterzelle steuert demzufolge, ob ein Aufzeichnungspunkt zeichnet oder nicht.

Wenn man sich vorstellt, dass man eine Rasterzelle mit der Schwellwertmatrix über ein Pixelbild legt (fast, als wenn man Bildpixel »abpausen« woll-

25	20	13	17	24
21	9	5	8	19
12	4	1	3	11
16	7	2	6	15
23	18	10	14	22

Abb. 6-2 Schwellwertmatrix einer 5 × 5-Rasterzelle

Abb. 6-3 Mögliche »saubere« Rasterpunktformen, die sich mit Hilfe der Schwellwertmatrix aus Abb. 6-2 erzeugen lassen.

te), kann man sich denken, wie damit die Pixel-Tonwerte unter jedem einzelnen Schwellwertmatrixelement mit den Schwellwerten verglichen werden können, die diesen zugeordnet sind. Haben wir etwa im einfachsten Fall überall einen 16%igen Tonwert umzusetzen, werden alle Aufzeichnungspunkte, denen ein Schwellwert von »4« oder kleiner zugeordnet ist, aktiviert, während alle anderen Aufzeichnungspunkte nicht aktiviert werden (in einer Schwellwertmatrix mit Stufen von 0 bis 25 können Tonwerte nur in 4%-Stufen berücksichtigt werden – vgl. Abb. 6-2).

Abb. 6-12, ein Ausschnitt aus Abb. 6-8, illustriert diesen einfachen Sachverhalt. Die schwarzen Quadrate zeigen die Grenzen der Rasterzellen an. Die Tonwerte der Pixel sind in Graustufen dargestellt und in diesem Beispiel deckungsgleich mit den Rasterzellen. Die Rasterpunkte sind leicht grün eingefärbt und zur besseren Erkennbarkeit mit einer deutlichen Kontur versehen. Bei diesem Beispiel hat jede Rasterzelle nur jeweils einen Tonwert umzusetzen, weshalb wir »saubere« Rasterpunkte bekommen (vgl. Abb. 6-3).

Um nun die Stärken der Schwellwertmatrix zu verdeutlichen, sehen wir uns Abb. 6-13 und 6-14, die jeweils Ausschnitte aus Abb. 6-9 und 6-10 zeigen, an. Dort kann man deutlich erkennen, dass mit Hilfe der Schwellwertmatrix aus einem Mehr an Bildauflösung – im Vergleich zur Rasterfeinheit – auch ein (bisschen) Mehr an wiedergegebener Information möglich ist. In diesen beiden Illustrationen werden mit den gelben Quadraten die Bildpixel verdeutlicht, wodurch vielleicht etwas besser sichtbar ist, wie der Rasterpunktaufbau von den nun möglichen verschiedenen Tonwerten der Bildpixel beeinflusst wird. In Abb. 6-14 können wir den Rasterpunktaufbau »geviertelt« wahrnehmen. Hierbei wird der Rasterpunkt nicht durch ein gleichmäßiges Rund, sondern durch vier eigenständige Kreisquadranten gebildet, mit deren Hilfe sich eine bessere Motivdarstellung erzielen lässt. Das ist bei dem durch die Rasterzellen diagonal verlaufenden Motivkontrast gut zu sehen, welcher in Abb. 6-12 und den darüber liegenden Abbildungen deutlich »stufiger« dargestellt wird als in den daneben stehenden Abbildungen.

Ein kleiner Hinweis für aufmerksame Leser von Kapitel 3: Falls Sie sich bei der Beschreibung der amplitudenmodulierten Rasterung in Verbindung mit Abb. 3-10 bis 3-12 (s. S. 22) gewundert haben, dass das Flugzeug einen schönen sauberen Schattenriss hat, und nicht eine durch die Rasterpunkte »zerfetzte« Silhouette, dann haben Sie in der gerade beschriebenen Schwellwertmatrix die Antwort (und die Bestätigung, dass Sie auf der richtigen Fährte waren).

Dieselbe Vorgehensweise ist auch dafür verantwortlich, dass die nicht im rechten Winkel angeordneten Raster, bei welchen ja keinesfalls eine passgenaue Überlagerung von Bildpixeln und Rasterzellen stattfinden kann, zu keinem weiteren Informationsverlust nur durch die Winkelung führt. Die Abb. 6-8 bis 6-14 wurden zum besseren Verständnis der Schwellwertmatrix mit einem 0°-Winkel abgedruckt. Normalerweise werden Graustufenbilder mit 45° gewinkeltem Raster ausgegeben (vgl. Abb. 6-4 und 6-7), da die Betrachtung im Allgemeinen so wesentlich gefälliger ist – wie man einfach anhand der Beispiele selbst feststellen kann. Auch beim Vierfarbdruck (vgl. Abb. 3-14 auf S. 22 bzw. unter der Lupe jedes Farbbild in diesem Buch) wird in

Abb. 6-4 Rasterwinkel: 45°, QF: 1,0

Abb. 6-5 Rasterwinkel: 45°, QF: 1,5

Abb. 6-6 Rasterwinkel: 45°, QF: 2,0

Abb. 6-7 Rasterwinkel: 45°, QF: 3,0

Abb. 6-8 Rasterwinkel: 0°, QF: 1,0

Abb. 6-9 Rasterwinkel: 0°, QF: 1,5

Abb. 6-10 Rasterwinkel: 0°, QF: 2,0

Abb. 6-11 Rasterwinkel: 0°, QF: 3,0

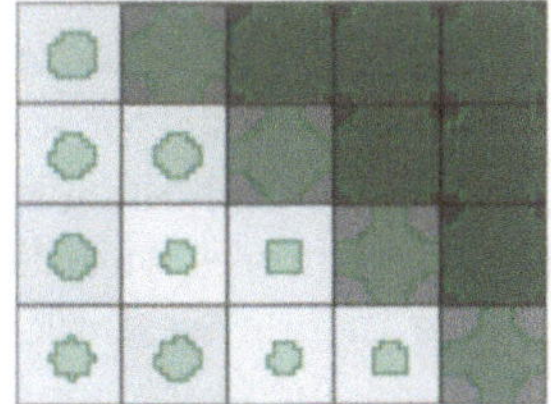

Abb. 6-12 Das Verhältnis Bildpixel zu Rasterzelle ist 1:1 (Bildpixelgröße ist hier identisch mit Rasterzelle); resultierende Rasterpunktform.

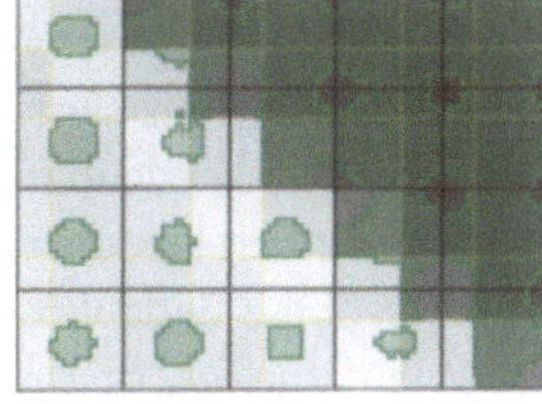

Abb. 6-13 Das Verhältnis Bildpixel zu Rasterzelle ist 1,5:1; resultierende Rasterpunktform.

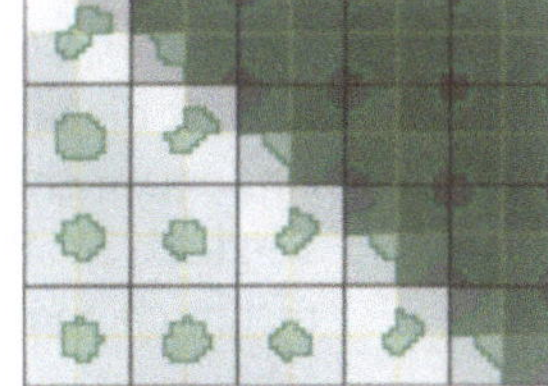

Abb. 6-14 Das Verhältnis Bildpixel zu Rasterzelle ist 2:1; resultierende Rasterpunktform.

Abb. 6-15 Buchstandard

der Regel (aber nicht immer) lediglich die Druckfarbe Gelb im rechten Winkel gedruckt.

Man könnte diese Rasterpunkte als bilddetailorientiert bezeichnen, da sie versuchen, die Aufzeichnungspunkte passend zu den Bildinhalten zu setzen. Das kann sogar so weit führen, dass in einer Rasterzelle mehrere Rasterpunkte sichtbar werden, wenngleich man in einem solchen Fall eher von einem geteilten Rasterpunkt sprechen sollte (vgl. Abb. 6-13). Auf jeden Fall kann man feststellen, dass die Details der Statue mit steigender Bildauflösung besser zu erkennen sind.

Feststellen muss man jedoch auch, dass die Qualität nicht linear mit der Bildauflösung zunimmt. Ein Rasterpunkt, welcher durch Zuhilfenahme von vier Bildpixeln aufgebaut werden kann, fördert zwar die Qualität des gedruckten Bildes, aber nicht in dem Maße, wie es an gleicher Stelle vier Rasterpunkte könnten (entspräche der doppelten Rasterfeinheit bei gleicher Bildauflösung). Eine Steigerung der Bildauflösung zur Rasterfeinheit um z. B. Faktor vier würde zu einem 16fachen Speicherbedarf des Bildes führen, bei zweifelhafter Zunahme der sichtbaren Bildqualität. Aber weiter: Entsprechend kontrastreiche Bilddetails vorausgesetzt, könnte eine Bildauflösung bis zur Höhe der Geräteauflösung sogar tatsächlich zu einer immer besseren Abbildungsgüte führen. Da wir diese allerdings praktisch nicht mehr wahrnehmen können, befinden wir uns damit eher im Reich der Theorie.

Hinzu kommt, dass wohl nur einige Systeme eine dieserart überhöhte Bildauflösung technisch auch wirklich umsetzen würden. In einigen Fällen werden die hohen Bildauflösungen einfach auf ein geringeres Maß reduziert, weil damit viele Ressourcen eingespart werden können, bei normalerweise nicht sichtbarer Einschränkung der Ausgabequalität. (Man kann diesen Effekt vor allem bei »Tischdruckern« beobachten.)

Das Bezugsmaß ist hier, wie mehrfach erwähnt und begründet, die Rasterfeinheit. Die einfache Rechnung *Bildauflösung = Rasterfeinheit* muss allerdings um einen Multiplikationsfaktor erweitert werden, mit dem die steigende Bildqualität durch bilddetailorientierte Rasterpunkte bei erhöhter Bildauflösung ausgedrückt wird. Die gängigste Bezeichnung dafür lautet **Qualitätsfaktor** (kurz: QF). Mit diesem können wir nun die vollständige, auf AM-Raster bezogene Bildauflösungsberechnung vorstellen:

Bildauflösung = Rasterfeinheit × Qualitätsfaktor

Die wichtigste Frage bei dieser Multiplikation ist der Wertebereich des Qualitätsfaktors. Wie schon im vorangegangenen Abschnitt betont, legt die Rasterfeinheit die untere Bildauflösungsgrenze fest, was einem Qualitätsfaktor von eins entspricht. Ein kleinerer Wert bedeutet eine geringere Bildauflösung im Vergleich zur Rasterfeinheit, womit klar die Qualität unterschritten wird, die technisch möglich ist. Die obere Bildauflösungsgrenze ist nun wesentlich schwieriger zu fassen. Wie dargelegt, ist eine Umsetzung auch sehr hoher Qualitätsfaktoren technisch realisierbar. Außer in Ausnahmefällen ist diese Vorgehensweise aber absolut nicht zu empfehlen! Bei Effektrastern z. B. sind die überdeutlich sichtbaren Rasterpunkte für Detaildarstellungen nicht geeignet, weshalb ein erhöhter Qualitätsfaktor sehr wichtig sein kann, um eine Bildkontur möglichst gut abzubilden. Dabei gäbe es auch keine ernsthaften Ressourcenprobleme, da die Rasterfeinheit in diesen Fällen naturgemäß sehr niedrig ist und somit auch der Speicherbedarf weniger ins Gewicht fällt. In allen anderen Fällen stehen die notwendigen Datenmengen in keinem Verhältnis zur realisierten Bildqualität; mehr noch, wie angedeutet, kann ab einer gewissen Schwelle bei einigen Bebilderungssystemen, die extrem überhöhte Bildauflösungen vor dem Rasterungsprozess herunter rechnen, eine schlechtere Qualität umgesetzt werden als bei nicht überhöhten Bildauflösungen.

Wir konnten schon in Kapitel 5 bei den Abb. 5-1 bis 5-12 (s. S. 60 f.) ganz gut beobachten, wie sich die Abbildungsqualität von den gering zu den hoch aufgelösten Bildern erst schnell, aber dann nur noch verhalten verbesserte. Jetzt, da Sie diesen Abschnitt lesen, darf ich erwähnen (einige werden es ohnehin schon bemerkt haben), dass diese Abbildungen in Qualitätsfaktorstufen angelegt und dargestellt sind. Dieses Buch wurde mit einer Rasterfeinheit von $70\,cm^{-1}$ (178 lpi) gedruckt. Daraus ergeben sich die Qualitätsfaktoren von 0,25, 0,5 und 0,75 für die erste Spalte (S. 60), 1,0 und 1,25 für die zweite, 1,5, 1,75 und 2,0 für die dritte und schließlich 2,5, 3,0, 3,5 sowie 4,0 für die vierte Spalte (S. 61). Als Sie diese Abbildungen zum erstenmal betrachtet haben, ist Ihnen im Endeffekt die individuell gültige untere und obere Bildauflösungsgrenze begegnet. Diese entsprechen nicht unbedingt den technischen Grenzwerten.

Die Abbildungen der ersten Spalte sollten für alle klar sichtbare, optische Einbußen im Vergleich zu den anderen Beispielen aufweisen. Die Qualitätsfaktoren, die dies verursachen, sollten unbedingt vermieden werden.

Die zweite Spalte macht es uns schon schwerer. Technisch gesehen befinden wir uns im (hell-)grünen Bereich, auf Erfahrungswerte bezogen jedoch noch nicht. Bei durchschnittlich guten Betrachtungsbedingungen, Motiven und Bildqualitäten ist in den meisten Fällen eine schlechtere Qualität auszumachen als bei den höher aufgelösten Bildern der nächsten Spalte.

Diese dritte Spalte zeigt nun Fotos mit den Qualitätsfaktoren, die als die geeignetsten für die Bildauflösungsberechnung angesehen werden: Ein Qualitätsfaktor von 1,5 gilt zunehmend als optimale Bezugsgröße auch für hochwertige Bilddaten. In diesem Fall wird eine 2¼fache Datenmenge (zu einem Qualitätsfaktor von eins) benötigt. Für einige Hersteller und Anwender jedoch ist dieser Qualitätsfaktor nicht als Richtmaß geeignet. Hier gilt zumeist ein Qualitätsfaktor von 2,0 als Standard. Mit diesem Faktor wird für normale Betrachtungssituationen in aller Regel das maximal Sichtbare aus der Bildvorlage mit einem AM-Raster umgesetzt, nebst der aber nun schon 4fachen Datenmenge verglichen mit einem QF von 1,0.

Die vierte und letzte Spalte zeigt Abbildungen mit sehr hohen Bildauflösungen. Wenn es auch durchaus Anwendungsbeispiele gibt, in denen berechtigterweise mit einem Qualitätsfaktor von vielleicht 3,0 gearbeitet wird, etwa für Demonstrationen des technisch Machbaren, so ist dennoch generell davon abzuraten. Es ist durchaus beeindruckend, dass Abb. 5-12 mit 5,77 MB den nocheinmal 4fach höheren Speicherbedarf zu Abb. 5-8 mit 1,44 MB aufweist. Falls Sie den Qualitätsunterschied überhaupt gesehen haben: Ist dieser es wert, mit einer solchen Datenmenge erkauft zu werden? Mit an Sicherheit grenzender Wahrscheinlichkeit nicht. – Es ist sogar möglich, dass das geringer aufgelöste der beiden Bilder besser gefällt! Oder, was meinen Sie?

Abschließend ein Hinweis zu mathematisch ermittelten Qualitätsfaktoren: Man kann immer wieder lesen, dass etwa ein Wert von 2,0 optimal ist.

Dieser ergibt sich aus dem so genannten Abtasttheorem, nach dem ein analoges Signal, wir könnten uns hier Sinuswellen mit verschieden häufigen Schwingungen (Frequenzen) vorstellen, mit mindestens der doppelten als der maximalen Frequenz abgetastet werden muss, um das ursprüngliche Signal ohne Informationsverlust wieder rekonstruieren zu können. Ein bekanntes Beispiel ist die Audio-CD, für die ein Audiosignal ca. 44 000 Mal in der Sekunde (44,1 kHz) abgetastet wird. Der praktizierte Wert leitet sich aus dem gesunden menschlichen Ohr in jungen Jahren ab, mit welchem Frequenzen bis maximal ca. 22 kHz wahrgenommen werden können. Mit einer Verdoppelung der Abtastschritte nach dem Abtasttheorem wird ein exakt reproduzierbares digitales Abbild geschaffen, das zu jenem befriedigenden akustischen Genuss führt, den Sie wahrscheinlich kennen.

Dass sich beim (digitalen) Aufrastern digitaler Bildinformationen das Abtasttheorem auf den Qualitätsfaktor übertragen lässt, habe ich bisher nicht verifizieren können. Trotz einiger Mühe habe ich auch keine plausiblen Erklärungen von fachlicher Seite bekommen, so dass ich leider leichte Zweifel anmelden muss. (Vergleichbares gilt auch für einen Qualitätsfaktor von 1,4 ($\sqrt{2}$), welcher sich gelegentlich als praktische Empfehlung findet.)

Vor allem lässt sich der Faktor 2,0 historisch ableiten: Anfang der 70er Jahre des letzten Jahrhunderts kamen die ersten Systeme mit Laserstrahlrasterung auf den Markt, mit denen in einem Arbeitsschritt eine Farbvorlage abgetastet, skaliert, separiert und eben gerastert werden konnte. Bei dem ersten Laserscanner, *Chromagraph* DC 300 der Firma Dr.-Ing. Rudolf Hell (gehört heute zur Heidelberg-Gruppe), konnte mit einer Umdrehung der Trommel auf der Eingabeseite eine Halbtonzeile abgetastet und auf der Ausgabeseite gleichzeitig sechs einzeln steuerbare Laserstrahlen (ein/aus) zur Filmbelichtung eingesetzt werden. Da sich ein Rasterpunkt aber aus 12 × 12 Aufzeichnungspunkten zusammensetzte, waren zwei Umdrehungen notwendig, um aus einer Halbtonzeile eine adäquate Rasterzeile zu bilden; die Vorlage wurde somit doppelt abgetastet.

Diese ergänzenden historischen und mathematischen Angaben machen ein wenig deutlich, warum der Qualitätsfaktor einem Lernwilligen mitunter auch als »Mystikfaktor« vorkommt…

Wenn man schließlich, Mystik hin oder her, gewissermaßen als Zusammenfassung oder als der Weisheit letzter Schluss trotzdem einen »einzig richtigen« Qualitätsfaktor erfahren wollte, ist das nicht zu leisten. Lediglich als grobe Orientierung stellt ein QF von 1,5 in meinen Augen eine geeignete Grundlage dar. Es sollte aber immer überprüft werden, ob auch andere Werte angemessener sind – oder eventuell notfalls verwendet werden können. Beispielsweise wird bei geringeren Rasterfeinheiten sinnvollerweise mit relativ größeren Qualitätsfaktoren gearbeitet als bei höheren Rasterfeinheiten.

6.3.3 Gegenüberstellung verschiedener Bildauflösungen

Schlussendlich ist wichtig, was beim Betrachter ankommt, und das ist nicht in allen Fällen gleich. Daher sollte man versuchen, den Qualitätsfaktor nicht isoliert als einzigen qualitätsbestimmenden Faktor anzusehen und viel-

Bildcode: N426

Bildcode: N931

Bildcode: N517

leicht vereinfacht davon auszugehen, dass höhere Werte eine bessere Qualität bedeuten. Wir sollten immer auch Erfahrungswerte einfließen lassen.

Von allen Einflüssen, zusätzlich zum Qualitätsfaktor, ist das Bildmotiv ein Kriterium, welches hier gut untersucht werden kann. So ist außerordentlich gut erkennbar, dass bei Motiven mit geringen Kontrasten ein höherer Qualitätsfaktor schlicht weniger sinnvoll ist als bei Motiven mit vielen Bilddetails.

Ein eigenes Bild kann man sich machen, indem man auf der vorhergehenden und den folgenden Seiten die Abb. 6-16 bis 6-51 untersucht. Diese sollten hilfreich sein, um die Bildauflösungen besser einschätzen zu können. Bedenken wir aber dabei auch, dass man sich im Falle einer Auftragsarbeit bezüglich eines Qualitätsfaktors eventuell absprechen sollte.

Zu den Testbildern: Es sind drei verschiedene Bilder in vier Reihen abgedruckt, um den beschriebenen Einfluss des Motivs auf die umgesetzte Bildauflösung zum Gegenstand der Beobachtung zu machen. Die Abbildungen N*xxx* stehen für alle Motive mit geringen Kontrasten und Bilddetails; hierzu zählen gleichsam unscharfe oder weichgezeichnete (etwa Portrait-)Bilder sowie durch nachlässige Bildbearbeitung oder Interpolation ruinierte Bilddaten. Die Abbildungen U*xxx* repräsentieren Bilder mit vielen Bilddetails in guter Qualität, bei der die (digitale) Bildauflösung ungefähr der in den Bildern enthaltenen realen Bildauflösung entspricht. Für die Produktion solcher Bilder sind durchgängig gute bis sehr gute Bedingungen in der Kette der Pixelbildgenese notwendig. Die Abbildungen A*xxx* oder R*xxx* (die Abb. R*xxx* und U*xxx* sind Teile desselben Fotos) schließlich stehen für ganz normale, nicht immer optimale Durchschnittsfotos, wie sie zahlreich ihrer Weiterverarbeitung harren.

Alle Aufnahmen entstanden mit Hilfe einer guten Kleinbild-Fotoausrüstung. Motiv *A*, aber auch Motiv R machen in diesem Zusammenhang deutlich, dass durch äußere Einflüsse die realisierbare Bildschärfe im Vergleich zu Motiv *U* abfallen kann.

Nun zu den Bildwerten: Die in diesem Buch verwendete Rasterfeinheit liegt bei 70 cm^{-1} (178 lpi). Aus den jeweils neun verschieden hoch aufgelösten Beispielen von 35 cm^{-1} (89 lpi) bis 245 cm^{-1} (622 lpi) ergeben sich damit Qualitätsfaktoren von 0,5 bis 3,5 (vgl. Tab. 6-2). Die größere Zahl der Abstufungen ist notwendig, um die Auswirkungen auf die gedruckte Bildqualität ausführlich untersuchen zu können; vor allem, da in den Bildunterschriften *nicht* die zugrunde liegenden Qualitätsfaktoren angegeben werden, sondern nur Bildidentifikationscodes. Nur so bietet sich die Gelegenheit, eigene Erfahrungswerte unbeeinflusst von darunter stehenden Angaben machen zu können.

Fühlen Sie sich bitte zugleich ermuntert, auf die für jede Abbildung verwendete Dateigröße zu achten. Tab. 6-2 listet Ihnen für jedes Motiv und jeden Qualitätsfaktor auch die Datenmengen auf.

Wenn Sie die Bildidentifikationscodes für jede Motivreihe herausschreiben und in eine Qualitätsreihenfolge bringen, werden Sie einerseits die untere Bildauflösungsgrenze finden, die Sie bezüglich einer minimalen Qualität für notwendig erachten, andererseits können Sie die obere Bildauflösungsgrenze eruieren, indem sie von den gleichwertigen Abbildungen den kleins-

Abb. 6-19 Motiv *N*   Bildcode: N195

Abb.6-20 Motiv *N*   Bildcode: N374

Abb. 6-21 Motiv *N*   Bildcode: N246

Tab. 6-2 Qualitätsfaktor, Bildauflösung und Datenmenge an Beispielen

| QF | Bildauflösung | | Datenmenge | | | | | | | |
| | | | Motiv N | | Motiv A | | Motiv R | | Motiv U | |
	cm^{-1}	dpi	KB	MB	KB	MB	KB	MB	KB	MB
0,50	35,0	88,9	430	0,42	447	0,44	132	0,13	281	0,27
0,75	52,5	133,4	968	0,95	1006	0,98	296	0,29	632	0,62
1,00	70,0	177,8	1721	1,68	1788	1,75	527	0,51	1124	1,10
1,25	87,5	222,3	2689	2,63	2793	2,73	824	0,80	1756	1,72
1,50	105,0	266,7	3873	3,78	4022	3,93	1186	1,16	2529	2,47
1,75	122,5	311,2	5271	5,15	5475	5,35	1614	1,58	3443	3,36
2,00	140,0	355,6	6885	6,72	7150	6,98	2108	2,06	4496	4,39
2,50	175,0	444,5	10 757	10,50	11 173	10,91	3294	3,22	7026	6,86
3,50	245,0	622,3	21 084	20,59	21 898	21,39	6457	6,31	13 770	13,45

ten Qualitätsfaktor ermitteln (da dieser ja ausreicht), und schließlich können Sie einen guten Mittelweg zwischen den beiden Bildauflösungsgrenzen festlegen, mit dem ein optimales Verhältnis von Datenmenge zu Abbildungsgüte möglich ist. Wenn Sie zum Schluss die Ergebnisse zwischen den Motiven vergleichen, können Sie interessante Abweichungen feststellen. Nehmen Sie sich daher auf jeden Fall ein bisschen Zeit für diese Inspizierung.

Die Zuordnung der Bildcodes (in der Anordnung von Tab. 6-2) finden Sie in Abb. 10-13 auf Seite 157.

Zur Beachtung: Die Erkenntnisse sind bei anderen Rasterfeinheiten nicht in jedem Fall 1:1 anwendbar, da höhere Rasterfeinheiten ein weniger sichtbares Qualitätsplus bei höheren Qualitätsfaktoren erreichen als geringere Rasterfeinheiten. Das bedeutet konkret, dass man etwa bei einem 48er-Raster (120 lpi) eher zu höheren Qualitätsfaktoren greift als bei einem 70er-Raster (178 lpi). Mit steigender Rasterfeinheit nähert man sich nämlich immer mehr der optischen Wahrnehmungsschwelle.

Zum Ende dieses Abschnitts folgt noch einmal ein Hinweis auf die Menge an reproduzierbaren Tonwertstufen: Für eine gute Bildqualität ist neben der angemessenen Bildauflösung gleichermaßen von Bedeutung, dass die im Bild vorhandenen Tonwerte auch im Ausdruck simuliert werden können (vgl. Kap. 3). Wenn für eine Ausgabeauflösung eine zu hohe Rasterfeinheit gewählt wird, kann dies in ungünstigen Fällen zu Tonwertabrissen führen, mit Ergebnissen ähnlich den Abb. 2-2 bis 2-7 (s. S. 9-10), die dort allerdings zur Demonstration der Tonwertauflösung dienten. Eine Tabelle mit erreichbaren Tonwertstufen wurde schon in Kapitel 4 (Tab. 4-4, S. 38) gezeigt. Leicht modifiziert und als Ergänzung zu zwei nachfolgenden Tabellen zeigt Tab. 6-3 (S. 92) ebenfalls die sich aus einigen exemplarischen Rasterfeinheiten und Druckauflösungen ergebenden maximalen Tonwertstufen an.

Falls jedoch nicht die Ermittlung der Tonwertstufen im Mittelpunkt steht, sondern die minimale Geräteauflösung, welche bei einer gewünschten Rasterfeinheit und Tonwertanzahl notwendig ist, gibt darüber Tab. 6-4 Auskunft (vgl. auch Abb. 4-4 bis Abb. 4-11 auf S. 36).

Abb. 6-22 Motiv *N*

Bildcode: N852

Abb. 6-23 Motiv *N*

Bildcode: N263

Abb. 6-24 Motiv *N*

Bildcode: N741

Abb. 6-27 Motiv *R*   Bildcode: R149

Abb. 6-28 Motiv *R*   Bildcode: R486

Abb. 6-29 Motiv *R*   Bildcode: R826

Abb. 6-30 Motiv *U*   Bildcode: U753

Abb. 6-31 Motiv *U*   Bildcode: U159

Abb. 6-32 Motiv *U*   Bildcode: U357

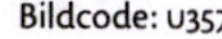

Abb. 6-33 Motiv *A*   Bildcode: A874

Abb. 6-36 Motiv *R*   Bildcode: R902

Abb. 6-37 Motiv *R*   Bildcode: R385

Abb. 6-34 Motiv *A*   Bildcode: A523

Abb. 6-35 Motiv *A*   Bildcode: A698

Abb. 6-38 Motiv *R*   Bildcode: R233

Abb. 6-39 Motiv *U*   Bildcode: U219

Abb. 6-40 Motiv *U*   Bildcode: U416

Abb. 6-41 Motiv *U*   Bildcode: U831

Abb. 6-42 Motiv *A*   Bildcode: A702

Abb.6-43 Motiv *A*   Bildcode: A143

Abb.6-44 Motiv *A*   Bildcode: A236

Abb.6-45 Motiv *R*   Bildcode: R551

Abb.6-46 Motiv *R*   Bildcode: R676

Abb.6-47 Motiv *R*   Bildcode: R785

Abb.6-48 Motiv *U*   Bildcode: U548

Abb.6-49 Motiv *U*   Bildcode: U904

Abb.6-50 Motiv *U*   Bildcode: U635

Abb. 6-51 Motiv *A*   Bildcode: A985

Tab. 6-3   Realisierbare Tonwerte bei AM-Rastern

| Druckauflösung | | Rasterfeinheit (Rasterfrequenz) | | | | | | | | | |
cm⁻¹	dpi	20 cm⁻¹ 51 lpi	28 cm⁻¹ 71 lpi	36 cm⁻¹ 91 lpi	40 cm⁻¹ 102 lpi	48 cm⁻¹ 122 lpi	54 cm⁻¹ 137 lpi	60 cm⁻¹ 152 lpi	70 cm⁻¹ 178 lpi	80 cm⁻¹ 203 lpi	100 cm⁻¹ 254 lpi
118	300	36	19	12	10	7	6	5	4	3	2
236	600	141	72	44	36	25	20	17	12	10	7
400	1016	>256	205	124	101	70	56	45	34	26	17
500	1270	>256	>256	194	157	110	87	70	52	40	26
709	1800	>256	>256	>256	>256	219	173	141	103	79	51
800	2032	>256	>256	>256	>256	>256	220	179	132	101	65
1000	2540	>256	>256	>256	>256	>256	>256	>256	205	157	101
1181	3000	>256	>256	>256	>256	>256	>256	>256	>256	219	141
1333	3387	>256	>256	>256	>256	>256	>256	>256	>256	>256	179
1417	3600	>256	>256	>256	>256	>256	>256	>256	>256	>256	202

Tab. 6-4   Minimal notwendige Geräteauflösung bei AM-Rastern

| Rasterfeinheit | | Tonwertstufen | | | | | | | | | | | | | |
| | | 32 | | 50 | | 64 | | 100 | | 128 | | 192 | | 256 | |
cm⁻¹	lpi	cm⁻¹	dpi	cm⁻¹	dpi	cm⁻¹	dpi	cm⁻¹	dpi	cm⁻¹	dpi	cm⁻¹	dpi	cm⁻¹	dpi
20	51	113	287	141	359	160	406	200	508	226	575	277	704	320	813
28	71	158	402	198	503	224	569	280	711	317	805	388	985	448	1138
36	91	204	517	255	647	288	732	360	914	407	1035	499	1267	576	1463
40	102	226	575	283	718	320	813	400	1016	453	1149	554	1408	640	1626
48	122	272	690	339	862	384	975	480	1219	543	1379	665	1689	768	1951
54	137	305	776	382	970	432	1097	540	1372	611	1552	748	1901	864	2195
60	152	339	862	424	1078	480	1219	600	1524	679	1724	831	2112	960	2438
70	178	396	1006	495	1257	560	1422	700	1778	792	2012	970	2464	1120	2845
80	203	453	1149	566	1437	640	1626	800	2032	905	2299	1109	2816	1280	3251
100	254	566	1437	707	1796	800	2032	1000	2540	1131	2874	1386	3520	1600	4064

Tab. 6-5   Maximal realisierbare Rasterfeinheiten bei AM-Rastern

| Druckauflösung | | Tonwertstufen | | | | | | | | | | | | | |
| | | 32 | | 50 | | 64 | | 100 | | 128 | | 192 | | 256 | |
cm⁻¹	dpi	cm⁻¹	lpi	cm⁻¹	lpi	cm⁻¹	lpi	cm⁻¹	lpi	cm⁻¹	lpi	cm⁻¹	lpi	cm⁻¹	lpi
118	300	21	53	17	42	15	38	12	30	10	27	9	22	7	19
236	600	42	106	33	85	30	75	24	60	21	53	17	43	15	38
400	1016	71	180	57	144	50	127	40	102	35	90	29	73	25	64
500	1270	88	225	71	180	63	159	50	127	44	112	36	92	31	79
709	1800	>120	>305	100	255	89	225	71	180	63	159	51	130	44	113
800	2032	>120	>305	113	287	100	254	80	203	71	180	58	147	50	127
1000	2540	>120	>305	>120	>305	>120	>305	100	254	88	225	72	183	63	159
1181	3000	>120	>305	>120	>305	>120	>305	118	300	104	265	85	217	74	188
1333	3387	>120	>305	>120	>305	>120	>305	>120	>305	118	299	96	244	83	212
1417	3600	>120	>305	>120	>305	>120	>305	>120	>305	>120	>305	102	260	89	225

Und schließlich vervollständigt Tab. 6-5 mit den Ergebnissen zur Rasterfeinheit die drei Tabellen. Auch diese Werte lassen sich natürlich aus den beiden anderen Variablen berechnen, um etwa bei einem niedrig auflösenden Laserdrucker, bei gewünschter Tonwertabstufung, die maximal mögliche Rasterfeinheit zu bestimmen (vgl. Tab. 6-5).

Prinzipbedingt gilt für uns die bekannte Grenze der 256 Tonwertabstufungen pro Farbkanal als erstrebenswert, da man gerne die in den Digitalbildern vorhandenen Tonwerte reproduzieren möchte. Höhere Werte, etwa zugunsten eines besseren Rasterpunktaufbaus, können in Ausnahmefällen ebenso sinnvoll sein wie niedrigere Werte zur vielleicht gebotenen Schonung der Ressourcen – bei nicht notwendigerweise reduzierter Bildqualität, da für das menschliche Auge in der Regel nur ca. 100 Tonwerte unterscheidbar sind (vgl. Abb. 2-6 bis 2-8 auf S. 10). Wie so oft müssen in vielen Fällen individuelle Lösungen gefunden werden, die mit den Tabellen vielleicht ein wenig einfacher gelingen.

6.4 Druckausgabe mit frequenzmoduliertem Raster

Von den amplitudenmodulierten kommen wir nun zu den frequenzmodulierten Rastern, welche man auch bisweilen als nichtperiodische Raster bezeichnet. Die in Abschnitt 3.3.2 aufgeführten geordneten FM-Raster sind nicht Gegenstand dieses Abschnitts.

Es gilt an dieser Stelle eine Unterscheidung zu treffen, einerseits für die professionelle Druckvorstufe mit dort eingesetzten Satzbelichtern und andererseits für die weit verbreiteten Büro- und Privatdrucker, die häufig in Tintenstrahltechnik ausgeführt sind; aber auch Festtinten-, Thermotransfer- oder Laserdrucker verwenden häufig frequenzmodulierte Raster bzw. sind in der Lage, damit zu arbeiten.

Generell ist die Bildauflösungsbestimmung für die Ausgabe mit FM-Raster nicht so gut erschlossen wie für die zuvor behandelten AM-Raster. Auch wenn dort die verschiedenen Aspekte ausreichend kompliziert erscheinen mögen und der Qualitätsfaktor beherrscht werden will: Es gibt zumindest konkrete allgemein gültige Bezugspunkte. Für FM-Raster ist es prinzipbedingt schwieriger, solche herauszuarbeiten. Es existieren grobe Orientierungspunkte, die aber nicht einfach auf alle FM-Rastersysteme übertragbar sind. Bei Tintenstrahldruckern gibt es oft nur sehr oberflächliche Bildauflösungsempfehlungen.

6.4.1 Professionelle Druckvorstufe

Bei den Herstellern von Bebilderungssystemen mit frequenzmoduliertem Raster gibt es in der Regel brauchbare Empfehlungen, welche auch vergleichsweise gut zu den Berechnungsreferenzen des *MedienStandard Druck 2001*, herausgegeben vom Bundesverband Druck und Medien e. V. (bvdm), passen. In diesem werden als »übliches Maß« für die Bildauflösung folgende Werte empfohlen: *»bei nichtperiodischen Rastern 1 Pixel pro fünffacher Durchmesser des kleinsten Rasterpunktes«* [33]. Hierbei wird davon ausgegangen, dass ein Belichter einen Rasterpunkt aus vier Aufzeichnungspunkten aufbaut, wodurch sich konkrete Werte ergeben, wie sie in Tab. 6-6 zur einfachen Ermittlung aufgelistet sind.

Letztlich wird bei den Werten der Tabelle von einer theoretischen Rasterpunktgröße ausgegangen und nicht von einer real existierenden, da bei den so unterschiedlich zum Einsatz kommenden Ausgabetechniken und speziellen Produkten nicht davon ausgegangen werden kann, dass ein Aufzeichnungspunkt in allen Fällen einer vergleichbaren Ausgabeauflösung auch gleich groß ist. Daher basiert die mathematische Berechnung der Tabelle auf der Adressweite und infolgedessen die der Berechnung zugrunde liegende Rasterpunktgröße auf der doppelten Adressweite (1 / Adressfrequenz × 2).

Die Tabelle listet weiterhin Bildauflösungen auf, die auf der vier- und dreifachen Größe eines Rasterpunktes basieren. In diesem Fall ist das entfernt mit dem Qualitätsfaktor für amplitudenmodulierte Raster vergleichbar. Aber auch wenn es sehr praktisch wäre, die Erfahrungswerte des Qualitätsfaktors auf diese Werte übertragen zu können, lässt sich zum aktuellen Zeitpunkt keine mathematische Beziehung zwischen diesen beiden Faktoren aufzeigen.

Dass sich bisher keine allgemein gültigen Erkenntnisse konstituiert haben, liegt vermutlich an den zum Teil deutlich voneinander abweichenden

Tab. 6-6 Bildauflösung für frequenzmodulierte Raster

Druckauflösung		kleinste Rasterpunktgröße	Bildpixelgröße nach kleinster Rasterpunktgröße					
			5fach		4fach		3fach	
			Rasterdivisor (n-tel Druckauflösung)					
			10		8		6	
			Bildauflösung					
cm^{-1}	dpi	µm	cm^{-1}	ppi	cm^{-1}	ppi	cm^{-1}	ppi
118	300	169	12	30	15	38	20	50
157	400	127	16	40	20	50	26	67
236	600	85	24	60	30	75	39	100
250	635	80	25	64	31	79	42	106
333	847	60	33	85	42	106	56	141
400	1016	50	40	102	50	127	67	169
472	1200	42	47	120	59	150	79	200
500	1270	40	50	127	63	159	83	212
667	1693	30	67	169	83	212	111	282
709	1800	28	71	180	89	225	118	300
800	2032	25	80	203	100	254	133	339
945	2400	21	94	240	118	300	157	400
1000	2540	20	100	254	125	318	167	423
1181	3000	17	118	300	148	375	197	500
1250	3175	16	125	318	156	397	208	529
1333	3387	15	133	339	167	423	222	564
1417	3600	14	142	360	177	450	236	600
1500	3810	13	150	381	188	476	250	635
2000	5080	10	200	508	250	635	333	847

Algorithmen zur FM-Rasterpunktbildung, den teilweise anstelle von Algorithmen eingesetzten (sehr großen) Schwellwertmatrizen oder auch »nur« an den zu berücksichtigenden individuellen technischen Notwendigkeiten einer Ausgabetechnik, um nur einiges aufzuführen.

Des Weiteren scheint ein Grund für fehlende etablierte Werte zu sein, dass FM-Raster nach einem hoffnungsvollen Start (Agfa und Linotype-Hell, heute Heidelberg, brachten fast zeitgleich 1993 ihre FM-Raster auf den Markt) aus unterschiedlichen Gründen bei vielen Anwendungen auch zu Enttäuschungen führten und dadurch nicht die Verbreitung fanden, die sie eigentlich verdient hatten. Heute erfahren FM-Raster vor allem durch die CtP-Technologien (Computer to Plate, direkte Belichtung der Druckplatte ohne den Zwischenschritt einer Filmbelichtung) einen Aufschwung.

Zurück zu den Erfahrungen: Die wenigen Aussagen und Überlegungen von Fachleuten reichen leider nicht aus, einen leichtfertigen Bezug zwischen dem Qualitätsfaktor für die AM-Raster und dem eben skizzierten Vorgang, die Bildauflösung aus einem Vielfachen der FM-Rasterpunktgröße zu ermitteln, herzustellen. Damit aber die Berechnung der Bildauflösung für FM-Raster ähnlich schnell erfolgen kann wie bei den herkömmlichen Rastern, kann man auch hier von zwei bekannten Werten ausgehen: Die erste Variable wäre dann anstelle der Rasterfeinheit (die es hier ja nicht gibt) die Druckauflösung, die, wie eben erläutert, im Standardfall die minimale FM-Rasterpunktgröße festlegt (die ihrerseits den Hauptbezugspunkt repräsentiert). Die zweite Variable, und damit der mathematischer Korrekturfaktor, wird aus der Empfehlung des *MedienStandard Druck 2001* abgeleitet: Entweder in Form einer Division, dann wäre der Divisor 10, oder in Form einer Multiplikation, dann wäre der Faktor (Multiplikator) 0,1 – somit ein Zehntel der Druckauflösung (wie man auch gut der Tabelle entnehmen kann). Diese zweite Variable hat denselben Zweck wie der Qualitätsfaktor: Von einem sicheren Bezugswert eine gelungene Bildauflösung abzuleiten. Allerdings ist die Richtung entgegengesetzt. Von der Druckauflösung gilt es nach unten abzuweichen, da Bildauflösungen in dieser Höhe keinesfalls notwendig und damit völlig überzogen wären. Dieses Übermaß auf einen sinnvollen Wert zu reduzieren ist der Sinn der angesprochenen Division. Hier wird demzufolge nicht die Qualität gefördert, sondern der Arbeitsfluss.

Zur Unterscheidung und als Entsprechung zum Qualitätsfaktor für AM-Raster könnte es hilfreich sein, einen eigenen Begriff für diese Variable zu verwenden. Da es keine etablierte Bezeichnung gibt, möchte ich in diesem Buch den Begriff *Rasterdivisor* einführen (in der Division wird der Quotient, das Ergebnis, gebildet, indem der Dividend durch den Divisor geteilt wird). Wenn auch mathematisch nicht ganz korrekt, wäre *Rasterfaktor* wahrscheinlich angenehmer, aber dieser Begriff wird manchmal synonym zu *Qualitätsfaktor* eingesetzt und könnte daher verwechselt werden.

Aus Sicht der Qualität ist es ungünstig, dass das Niveau durch *kleinere* Werte erhöht wird, andererseits kann man dafür zur besseren Berechnung mit Werten größer eins arbeiten. In der Tabelle ist neben dem beschriebenen Bezug zum Rasterpunkt zusätzlich der *Rasterdivisor* angegeben. Dieser kann

Tab. 6-7 FM-Raster-punktgrößen	
Anwendung	µm
Offsetdruck	
hochwertige Spezialanwendungen	10
Standard-Bogenoffset auf gestrichenem Papier	20
Rollenoffset auf ungestrichenem Papier	30
Zeitungsdruck	40–70
Tiefdruck	
Je nach Druckform und Papier	20–40
Hochdruck	
Buchdruck (mit Fotopolymerplatte)	40
Flexodruck auf Kunststofffolie	40
Flexodruck auf Papier	90
Siebdruck	
Je nach Sieb etwa	63, 125

auch als Bruchteil der Auflösung verstanden werden: Beispielsweise steht ein Rasterdivisor von 8 für »⅛ Druckauflösung«.

Zur Höhe der Korrekturwerte (Rasterdivisor alias n-tel Druckauflösung alias n-fache Größe von Bildpixel zu kleinstem FM-Rasterpunkt) darf ergänzt werden, dass von Fachvertretern der Druckvorstufe in einigen Fällen alternativ etwas höhere Bildauflösungen empfohlen werden. Als geeignete Korrekturfaktoren werden demnach Werte empfohlen, die einem Rasterdivisor von 8 oder 6 entsprechen. Dabei ist allerdings festzuhalten, dass diese relativ höheren Bildauflösungsempfehlungen bei gröberen Rasterstrukturen gegeben werden. Das bedeutet konkret, dass z.B. bei einer Druckauflösung von 709 cm^{-1} (1800 dpi) bzw. einer Rasterpunktgröße von 28 µm eher ein Rasterdivisor von 6 und bei einer Geräteauflösung von 2000 cm^{-1} (5080 dpi) bzw. einer Rasterpunktgröße von 10 µm klar ein Rasterdivisor von 10 empfohlen wird, was einer relativ geringeren Bildauflösung entspricht. Das Vorgehen ist damit ähnlich wie bei der Auswahl des Qualitätsfaktors für AM-Raster.

Wenn bei der Arbeit mit FM-Rastern nicht mit der Druckauflösung, sondern durchaus üblich unmittelbar mit der kleinsten Rasterpunktgröße gearbeitet wird, ist eine einfache rechnerische Überschlagung leider nicht möglich. Da die aufgeführten Bildauflösungswerte in Tab. 6-6 jedoch von der FM-Rasterpunktgröße abgeleitet wurden, kann sie auch hier zur schnellen Werteermittlung verwendet werden.

Zur Übersicht gängiger FM-Rasterpunktgrößen listet Tab. 6-7 einige von der UGRA (Verein in der Schweiz zur Förderung wissenschaftlicher Untersuchungen in der grafischen Industrie) empfohlene Werte für verschiedene Anwendungen auf.

Zum Ende dieses Abschnitts darf noch folgender Hinweis erfolgen: Da frequenzmodulierte Raster Bilddaten deutlich detailgetreuer als amplitudenmodulierte Raster umsetzen, kann für diese – bei einer vergleichbaren Bildqualität mit AM-Rastern – die Bildauflösung geringer angesetzt werden. Empfehlungen nennen reduzierte Werte sogar um bis zu 50 %, was eine erhebliche Schonung der Ressourcen bedeutet: Bei einer Bildauflösungsreduzierung um 25 % kann fast 45 % der Datenmenge eingespart werden, und bei einer 50%igen Reduzierung würde die benötigte Datenmenge gar auf ein Viertel zusammenschrumpfen (wenngleich mir diese Empfehlung etwas extrem erscheint). Andererseits ist in Fällen gleicher oder nur leicht reduzierter Bildauflösung ein höherer Detailreichtum durch FM-Raster, im Gegensatz zu herkömmlichen Rastern, möglich.

Um eigene Erfahrungen zur Bildauflösung für die frequenzmodulierte Rasterausgabe zu sammeln, wäre ein Bildvergleich wie in Abschnitt 6.3 sehr hilfreich. Leider können wir einen solchen in dieser Buchproduktion nur für ein Rastersystem anbieten.

6.4.2 Schreibtischgeräte (»Desktop-Drucker«)

Um es direkt klar zu sagen: Die einzig gültigen Bildauflösungswerte passend zu einem Tintenstrahldrucker – zu *Ihrem* Tintenstrahldrucker – können Sie nur selbst ermitteln! Es ist fast schon erschreckend, aber obwohl sich dieser Druckertypus größter Beliebtheit und Verbreitung erfreut, gibt es so gut wie keine offiziellen Empfehlungswerte. Kein Hersteller von Tintenstrahldruckern scheint bereit, ernsthafte Angaben bezüglich eines Produktes oder einer Produktreihe zu machen, aus denen sich konkret passende Bildauflösungen zumindest ableiten ließen. Das ist wenig befriedigend, wir können dadurch nämlich nicht vernünftig arbeiten. Natürlich gibt es einige Faktoren zu berücksichtigen, allen voran den Bedruckstoff (etwa Foto-, beschichtetes oder Normalpapier), die Menge an verwendeten Grundfarben, die Größe der Aufzeichnungspunkte, die Fähigkeit, mehrere Abstufungen pro Grundfarbe und Aufzeichnungspunkt ausgeben zu können, und selbstverständlich auch die Adressfrequenz (beworbene Druckerauflösung). Diese Faktoren verhindern die Realisierung eines für alle Tintenstrahler gleichermaßen gültigen Wertes. Jedoch bestünde durchaus die Möglichkeit, angepasste Werte in Kategorien, ähnlich den eben skizzierten Faktoren, aufzuschlüsseln, aus denen dann eine finale, maximal umsetzbare Bildauflösung ermittelt werden könnte. – Aus Volumeninformationen der Tröpfchengröße (z. B. 2 Pikoliter) kann jedenfalls ohne weitere Unterstützung der Hersteller keine verwertbare Flächengröße der resultierenden Aufzeichnungspunkte errechnet werden. Damit hätte man aber schon einen wichtigen Bezugsfaktor für eine verwandte Verfahrensweise zum vorausgegangenen Abschnitt.

Nun muss hier aber sicherheitshalber klargestellt werden, dass die Suche nach der umsetzbaren Bildauflösung eines Tintenstrahldruckers vor allem die machbaren Grenzen herausbilden soll. Sollte beispielsweise ein Drucker nicht mehr als 60 Bildpixel pro Zentimeter (152 ppi) zu Papier bringen können, wird auch keine höhere Bildauflösung zur Ausgabe benötigt.

Andererseits darf nicht der Eindruck entstehen, dass im Falle der klaren Umsetzung einer Bildauflösung mit vielleicht 150 cm^{-1} (381 ppi) dieser Wert in der Anwendung auch der richtige ist. Heute ist häufig die in normalen Situationen vom Auge verwertbare Detailauflösung das beschränkende Element. In Tab. 6-1 (S. 73) haben wir schon die umsetzbaren Bildauflösungswerte unseres Sehorgans verwendet. Je nach Einsatzvoraussetzungen stellen wir fest, dass selbst bei der Betrachtung eines normalen Fotos vielleicht nur eine maximale Bildauflösung von 98 cm^{-1} (249 ppi) sinnvoll ist. Für die Erstellung von Plakaten werden, wie schon in Abschnitt 6.1 beschrieben, erheblich weniger Bildinformationen benötigt.

Empfehlungswerte für Tintenstrahldrucker

Handelt es sich nun um großformatige Ausdrucke, ist ein Tintenstrahldrucker in der Regel nicht das einschränkende Element bei der Bildauflösungsbestimmung (vgl. Tab. 6-1). Man benutzt in diesem Fall die individuell für den Betrachtungsabstand ermittelte Bildauflösung und kann mit hoher Wahrscheinlichkeit davon ausgehen, dass der verwendete Drucker diese auch umsetzen kann.

Zu Bildauflösungen für Ausdrucke zugunsten eines normalen Leseabstandes können folgende allgemeine Angaben gemacht werden: Für die meisten Tintenstrahldrucker kann gelten, dass eine geeignete Bildauflösung bei mindestens 60 cm^{-1} (ca. 150 ppi) liegen sollte, da nur wenig kleinere Werte schon zu sichtbar schlechteren Ergebnissen führen. Dennoch ist es möglich, dass etwa bei älteren Modellen mit niedrigerer Auflösung und bei Verwendung von Normalpapier dieser Wert noch zu hoch ist.

Eine gesteigerte Bildqualität ist ab 75 cm⁻¹ (190 ppi) zu erwarten. Neuere Drucker mit angemessenem Bedruckstoff sollten diese Bildauflösung sicher umsetzen können. So empfiehlt auch Epson eine Bildauflösung von mindestens 200 ppi (ca. 80 cm⁻¹), die obere Grenze wird hier bei 300 ppi (ca. 120 cm⁻¹) gezogen. Eine vergleichsweise häufige Referenz liegt genau dazwischen: 100 cm⁻¹ (254 ppi). Geeignetes Material vorausgesetzt, ist damit eine sehr gute Qualität bei vertretbarem Ressourcenbedarf möglich. Vor allem, weil hier nicht selten die Grenze des Auflösungsvermögens des Auges erreicht ist.

Eine andere Möglichkeit, die geeignete Bildauflösung für einen Tintenstrahldrucker zu finden, empfiehlt Canon in seiner Canon Academy im Internet [8]. Dort wird eine glatte Teilung der Druckerauflösung vorgeschlagen, ähnlich der Handlungsweise, die im vorhergehenden Abschnitt 6.4.1 zu FM-Rastern in der professionellen Druckvorstufe vorgestellt wurde. Jedoch haben wir hier deutlich unterschiedlichere Ausgangsvoraussetzungen. Weder kennen wir die Größe der Rasterpunkte (Tintentropfen auf dem Papier), noch ist deutlich dokumentiert, ob und bei welchen der Grundfarben mehr als die zwei Abstufungen (zwischen vollem und fehlendem Farbauftrag) möglich sind. Je mehr Abstufungen (Halbtöne) möglich sind, desto weniger Tonwerte müssen simuliert werden. Im Extremfall wird gar nicht gerastert, wodurch die Bildauflösungsberechnung sehr einfach ausfällt (siehe nachfolgenden Abschnitt 6.5). Weiterhin sind die horizontalen und vertikalen Auflösungen teilweise extrem unterschiedlich, z. B. 720 × 5760 dpi (283 × 2268 cm⁻¹), so dass eine Ableitung etwas schwer fällt. Und schließlich muss man einen sinnvollen Teiler (Rasterdivisor) finden; ein Wert von 4 scheint mir jedoch aus zuvor dargelegten Gründen in den wenigsten Fällen angemessen. Immerhin könnten die festen Teilungswerte der Grundauflösung (der kleinere von zwei Werten) eine gute Ausgangsbasis für die eigenen Versuche sein, die nun nachfolgend empfohlen werden.

Ermittlung eigener optimaler Bildauflösungswerte

Kommen wir nun zum anfänglich angesprochenen Vorgehen zur Erkundung der eigenen optimalen Bildauflösungswerte. Zu diesem Zweck muss eine Reihe von Bildern in verschiedenen Auflösungen vorbereitet und ausgedruckt werden, so dass sich eine ähnliche Versuchsreihe ergibt, vergleichbar denen, die in Abschnitt 6.3 oder auf S. 61 vorgestellt wurden.

Um die maximal machbare Ausgabequalität Ihres Druckers bei Halbtonbildern zu ermitteln, werden digitale Bilddaten von hoher Güte benötigt, da sonst eine mindere Bildqualität das Potential des Druckers beschneiden könnte. Falls Sie solche Daten nicht zur Verfügung haben, gibt es die Möglichkeit, zweckmäßige Bilder zu erwerben, etwa mit der Norm ISO 12640 [22] (zu beziehen über den Beuth Verlag unter www.beuth.de), allerdings sind diese Normen nicht preiswert. Aber es gibt für nicht gewerbliche Nutzung oftmals geeignetes Material, welches z. B. von Fachredaktionen unentgeltlich zur Verfügung gestellt wird [6, 7].

Wenn wir nun davon ausgehen, dass ein hochauflösendes qualitatives Bild vorliegt, müssen davon niedrigere Auflösungsstufen berechnet werden (vgl. auch Kap. 9 ab S. 141). Sollte nach dem Herunterrechnen durch dabei prinzipbedingte leichte Schärfeverluste im Anschluss eine ausgleichende Scharfzeichnung gewünscht sein, muss darauf geachtet werden, dass dieser Arbeitsschritt nicht die Ergebnisse verfälscht. Da eine Scharfzeichnung auflösungsabhängig durchzuführen ist, können nicht für alle dieserart erzeugten Bilddaten identische Einstellungen verwendet werden. Untersuchen Sie in diesem Fall die Parameter des geeigneten Filters in Ihrer Bildbearbeitungssoftware (meist *Unscharf Maskieren* genannt) und verwenden Sie auf die jeweilige Bildauflösung angepasste Werte. Den diesbezüglich einflussreichsten Faktor findet man häufig unter der Bezeichnung *Radius* oder *Größe*.

Neben der maximalen Leistungsfähigkeit des individuellen Ausgabegerätes dürfte aber vor allem die reale Qualität im typischen Arbeitsablauf interessieren. Daher ist es empfehlenswert, eine Testreihe mit Bilddaten durchzuführen, die im üblichen Rahmen liegen, z. B. ein durchschnittlich gutes Foto, welches mit dem vorhandenen Scanner direkt für die verschiedenen Auflösungsstufen gescannt wird.

Für welchen der beiden Wege man sich auch entscheidet, für die finale Auswertung der Ausdrucke ist schließlich sehr wichtig, dass die Abbildungen genau bezeichnet sind. Idealerweise geschieht dies so, dass die Beschriftungen beim Vergleich der Bilder nicht direkt ersichtlich sind – sonst passiert es schnell, dass man sich von den Werten zu stark beeinflussen lässt. Bei der Gegenüberstellung der Fotos kann man diese nun in aufsteigender Reihenfolge hin zur besten Abbildungsqualität sortieren. Wenn Sie dabei feststellen, dass mehrere Abbildungen qualitativ nicht voneinander abweichen, dann haben Sie mit der geringsten der dort vertretenen Bildauflösungen diejenige gefunden, mit der Sie optimale Ergebnisse erreichen.

6.5 Rasterfreie Druckausgabe

Spätestens seit der digitalen Fotografie ist bei einer wachsenden Zahl von Anwendern der Wunsch entstanden, die produzierten Digitalbilder auch in einer dem klassischen Fotoabzug entsprechenden Qualität ausgeben zu können. So vorteilhaft die Digitalfotografie ist, auf schöne »fassbare« Fotografien möchte man ungern verzichten.

Mittlerweile gibt es eine nennenswerte Anzahl installierter Geräte, die echte Halbtöne ausgeben können. Wahrscheinlich sind die bekanntesten noch immer die Thermosublimations- oder auch Thermodiffusionsdrucker. Diese werden seit langem in der grafischen Industrie für eine hochwertige Druckausgabe eingesetzt. Für eine private Anwendung sind sie jedoch eher zu teuer, es sei denn, man erwirbt ein auf kleine (Foto-)Formate reduziertes Gerät. In jedem Fall arbeiten Thermosublimationsdrucker mit Spezialpapier und mit CMYK-Farben oder manchmal zur Einsparung mit CMY-Farben (ohne Schwarz).

Außerdem gibt es mit zunehmender Verbreitung so genannte Minilabs. Diese werden vor allem für Fotolabore oder Fotogeschäfte, die Filmentwicklungen oder Fotoabzüge offerieren, angeboten. Minilabs belichten echtes (preisgünstiges) Fotopapier, wodurch sich die Ergebnisse in der Regel nicht von klassischen Fotoabzügen unterscheiden. Selbst Fotos von Negativen, die durch einen normalen, im Fotoladen oder Drogeriemarkt erteilten Filmentwicklungsauftrag in den Großlabors hergestellt werden, entstehen dort (je nach Ausstattung) digital: Die Negative werden gescannt, und die resultierenden digitalen Daten mit einer halbtonfähigen Belichtungseinheit auf normalem Fotopapier ausgegeben. Das Einlesen der analogen Vorlagen ist dabei kein separater, sondern ein innerhalb des Gesamtsystems integrierter Prozess, automatisch und schnell. Uns interessiert bei den Geräten im Weiteren jedoch nur die rasterfreie Druckausgabe.

In Tab. 6-8 sind einige aktuell eingesetzte Systeme aufgeführt, die fast alle normales Fotopapier belichten und grundsätzlich mit RGB-Bilddaten beliefert werden. Um die Bildauflösung für das jeweils verwendete System zu bestimmen, benötigt man die Angabe über die Geräteauflösung. Diese kann, bei Kenntnis des verwendeten Systems, der Tabelle entnommen werden oder fast immer auch den Anleitungen des jeweiligen Dienstleisters.
Die aufgeführten Systeme, nebst häufig vorhandenen Modellvarianten, sind allerdings hinsichtlich der Produktivität, der Belichtungstechnik oder der maximalen Ausgabegröße teilweise sehr unterschiedlich. Nicht aufgeführt sind darüber hinaus die Thermosublimationsdrucker, die von verschiedenen Herstellern in unterschiedlichster Ausführung angeboten werden.

Wir wollen uns im Weiteren nur auf die Geräteauflösung konzentrieren: Mit dieser Information haben wir gleichzeitig die geeignete Bildauflösung, denn die Bildauflösungsregel für Halbtonausgabegeräte lautet:

Bildauflösung = Druckauflösung des Halbtonausgabegerätes

Die Erklärung ist einfach: In den vorangegangenen Kapiteln wurde mehrfach auf Voll- und Halbtöne hingewiesen. Filme und Fotografien bestehen aus Halbtönen, ebenso wie die davon angelegten oder mit einer Digitalkamera aufgenommenen Pixelbilder. Wünschen wir unsere *Halbton*bilder auf einem *Halbton*ausgabegerät auszugeben, müssen wir uns aus diesem Grund auch nur auf die Geräteauflösung dieser Drucker beziehen.

Mit diesen Ausgabeverfahren kann die im Moment beste Ausgabequalität von Fotos erreicht werden, obwohl die verwendeten Geräteauflösungen scheinbar deutlich hinter denen anderer Ausgabesysteme liegen. In Kapitel 4 (s. S. 29) wurde darauf verwiesen, dass man unter den üblicherweise verwendeten Auflösungsbegriffen eine Ortsauflösung versteht. Kommen bei Ausgabeverfahren, wie sie in diesem Abschnitt eine Rolle spielen, in der Dichte abgestufte Aufzeichnungspunkte zum Einsatz, sprechen wir außerdem von Farbtiefe oder auch Tonwertauflösung. Wenn wir bewusst letzteren Begriff verwenden, relativiert sich die scheinbare Unterlegenheit dieser Systeme, und es wird deutlicher, warum sie so gute Qualität liefern: Die *Orts*auflösung ist in der Tat niedriger als bei anderen Systemen, aber dieser Mangel wird durch die wesentlich höhere *Tonwert*auflösung mehr als kompensiert.

Tab. 6-8 Druckauflösungen von RGB-Halbtonausgabesystemen

Geräteauflösung		Gerät	Belichtungs-technik	Hersteller
cm⁻¹	dpi			
157	400	D-lab	Laser	Agfa
100	254	Epsilon	Glasfaser-LED	Durst
79	200	Lambda	Laser	
157	400			
79	200	Theta	Laser	
157	400			
118	300	Frontier	Laser	Fujifilm
126	320	Pictrography	Laserdiode	
157	400	(S)RP 30	Laser	Kodak
98	250	RP 50-LED	LED	
102	260	QSS-26xx	VFP	Noritsu
157	400	QSS-27xx/29xx	MLVA	
126	320	QSS-30xx/31xx	Laser	
79	200	LightJet	Laser	Océ
118	300	500XL/430		
79	200	CSI LightJet 5xxx	Laser	Cymbolic
120	305			Sciences
160	406			(nun Océ)
100	254	Laserlab	Laser	Polielettronica
118	300	Chromira	LED	zbe

MLVA = Micro Light Valve Array   VFP = Vacuum Fluorescent Printer

Wir haben an dieser Stelle (neben der im nächsten Abschnitt 6.6 behandelten Anwendung) den einfachsten Fall der Bildauflösungsermittlung bezüglich eines Ausgabegerätes vorliegen, da es keinen durch die *Simulation* von Halbtönen notwendigen Korrekturfaktor gibt.

Allerdings ist auch hier die Höhe der Druckauflösung ein wichtiges Qualitätskriterium. Bei einigen Geräten kann es sein, dass im Falle alternativer Auflösungsstufen eine angepasste Bildauflösung von 79 cm⁻¹ (200 ppi) gering erscheint und vielleicht nicht die gewünschte Qualität garantiert, eine Bildauflösung von 157 cm⁻¹ (400 ppi) dagegen deutlich höher, aber wahrscheinlich auch zu hoch ist. Um diese Werte in einen sinnvollen Zusammenhang zu bringen, ist erneut Tab. 6-1 (s. S. 73) ein hilfreiches Instrument. Für die meisten Betrachtungssituationen üblicher Fotoformate werden Auflösungen von über 118 cm⁻¹ (300 ppi) sehr wahrscheinlich nicht benötigt. Ganz besonders muss bedacht werden, dass das Auflösungsvermögen des Auges bei geringeren Kontrasten stark abnehmen kann. Während eine Strichgrafik prinzipbedingt durch die beiden einzigen Farben Schwarz und Weiß starke Kontraste aufweist, ist das bei Fotos grundsätzlich anders; hier kann es sogar extrem abgeschwächte Kontraste geben. Ein deutliches Beispiel liefern die Nebelabbildungen ab S. 81, mit welchen schon im dazugehörigen Abschnitt erkannt werden konnte, dass das Auge in solchen Fällen ein spürbar vermindertes Auflösungsvermögen besitzt. Berücksichtigt man das auch hier beim Aus-

Tab. 6-9   Bildabmessungen für die Halbtonausgabe

| Ausgabeformate (quer) | | Pixelabmessungen | | | |
| | | Geräteauflösung | | | |
Bezeichnung	Maße in Zentimeter	78,7 cm⁻¹ 200 dpi	100 cm⁻¹ 254 dpi	118,1 cm⁻¹ 300 dpi	157,5 cm⁻¹ 400 dpi
13 × 9	12,70 × 8,89	1000 × 700	1270 × 889	1500 × 1050	2000 × 1400
15 × 10	15,24 × 10,16	1200 × 800	1524 × 1016	1800 × 1200	2400 × 1600
DIN A6	14,80 × 10,50	1165 × 827	1480 × 1050	1748 × 1240	2331 × 1654
18 × 13	17,78 × 12,70	1400 × 1000	1778 × 1270	2100 × 1500	2800 × 2000
DIN A5	21,00 × 14,80	1654 × 1165	2100 × 1480	2480 × 1748	3307 × 2331
25 × 18	25,40 × 17,78	2000 × 1400	2540 × 1778	3000 × 2100	4000 × 2800
30 × 20	30,48 × 20,32	2400 × 1600	3048 × 2032	3600 × 2400	4800 × 3200
DIN A4	29,70 × 21,00	2339 × 1654	2970 × 2100	3508 × 2480	4677 × 3307

werten der Tabelle, kann man mit Bildauflösungen ab 79 cm⁻¹ (200 ppi) schon in sehr vielen Fällen eine wirklich befriedigende Qualität erreichen.

Mit den angeführten Überlegungen und den aus Tab. 6-8 abgelesenen Druckauflösungen können wir einen universellen Wertebereich geeigneter Bildauflösungen von ca. 100–125 cm⁻¹ (250–320 ppi) ausmachen. Damit sollte in praktisch allen Fällen eine optimale Abbildungsgüte möglich sein. Selbst Fotos, die mit einer Geräteauflösung von 79 cm⁻¹ (200 ppi) entstanden sind, erreichen eine zufrieden stellende Qualität. Vollständigkeitshalber sollte erwähnt werden, dass die mehrfach angesprochenen Thermosublimationsdrucker meistens mit 300 dpi (118 cm⁻¹) oder zumindest einem in der Nähe liegenden Wert auflösen. Auch diese Drucker liegen damit im angesprochenen Wertebereich.

Wenn wir schließlich die Geräteauflösung des Ausgabesystems kennen und für ausreichend befinden, verfahren wir nach obiger Regel: Die Geräteauflösung bestimmt unsere Bildauflösung. Gerade wenn man eine maximale Qualität realisieren möchte, muss man sich daran orientieren. Eine höhere Bildauflösung als die Druckauflösung wird definitiv nicht umgesetzt. Sie kann sogar in ungünstigen Fällen, wie eine verringerte Bildauflösung, zu Unschärfen führen. Immer vorausgesetzt, dass die verwendete Druckauflösung nicht über dem Auflösungsvermögen der Betrachtungssituation liegt.

Gibt man in einem Fachgeschäft oder bei einem Online-Anbieter seine Digitalbilder zur Entwicklung ab, möchte man gegebenenfalls vorher nicht alle Fotos bearbeiten und durchsehen. Daher gibt es bei nicht vorbereiteter Bildauflösung (bezüglich der im Grafikformat eingetragenen Bildgröße) zwei Möglichkeiten:

Im ersten Fall wird die definierte Bildgröße übernommen, wodurch entweder ein Teil des Bildes nicht dargestellt wird (wenn es für das Zielformat zu groß ist) oder Ränder auf dem Ausdruck entstehen (wenn es für das Zielformat zu klein ist).

Im zweiten Fall wird das Bild auf die gewünschte Größe skaliert, was durch die Interpolationsalgorithmen zu leichten Qualitätseinbußen führen

Tab. 6-10 Bildwerte für die Halbtonausgabe

RGB-Dateigröße in MB				Pixelanzahl in Millionen				Ausgabe-format-bezeich-nung
Geräteauflösung				Geräteauflösung				
78,7 cm⁻¹	100 cm⁻¹	118,1 cm⁻¹	157,5 cm⁻¹	78,7 cm⁻¹	100 cm⁻¹	118,1 cm⁻¹	157,5 cm⁻¹	
200 dpi	254 dpi	300 dpi	400 dpi	200 dpi	254 dpi	300 dpi	400 dpi	
2,00	3,23	4,51	8,01	0,70	1,13	1,58	2,80	13 × 9
2,75	4,43	6,18	10,99	0,96	1,55	2,16	3,84	15 × 10
2,76	4,45	6,20	11,03	0,96	1,55	2,17	3,85	DIN A6
4,01	6,46	9,01	16,02	1,40	2,26	3,15	5,60	18 × 13
5,51	8,89	12,40	22,05	1,93	3,11	4,34	7,71	DIN A5
8,01	12,92	18,02	32,04	2,80	4,52	6,30	11,20	25 × 18
10,99	17,72	24,72	43,95	3,84	6,19	8,64	15,36	30 × 20
11,06	17,84	24,89	44,25	3,87	6,24	8,70	15,47	DIN A4

kann – vor allem wenn man Bildinformationen hinzufügen muss. Dabei ist ferner folgender Aspekt zu berücksichtigen: Wenn skaliert wird, ist der Faktor, mit dem das zu geschehen hat, nur in einem Fall unproblematisch und daher genau bestimmbar, dann nämlich, wenn das Quell- und Zielformat identisch sind. Leider kommt es häufig anders. Beispielsweise liegen die Seitenverhältnisse der meisten Digitalkameras und Bildschirme normalerweise bei 4:3, die der klassischen, vom Kleinbildnegativ ausgehenden Fotoformate jedoch bei 3:2 oder das der DIN-Formate bei $\sqrt{2}:1$. Sollte nur ein Ausschnitt des Digitalbildes ausgegeben werden, sind alle möglichen Seitenformate denkbar. Daher ist bei einem Belichtungsauftrag folgende Entscheidung notwendig: Soll die gesamte Bildinformation erhalten bleiben oder darf zugunsten eines anderen Seitenverhältnisses etwas vom Rand fehlen?

Das bedeutet konkret: Hat das Quellformat Priorität (das gesamte Digitalbild soll abgebildet werden), dann wird es auf dem Fotoabzug weiße Randstreifen geben, die weggeschnitten werden müssen. Entsprechend weist das belichtete Foto dasselbe Seitenverhältnis auf wie das digitale Bild. Hat das Zielformat Priorität, werden Randteile des Digitalbildes keinen Platz finden. Damit weist die Fotobelichtung ein anderes Seitenverhältnis auf als das ursprüngliche Bild (vgl. auch Abb. 6-64). Die Bezeichnungen dieser beiden alternativen Vorgehensweisen sind je nach System bzw. Dienstleister unterschiedlich. Die hier formulierte *Quellformat-Priorität* wird z. B. als »fit in« bezeichnet, die *Zielformat-Priorität* als »fill in«. Wenn keine Anpassung erfolgen soll, heißt das auch »1:1«, »real size« oder »no resize«.

Tab. 6-9 listet einige gängige Formate mit Abmessungen in Zentimeter und Pixel auf, wobei sich die Pixelabmessungen exemplarisch auf vier typische Geräteauflösungen beziehen. Bei den realen Abmessungen ergeben sich die teilweise spürbaren Abweichungen zu den auf ganze Zentimeter gerundeten Nennwerten dadurch, dass die Fotoformate allesamt auf glatten Inchgrößen basieren. Die Tabelle führt alle Werte mathematisch exakt auf, weshalb sie nicht in jedem Fall für die genaue Übernahme zur 1:1-Ausgabe geeignet sind. So kann es durch minimale Gleichlaufschwankungen in den Belichtungseinheiten prinzipbedingt zu unerwünschten weißen Rändern kommen, die man durch eine »Pixelzugabe« vermeiden kann. Welche Toleranzwerte zu berücksichtigen sind, sollte von Fall zu Fall mit den Dienstleistern abgesprochen werden. Üblicherweise werden 1–2% höhere Pixelabmessungen im Vergleich zu den Tabellenwerten empfohlen. Alternativ hierzu und angenehmer beim Tabellengebrauch scheinen mir formatunabhängige, nur eventuell auf die Druckauflösung angepasste, feste Pixelzugaben von z. B. jeweils 20 Pixel in der Breite und Höhe zu sein.

Auf denselben Werten wie Tab. 6-9 basiert Tab. 6-10. Sie führt zusätzlich die unkomprimierte Datenmenge für 24-bit-RGB-Daten und die Gesamtpixelanzahl zur besseren Übersicht auf.

Dia- / Filmbelichtungen

Falls die Halbtondaten nicht auf Fotopapier, sondern auf Filmmaterial ausgegeben werden sollen, sprechen wir auch von Dia- oder Filmbelichtung. Tab. 6-11 listet spezielle Filmbelichter auf, die im Gegensatz zu den in Tab. 6-8 aufgeführten Geräten deutlich höhere Auflösungen erreichen (und auch für die Fotobelichtung eingesetzt werden können). Da Negative oder Diapositive

Tab. 6-11 Laser- bzw. LED-Filmbelichter (RGB)

Geräteauflösung		Gerät	Belichtungs-technik	Hersteller
cm^{-1}	dpi			
500	1270	CSI Fire	Laser	Cymbolic
400	1016	CSI Lightjet 20xx	Laser	Sciences
800	2032			
200	508	LVT Rhino	LED	Light Valve
400	1016	Image Recorder		Technology
800	2032			

Tab. 6-12 CRT-Filmbelichter (RGB)

CRT-Auflösung	2K (2048)	4K (4096)	8K (8192)	16K (16 384)
Kleinbild 3,6 × 2,4 cm				
Pixelabmessung	2048 × 1366	4096 × 2732	8192 × 5462	
Auflösung	569 cm⁻¹ (1445 dpi)	1138 cm⁻¹ (2890 dpi)	2276 cm⁻¹ (5780 dpi)	
Pixelmenge in Mio	2,8	11,2	44,7	
Datenmenge in MB	8,0	32,0	128,0	
Mittelformat 6 × 6 cm				
Pixelabmessung		3072 × 3072	6144 × 6144	12 288 × 12 288
Auflösung		512 cm⁻¹ (1300 dpi)	1024 cm⁻¹ (2601 dpi)	2048 cm⁻¹ (5202 dpi)
Pixelmenge in Mio		9,4	37,7	150,0
Datenmenge in MB		27,0	108,0	432,0
Planfilmformat 9 × 12 cm				
Pixelabmessung		4096 × 3072	8192 × 6144	16 384 × 12 288
Auflösung		341 cm⁻¹ (867 dpi)	683 cm⁻¹ (1734 dpi)	1365 cm⁻¹ (3468 dpi)
Pixelmenge in Mio		12,6	50,3	201,3
Datenmenge in MB		36,0	144,0	576,0

für Vergrößerungen und hohe Informationsdichte stehen, müssen auch digital belichtete Filme diese Anforderung erfüllen. Wenn auch die aufgeführten Filmbelichter nicht mehr hergestellt werden, sind sie gleichwohl angegeben, da noch einige der für hohe Qualität stehenden Geräte installiert sind.

Aktuell haben die so genannten CRT-Belichter die Laser- bzw. LED-Belichter abgelöst, da sie vor allem wesentlich preiswerter sind. In diesen arbeiten folgende Komponenten: ein hochauflösender Monochrom-Bildschirm, eine Optik, eine Farbfiltervorrichtung und ein Kamerarückteil, welches je nach gewünschtem Filmformat unterschiedlich ausfallen kann. Die Bilddaten werden bei der Belichtung nicht komplett, sondern nach RGB-Farbkanälen getrennt, auf dem Monitor angezeigt. In drei Teilbelichtungen werden die Bildfarbkanäle nacheinander mit Hilfe der RGB-Farbfilter abfotografiert und ergeben schließlich das fertige Negativ oder Dia.

CRT-Belichter gibt es für verschiedene Auflösungen, welche man in Linien misst, die maximal dargestellt werden können. Sie werden als 2K, 4K, 8K oder 16K angegeben. Während für hochwertige Kleinbildfilme eine 4K-Auflösung völlig ausreichend ist, sind die höheren Auflösungen nur für größere Formate sinnvoll. Tab. 6-12 enthält die sich aus diesen Voraussetzungen ergebenden Werte, bezogen auf die drei schon mehrfach exemplarisch verwendeten Filmformate. Die entscheidenden Angaben sind die Pixelabmessungen, auf die man sich für eine 1:1-Darstellung beziehen sollte. In diesem Fall sind eventuell in der Datei eingestellte Größenangaben irrelevant und die Abbildungsqualität auf dem Monochrom-Bildschirm optimal. Aber auch hier gilt, dass man zur Sicherheit bei den jeweiligen Dienstleistern die Werte bestätigen lassen sollte. Gerade bei den quadratischen Filmformaten ist nicht die maximale, sondern die minimal darstellbare Linienanzahl entscheidend, da diese die maximal mögliche Pixelabmessung für Breite *und* Höhe vorgibt. Die minimal darstellbare Linienanzahl kann deutlicher zwischen den Geräten abweichen.

Generell sind Filmbelichtungen rückläufig. Das liegt wahrscheinlich daran, dass ein erhebliches Auftragsvolumen durch Diabelichtungen für hochwertige Präsentationen zustande kam. Diese werden heute jedoch zunehmend mit Videobeamern durchgeführt (s. auch Kap. 10), da sie eine ausreichend gute Qualität und noch bessere Interaktion bei der Präsentation ermöglichen.

6.6 Bildauflösung für die reine Schwarzweißausgabe

Die Bildauflösungsbestimmung bezog sich bisher ausschließlich auf fotorealistische Abbildungen, welche unweigerlich abgestufte Tonwerte (Halbtöne) bedeuten. Neben den Halbtönen gibt es die Volltöne (siehe auch *Vollton* im Glossar auf S. 197). In diesem Buch stehen diese für die Grundfarben nicht halbtonfähiger Ausgabegeräte, mit denen Tonwertabstufungen nur über Raster möglich sind. Aber in dem Moment, wo die digitalen Daten nur aus reiner Schwarzweißinformation bestehen, sind Tonwertabstufungen völlig unwichtig. Typische Anwendungsfälle sind etwa Schwarzweiß-Logos, gescannter

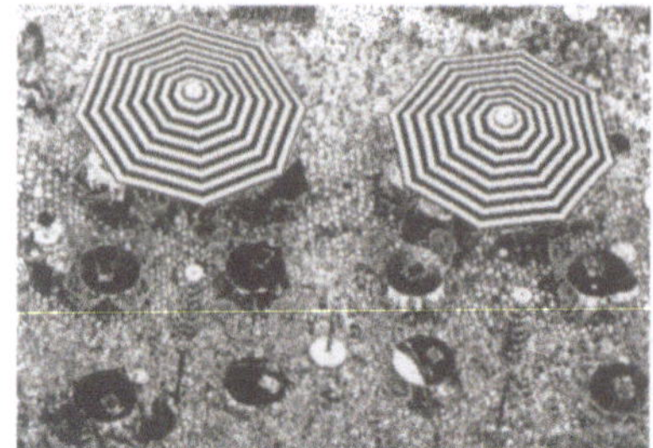

Abb. 6-52 Bildauflösung: Dateigröße:
118 cm⁻¹ (300 dpi)   33 Kilobyte

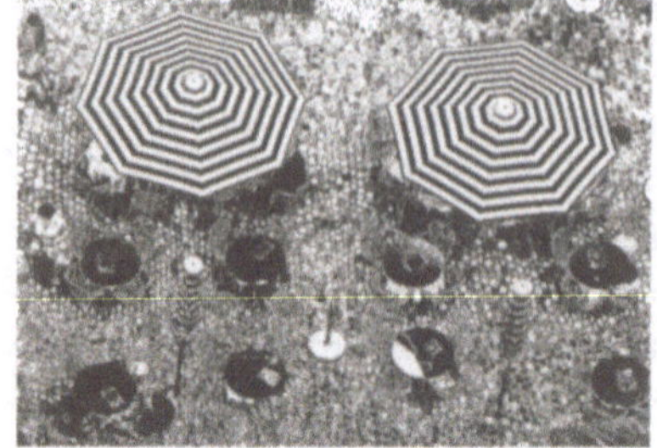

Abb. 6-53 Bildauflösung: Dateigröße:
157 cm⁻¹ (400 dpi)   52 Kilobyte

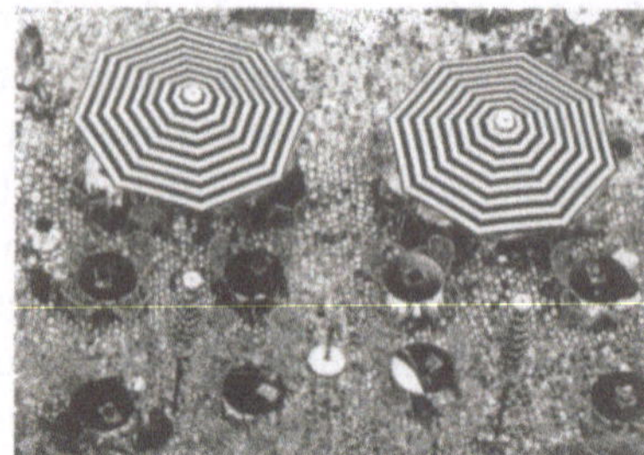
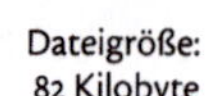

Abb. 6-54 Bildauflösung: Dateigröße:
197 cm⁻¹ (500 dpi)   82 Kilobyte

Abb. 6-55 Bildauflösung: Dateigröße:
236 cm⁻¹ (600 dpi)   117 Kilobyte

Abb. 6-56 Bildauflösung: Dateigröße:
276 cm⁻¹ (700 dpi)   160 Kilobyte

Abb. 6-57 Bildauflösung: Dateigröße:
315 cm⁻¹ (800 dpi)   209 Kilobyte

Abb. 6-58 Bildauflösung: Dateigröße:
394 cm⁻¹ (1000 dpi)   326 Kilobyte

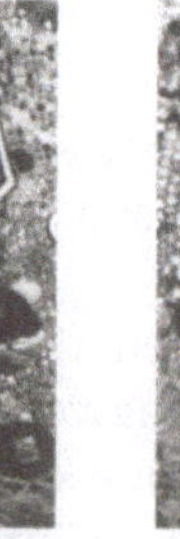

Abb. 6-59 Bildauflösung: Dateigröße:
472 cm⁻¹ (1200 dpi)   470 Kilobyte

Abb. 6-60 Bildauflösung: Dateigröße:
551 cm⁻¹ (1400 dpi)   640 Kilobyte

Abb. 6-61 Bildauflösung: Dateigröße:
630 cm⁻¹ (1600 dpi)   835 Kilobyte

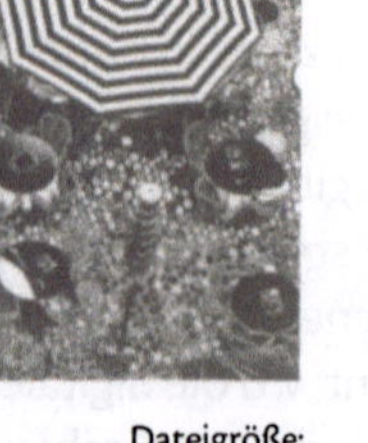

Abb. 6-62 Bildauflösung: Dateigröße:
787 cm⁻¹ (2000 dpi)   1305 Kilobyte

Abb. 6-63 Bildauflösung: Dateigröße:
945 cm⁻¹ (2400 dpi)   1880 Kilobyte

Text oder Strichgrafik allgemein. Wir beziehen uns in diesen Fällen, ähnlich wie im Abschnitt zuvor, direkt auf die Geräteauflösung.

Theoretisch ist die Regel eindeutig: Ein Bildpixel, das nur entweder die Farbe Schwarz oder Weiß repräsentiert, wird genau von einem Aufzeichnungspunkt wiedergegeben, für den dasselbe gilt. Da aber bei einigen Ausgabegeräten sehr hohe Druckauflösungen möglich sind, wird durch das Symbol für »kleiner gleich« angezeigt, dass man sich in der Praxis ab einem entsprechenden Wert nicht mehr an der maximalen Druckauflösung orientiert.

Bildauflösung ≤ Druckauflösung

Mehrfach wurde auf das begrenzte Auflösungsvermögen des Auges verwiesen, das auch in diesem Fall für eine sinnvolle Beschränkung der Bildauflösung verantwortlich zeichnet. Allerdings müssen wir, im Unterschied zu fotorealistischen Daten, von höheren Werten ausgehen. Das liegt zum einen an dem maximalen Kontrast von Schwarz und Weiß und zum anderen an der sich aus der orthogonalen Gerätematrix ergebenden Schwierigkeit, durch welche nicht im rechten Winkel angeordnete Linien nur stufig, »gezackt«, angenähert werden können (s. auch Abschn. 3.2 ab S. 16 und speziell Abb. 3-6 auf S. 19).

Wie hoch letztlich die Bildauflösungswerte für Schwarzweißgrafiken anzusetzen sind, ist – wie so oft – nicht eindeutig zu beantworten.

Bei der digitalen Kopie einer Textseite beispielsweise, ist es in erster Linie wichtig, dass die Textinhalte gelesen werden können. Wie glatt und schön die einzelnen Buchstaben dargestellt werden, ist dabei nebensächlich. Bildauflösungen von um die 100 cm^{-1} (254 ppi) sind daher vollkommen ausreichend. Besonders kleine Schriftgrade des Textes oder spezielle Ansprüche könnten allerdings deutlicher abweichende Auflösungen erforderlich machen.

Bei Grafiken jedoch ist die Bildauflösung höher anzusetzen. Häufige Empfehlungen für einen oberen Grenzwert liegen bei 472 cm^{-1} (1200 ppi), da man bestenfalls in Ausnahmefällen (oder mit einer Lupe) größere Auflösungen optisch umsetzen kann. Dass auch mit niedrigeren als der gerade vorgestellten Empfehlung sehr gute Ergebnisse möglich sind, kann man einfach selbst anhand der Abb. 6-52 bis 6-63 feststellen.

Prinzipiell ist eine Orientierung an der verwendeten Druckauflösung sinnvoll. Sollte es etwa die oben zitierte Empfehlung sein, so ist diese nur dann exakt so zu wählen, wenn die Druckauflösung bei demselben oder einem Vielfachen des Wertes liegt, also beispielsweise bei 945 cm^{-1} (2400 dpi) oder 1417 cm^{-1} (3600 dpi). Verbreitete alternative Geräteauflösungen von 1000 cm^{-1} (2540 dpi) oder 1500 cm^{-1} (3810 dpi) würden eine korrigierte Bildauflösung von 500 cm^{-1} (1270 dpi) nahe legen. Der Grund dafür ist das Bestreben, ein Bildpixel mit genau einem, vier, sechzehn usw. Aufzeichnungspunkten des Druckers abbilden zu können. In allen anderen Fällen wird ein Bildpixel abwechselnd durch verschieden viele Aufzeichnungspunkte ungleich ausgegeben: beispielsweise mit einem, zwei neben- bzw. übereinander liegenden oder mit vier Aufzeichnungspunkten (wie auch bei Abb. 6-61, da die Druckvorlagen für dieses Buch mit einer Auflösung von 945 cm^{-1} (2400 dpi) belichtet wurden).

Bei reinen Schwarzweißanwendungen und der dort im Vergleich zu Halbtonanwendungen notwendig höheren Bildauflösung können demnach auch keine Halbtondrucker empfohlen werden. Bei diesen sind Geräteauflösungen von 157 cm⁻¹ (400 dpi) für normale Fotoabzüge eher überdimensioniert, während Druckauflösungen in dieser Höhe für Schwarzweißinformationen im Allgemeinen zu gering sind.

Zur Orientierung für Schwarzweißanwendungen kann man, je nach zugrunde liegendem Einheitensystem des Ausgabegerätes, einen praktikablen Wertebereich von 250–500 cm⁻¹ oder 600–1200 dpi festhalten.

6.7 Kurzfassung: Bildauflösung für die Druckausgabe bestimmen

Bis hierher sind nun alle relevanten Printanwendungen aufgeführt worden. Dabei haben wir festgestellt, dass die jeweils verwendeten Ausgabesysteme und -verfahren unterschiedlich hohe maximale Bildauflösungen verwirklichen können. Diverse Bezugskriterien bilden bei alldem die Grundlage für die Bestimmung der Bildauflösung. In einigen Fällen sind sie von uns frei festzulegen, man denke z. B. an die Rasterfeinheit und den Qualitätsfaktor bei amplitudenmodulierten Rastersystemen; in anderen Situationen jedoch sind sie nur schwach bis gar nicht beeinflussbar, etwa durch das Fehlen einer alternativen Druckauflösung bei Halbtondruckern.

Die Bestimmung der Bildauflösung, ausschließlich bezogen auf das Ausgabegerät, ist sicher eine wichtige, aber keine allein gültige Größe. Im Verlauf dieses Buches wurden wiederholt auch die Kriterien beschrieben, die einen weiteren starken Einfluss auf die (reale) Bildauflösung nehmen. Man kann sich diese Kriterien als Glieder einer Kette zur Bildauflösungsbestimmung vorstellen. Jedes davon hat seine eigenen Grenzen, und das schwächste Glied bestimmt die maximale Bildauflösung.

Nachfolgend sind die auf eine Bildauflösung einwirkenden Kriterien in vier Punkten zusammengestellt, wobei sich diese auf den Gebrauch von ge-

---

Die optimale Bildauflösung ist ≤ (kleiner oder gleich):

≤ der maximalen realen Auflösung der Vorlage
  Vgl. Abschn. 4.5 ab S. 52 sowie Abb. 5-24 und 5-25 auf S. 66

≤ der maximalen realen Scannerauflösung
  Vgl. Abschn. 4.2.3 ab S. 42
  Bei Verwendung einer Digitalkamera vgl. Abschn. 6.9 ab S. 116

≤ der vom Ausgabegerät maximal umsetzbaren Bildauflösung
  Vgl. alle Abschn. von 6.2 bis 6.6 ab S. 73

≤ dem Auflösungsvermögen des Auges bei betreffendem Sehabstand
  Vgl. Abschn. 4.4 ab S. 47 sowie Abschn. 6.1 ab S. 72

scannten Vorlagen beziehen. Bei Verwendung einer Digitalkamera sind die ersten beiden Punkte zusammenzufassen, so dass sich die Kriterien auf drei reduzieren. Unterhalb der jeweiligen Punkte finden Sie, zum schnellen Nachschlagen, Verweise zu den relevanten Buchstellen.

Zur Verdeutlichung: Ein Scanner, der eine reale Geräteauflösung von vielleicht 400 cm⁻¹ (ca. 1000 dpi) aufweist, kann konsequenterweise keine über dieser Grenze liegenden Bilddetails aus einer hochauflösenden Vorlage herausholen, auch wenn im Scanprogramm eine höhere Scanauflösung eingestellt werden könnte. In einem solchen Fall wäre lediglich eine höhere *technische* Bildauflösung mit redundanten »Füllpixeln« konstruierbar; die *reale* Bildauflösung jedoch würde nach wie vor nicht über den Möglichkeiten des Scanners liegen. – In einem anderen Fall haben wir möglicherweise eine mit ausgezeichneten optischen Komponenten abgelichtete Vorlage auf bestem Negativmaterial, aber mit einem Motiv wie dem der schon mehrfach herangezogenen Nebelabbildungen der Seiten 81–85. Damit ist es wenig sinnvoll, höhere Auflösungen zu verwenden, auch nicht unter Einsatz von Ein- und Ausgabegeräten höchster Güte. Leider gibt es kein bekanntes funktionierendes Verfahren, mit dem man die reale Bildauflösung einer analogen oder digitalen Vorlage bemessen kann. Daher besteht zurzeit nur die Möglichkeit, mit Erfahrung und Schätzung zu arbeiten.

Bei täglichem Umgang mit Pixeldaten für Printanwendungen und der damit nötigen Bildauflösungsbestimmung wird man nicht immer im Detail alle Kriterien untersuchen wollen. Man beschränkt sich nur zu gerne auf eine generelle, immer gültige Bildauflösung, da man im Allgemeinen lieber kreativ denn mathematisch tätig ist.

Nach den bisherigen Ausführungen sollte klar geworden sein, dass es einerseits keine für alle Fälle gültige Bildauflösung geben kann und dass andererseits Qualität und Ressourcenbedürfnisse vorab überlegt werden sollten. Naturgemäß sind bei immer wiederkehrenden Arbeitsabläufen die Anforderungen sehr ähnlich, so dass es in diesem Fall durchaus sinnvoll ist, mit bestimmten Wertebereichen zu arbeiten. Ein- und Ausgabegeräte werden in der Regel eher selten ausgewechselt, weshalb eine jeweils nur einmal anfallende Überprüfung der Gerätegrenzen nicht allzu oft im Weg steht, aber wahrscheinlich lange nützlich sein wird.

Es ist überdies legitim, innerhalb eines angemessenen Wertebereichs einen abstrakten Wert zu favorisieren, mit welchem neben den wichtigen Aspekten wie der Qualität und dem Ressourcenbedarf auch andere Bedürfnisse realisiert werden können. Für einige der vorgestellten Anwendungsbereiche könnte z.B. eine Bildauflösung von 100 cm⁻¹ (254 ppi) nicht nur sehr gute Druckergebnisse gewährleisten (unter anderem, weil wir uns in vielen Fällen damit in der Nähe des Auflösungsvermögens der Augen befinden), sondern auch einen schnellen Weg bieten, aus den Pixelabmessungen die gedruckte Bildgröße abzuleiten. Der schöne Wert 100 für die Bildauflösung in Zentimetern bedeutet gleichzeitig, dass man nur die Kommastellen der Pixelabmessungen um zwei Positionen nach links verschieben muss: Besteht ein Bild etwa aus 1536 ×1024 Pixeln, dann wird es bei einer Bildauflösung von 100 cm⁻¹ (254 ppi) auch exakt 15,36 ×10,24 Zentimeter groß werden. Das ist auch dann sehr praktisch, wenn man mit Digitalkameras oder einer Kodak Photo-CD arbeitet, da in diesen Fällen häufig Pixelabmessungen verwendet werden.

Abschließend sei erstens noch auf die in den jeweiligen Abschnitten angesprochene und unter Umständen sinnvolle Auf- bzw. Abrundung bezüglich eventueller Geräteauflösungsstufen hingewiesen: z.B. die Druckauflösung bei Halbtondruckern oder reinen Schwarzweißanwendungen sowie die sich an der maximalen Adressfrequenz orientierende Scanauflösung; zweitens auf mögliche (nicht übertriebene) Bearbeitungsreserven, beispielsweise für eine spätere Vergrößerung der Bildmaße (vgl. auch Abschn. 9.1 ab S. 142).

6.8 Scanauflösung für zu druckende Daten

Mit der richtigen Auflösung zu scannen ist im Prinzip einfach, zumindest wenn man die benötigte Bildauflösung kennt. Diese Mühe haben wir uns in den vorangegangenen Kapiteln und Abschnitten gemacht. Wenn man nicht Gefahr laufen möchte, zu große Datenmengen oder eine minderwertige Ausgabequalität zu produzieren, muss bei jedem Scanvorgang die Bildauflösung bekannt sein.

Die Scanauflösung basiert insbesondere auf der Bildauflösung, muss aber die unterschiedlichen Größen von Vorlagen- und Endformat berücksichtigen. Dies erledigt der **Skalierungsfaktor** (SF). Im Scanprogramm trägt man dann lediglich die gewünschte Bildauflösung und den Skalierungsfaktor ein.

6.8.1 Skalierungsfaktor

Mit diesem Faktor können wir die exakte Skalierung überall dort steuern, wo eine Größenanpassung notwendig ist: So z.B. wenn man vor einem zoomfähigen Fotokopierer steht und die zu kopierende Vorlage genau auf das im Kopierer eingelegte Papierformat anpassen möchte. Noch mehr gilt es für einen Scanvorgang, da die Vorlagen im späteren Gebrauch normalerweise eher selten in derselben Größe reproduziert werden.

Der Skalierungsfaktor wird durch eine einfache Division ermittelt. Man misst die Breite oder Höhe des Zielformates und teilt diese durch den vergleichbaren Wert der Vorlage:

> Skalierungsfaktor = Zielgröße ÷ Originalgröße

Wenn die Seitenverhältnisse von Quell- und Zielformat identisch sind (wie etwa bei den einzelnen Blättern unserer DIN-Formate), ist es bei gleichem Ergebnis irrelevant, ob man sich auf die jeweiligen Breiten oder Höhen bezieht. Anders sieht es hingegen aus, wenn das Seitenverhältnis der beiden Formate abweicht. Dann muss man sich (wie schon in Abschn. 6.5 vorgestellt) entscheiden, wo die Prioritäten liegen: Soll das komplette Quellformat, ohne dass Randbereiche der Vorlage verloren gehen, reproduziert werden, dann führt das zu freien Flächen in den Randbereichen des Zielformates. Oder soll das Zielformat ganz ausgenutzt werden, dann muss dafür die Vorlage beschnitten werden.

Quellformat-Priorität

Zielformat-Priorität

Abb. 6-64 Für die Skalierung zu berücksichtigende Faktoren bei nicht identischem Quell- und Zielformat. Eins von beiden muss beschnitten werden. (Vgl. auch Tab. 6-13 ab S. 112)

Je nach Stärke der Abweichung, beispielsweise bei der Abbildung eines querformatigen Fotos für die hochformatige Titelseite einer Broschüre, wird sogar nur ein kleiner Teil des Zielformates ausgefüllt oder ein erheblicher Bereich des Quellformates aufgegeben (vgl. Abb. 6-64). In jedem Fall ergeben sich dabei zum Teil sehr unterschiedliche Skalierungsfaktoren und Bildgrößen.

Auf den nächsten beiden Doppelseiten befindet sich Tab. 6-13 mit den gängigsten Formaten in horizontaler und vertikaler Ausrichtung. In dieser Tabelle sind alle sich zwischen diesen Formaten ergebenden Skalierungsfaktoren und resultierenden Bildgrößen (bezüglich ihrer ursprünglichen Proportion) angegeben, wie sie auch Abb. 6-64 visualisiert. Die Tabelle bietet eine gute Orientierung und zügige Werteermittlung typischer Anwendungssituationen.

Nachdem der Skalierungsfaktor feststeht, gibt man ihn, wie eingangs erwähnt, in den entsprechenden Feldern der Scansoftware ein. Dort werden allerdings vorwiegend Prozentangaben erwartet, so dass in diesen Fällen der Wert vorab noch mit 100 multipliziert werden muss (vgl. Abb. 6-65).

Die Größe der Vorlage bzw. eines gewünschten Ausschnitts wird automatisch durch den Scanrahmen bestimmt, welchen man interaktiv mit Hilfe einer Maus oder eines vergleichbaren Eingabegerätes erstellt. Bei den meisten Scanprogrammen werden die entsprechenden Maße in Eingabefeldern zur Anzeige gebracht, wo sie auch numerisch korrigiert werden können. Die Zielgröße wird schließlich selbsttätig von der Scansoftware aus der Scanrahmengröße und dem Skalierungsfaktor berechnet und ebenfalls in entsprechenden Eingabefeldern aufgeführt. Wenn dort die Zielgröße direkt eingegeben wird, berechnet die Scansoftware alternativ den Skalierungsfaktor. Daher muss dieser nicht in jedem Fall selbst bestimmt werden.

6.8.2 Scanauflösung

Sollte ein Scanprogramm verwendet werden, welches die oben beschriebenen Fähigkeiten nicht bietet, oder der Wunsch bestehen, die Scanauflösung direkt einzugeben, muss man diese wie folgt ermitteln:

Scanauflösung = Bildauflösung × Skalierungsfaktor

Im Scanprogramm braucht man nun lediglich das Ergebnis einzutragen, wobei darauf zu achten ist, dass der Skalierungsfaktor, falls erforderlich, mit 1,0 bzw. 100 % angegeben ist (vgl. Abb. 6-66).

Der Vorteil dabei ist, dass man immer die genaue Kontrolle über die benötigte Scanauflösung hat. Selbst wenn man nicht die reale Geräteauflösung des Scanners kennt (was optimal wäre), ist in der Regel mindestens dessen physikalische Auflösung bekannt. Diese zu überschreiten ist praktisch sinnlos. Durch die zuvor berechnete Scanauflösung können wir aber die beiden Werte sofort vergleichen und entsprechend reagieren.

Ein Nachteil ist, dass die Bildauflösung der Scanauflösung entspricht und daher im erstellten Bild weder die richtigen Bildmaße noch die richtige Bildauflösung eingetragen sind (bei einem Skalierungsfaktor ungleich 1,0). Natürlich kann man dies später in einer Bildbearbeitung korrigieren (vgl. auch

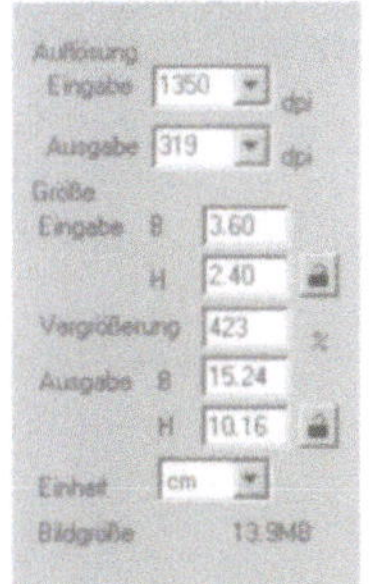

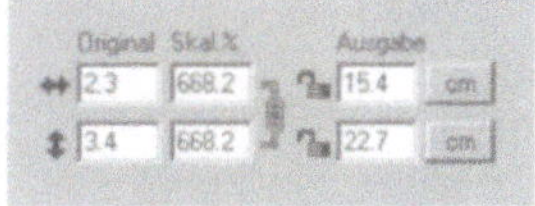

Abb. 6-65 Benutzereingaben innerhalb typischer Scanprogramme: Scanbereich (Eingabe, Original), Skalierungsfaktor und Ausgabegröße. Die Scanauflösung wird nach der Definition des Scanbereichs automatisch durch die Software aus der Bildauflösung und dem Skalierungsfaktor bzw. der Ausgabegröße berechnet.
Oben: *Dimage Scan* (Minolta)
Unten: *SilverFast* (Lasersoft)

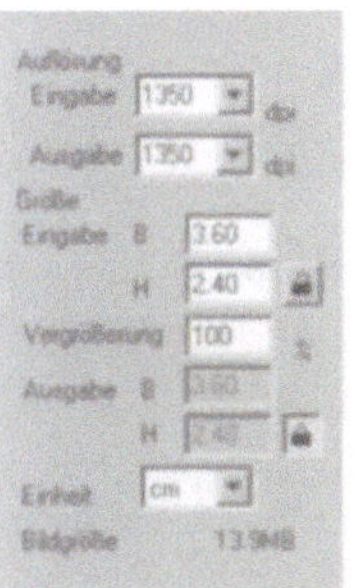

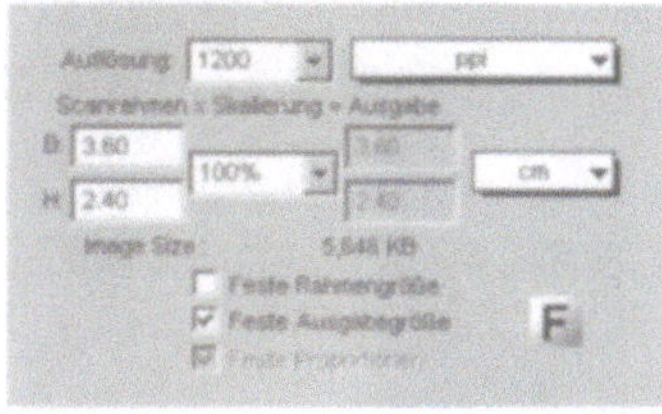

Abb. 6-66 Hier wird nur mit dem Scanbereich (Eingabe) gearbeitet. Es wird genau mit der eingestellten Scanauflösung abgetastet. Diese ist das vom Anwender berechnete Produkt aus Bildauflösung und Skalierungsfaktor. – Scan- und Bildauflösung sind in diesem Fall immer identisch.
Oben: *Dimage Scan* (Minolta)
Unten: *Scan Wizard* (Microtek)

Tab. 6-13   Skalierungsfaktoren (SF) und resultierende Bildgrößen (BG) in Millimeter

Priorität			Negativ-, Diapositivformate					Fotoformate	
			36 × 24 Quer	24 × 36 Hoch	60 × 60	120 × 90 Quer	90 × 120 Hoch	152 × 102 Quer	102 × 152 Hoch
Kleinbild 36 × 24									
Quer	Quell-format	SF		0,67	1,67	3,33	2,50	4,23	2,82
		BG		24 × 16	60 × 40	120 × 80	90 × 60	152 × 102	102 × 68
	Zielformat	SF		1,50	2,50	3,75	5,00	4,23	6,35
		BG		54 × 36	90 × 60	135 × 90	180 × 120	152 × 102	229 × 152
Hoch	Quell-format	SF	0,67		1,67	2,50	3,33	2,82	4,23
		BG	16 × 24		40 × 60	60 × 90	80 × 120	68 × 102	102 × 152
	Zielformat	SF	1,50		2,50	5,00	3,75	6,35	4,23
		BG	36 × 54		60 × 90	120 × 180	90 × 135	152 × 229	102 × 152
Mittelformat 60 × 60									
Quer	Quell-format	SF	0,40			1,50		1,69	
		BG	24 × 24			90 × 90		102 × 102	
	Zielformat	SF	0,60			2,00		2,54	
		BG	36 × 36			120 × 120		152 × 152	
Großformat 120 × 90									
Quer	Quell-format	SF	0,27	0,20	0,50		0,75	1,13	0,85
		BG	32 × 24	24 × 18	60 × 45		90 × 68	135 × 102	102 × 76
	Zielformat	SF	0,30	0,40	0,67		1,33	1,27	1,69
		BG	36 × 27	48 × 36	80 × 60		160 × 120	152 × 114	203 × 152
Hoch	Quell-format	SF	0,20	0,27	0,50	0,75		0,85	1,13
		BG	18 × 24	24 × 32	45 × 60	68 × 90		76 × 102	102 × 135
	Zielformat	SF	0,40	0,30	0,67	1,33		1,69	1,27
		BG	36 × 48	27 × 36	60 × 80	120 × 160		152 × 203	114 × 152
Fotoformat 152 × 102									
Quer	Quell-format	SF	0,24	0,16	0,39	0,79	0,59		0,67
		BG	36 × 24	24 × 16	60 × 40	120 × 80	90 × 60		102 × 68
	Zielformat	SF	0,24	0,35	0,59	0,89	1,18		1,50
		BG	36 × 24	54 × 36	90 × 60	135 × 90	180 × 120		229 × 152
Hoch	Quell-format	SF	0,16	0,24	0,39	0,59	0,79	0,67	
		BG	16 × 24	24 × 36	40 × 60	60 × 90	80 × 120	68 × 102	
	Zielformat	SF	0,35	0,24	0,59	1,18	0,89	1,50	
		BG	36 × 54	24 × 36	60 × 90	120 × 180	90 × 135	152 × 229	
Fotoformat 178 × 127									
Quer	Quell-format	SF	0,19	0,13	0,34	0,67	0,51	0,80	0,57
		BG	34 × 24	24 × 17	60 × 43	120 × 86	90 × 64	142 × 102	102 × 73
	Zielformat	SF	0,20	0,28	0,47	0,71	0,94	0,86	1,20
		BG	36 × 26	50 × 36	84 × 60	126 × 90	168 × 120	152 × 109	213 × 152
Hoch	Quell-format	SF	0,13	0,19	0,34	0,51	0,67	0,57	0,80
		BG	17 × 24	24 × 34	43 × 60	64 × 90	86 × 120	73 × 102	102 × 142
	Zielformat	SF	0,28	0,20	0,47	0,94	0,71	1,20	0,86
		BG	36 × 50	26 × 36	60 × 84	120 × 168	90 × 126	152 × 213	109 × 152

| | | | | DIN-Formate | | | | | |
178 × 127 Quer	127 × 178 Hoch	305 × 203 Quer	203 × 305 Hoch	148 × 105 A6 Quer	105 × 148 A6 Hoch	210 × 148 A5 Quer	148 × 210 A5 Hoch	297 × 210 A4 Quer	210 × 297 A4 Hoch
4,94	3,53	8,47	5,64	4,11	2,92	5,83	4,11	8,25	5,83
178 × 119	127 × 85	305 × 203	203 × 135	148 × 99	105 × 70	210 × 140	148 × 99	297 × 198	210 × 140
5,29	7,41	8,47	12,70	4,38	6,17	6,17	8,75	8,75	12,38
191 × 127	267 × 178	305 × 203	457 × 305	158 × 105	222 × 148	222 × 148	315 × 210	315 × 210	446 × 297
3,53	4,94	5,64	8,47	2,92	4,11	4,11	5,83	5,83	8,25
85 × 127	119 × 178	135 × 203	203 × 305	70 × 105	99 × 148	99 × 148	140 × 210	140 × 210	198 × 297
7,41	5,29	12,70	8,47	6,17	4,38	8,75	6,17	12,38	8,75
178 × 267	127 × 191	305 × 457	203 × 305	148 × 222	105 × 158	210 × 315	148 × 222	297 × 446	210 × 315
2,12		3,39		1,75		2,47		3,50	
127 × 127		203 × 203		105 × 105		148 × 148		210 × 210	
2,96		5,08		2,47		3,50		4,95	
178 × 178		305 × 305		148 × 148		210 × 210		297 × 297	
1,41	1,06	2,26	1,69	1,17	0,88	1,64	1,23	2,33	1,75
169×127	127×95	271×203	203×152	140 × 105	105 × 79	197 × 148	148 × 111	280 × 210	210 × 158
1,48	1,98	2,54	3,39	1,23	1,64	1,75	2,33	2,48	3,30
178×133	237×178	305×229	406×305	148 × 111	197 × 148	210 × 158	280 × 210	297 × 223	396 × 297
1,06	1,41	1,69	2,26	0,88	1,17	1,23	1,64	1,75	2,33
95×127	127×169	152×203	203×271	79 × 105	105 × 140	111 × 148	148 × 197	158 × 210	210 × 280
1,98	1,48	3,39	2,54	1,64	1,23	2,33	1,75	3,30	2,48
178×237	133×178	305×406	229×305	148 × 197	111 × 148	210 × 280	158 × 210	297 × 396	223 × 297
1,17	0,83	2,00	1,33	0,97	0,69	1,38	0,97	1,95	1,38
178 × 119	127 × 85	305 × 203	203 × 135	148 × 99	105 × 70	210 × 140	148 × 99	297 × 198	210 × 140
1,25	1,75	2,00	3,00	1,03	1,46	1,46	2,07	2,07	2,92
191 × 127	267 × 178	305 × 203	457 × 305	158 × 105	222 × 148	222 × 148	315 × 210	315 × 210	446 × 297
0,83	1,17	1,33	2,00	0,69	0,97	0,97	1,38	1,38	1,95
85 × 127	119 × 178	135 × 203	203 × 305	70 × 105	99 × 148	99 × 148	140 × 210	140 × 210	198 × 297
1,75	1,25	3,00	2,00	1,46	1,03	2,07	1,46	2,92	2,07
178 × 267	127 × 191	305 × 457	203 × 305	148 × 222	105 × 158	210 × 315	148 × 222	297 × 446	210 × 315
	0,71	1,60	1,14	0,83	0,59	1,17	0,83	1,65	1,18
	127 × 91	284 × 203	203 × 145	147 × 105	105 × 75	207 × 148	148 × 106	294 × 210	210 × 150
	1,40	1,71	2,40	0,83	1,17	1,18	1,65	1,67	2,34
	249 × 178	305 × 218	427 × 305	148 × 106	207 × 148	210 × 150	294 × 210	297 × 212	416 × 297
0,71		1,14	1,60	0,59	0,83	0,83	1,17	1,18	1,65
91 × 127		145 × 203	203 × 284	75 × 105	105 × 147	106 × 148	148 × 207	150 × 210	210 × 294
1,40		2,40	1,71	1,17	0,83	1,65	1,18	2,34	1,67
178 × 249		305 × 427	218 × 305	148 × 207	106 × 148	210 × 294	150 × 210	297 × 416	212 × 297

Tab. 6-13 (Forts.) Skalierungsfaktoren (SF) und resultierende Bildgrößen (BG) in Millimeter

Priorität			Negativ-, Diapositivformate					Fotoformate	
			36 × 24 Quer	24 × 36 Hoch	60 × 60	120 × 90 Quer	90 × 120 Hoch	152 × 102 Quer	102 × 152 Hoch
Fotoformat 305 × 203									
Quer	Quellformat	SF	0,12	0,08	0,20	0,39	0,30	0,50	0,33
		BG	36 × 24	24 × 16	60 × 40	120 × 80	90 × 60	152 × 102	102 × 68
	Zielformat	SF	0,12	0,18	0,30	0,44	0,59	0,50	0,75
		BG	36 × 24	54 × 36	90 × 60	135 × 90	180 × 120	152 × 102	229 × 152
Hoch	Quellformat	SF	0,08	0,12	0,20	0,30	0,39	0,33	0,50
		BG	16 × 24	24 × 36	40 × 60	60 × 90	80 × 120	68 × 102	102 × 152
	Zielformat	SF	0,18	0,12	0,30	0,59	0,44	0,75	0,50
		BG	36 × 54	24 × 36	60 × 90	120 × 180	90 × 135	152 × 229	102 × 152
DIN A6 148 × 105									
Quer	Quellformat	SF	0,23	0,16	0,41	0,81	0,61	0,97	0,69
		BG	34 × 24	24 × 17	60 × 43	120 × 85	90 × 64	143 × 102	102 × 72
	Zielformat	SF	0,24	0,34	0,57	0,86	1,14	1,03	1,45
		BG	36 × 26	51 × 36	85 × 60	127 × 90	169 × 120	152 × 108	215 × 152
Hoch	Quellformat	SF	0,16	0,23	0,41	0,61	0,81	0,69	0,97
		BG	17 × 24	24 × 34	43 × 60	64 × 90	85 × 120	72 × 102	102 × 143
	Zielformat	SF	0,34	0,24	0,57	1,14	0,86	1,45	1,03
		BG	36 × 51	26 × 36	60 × 85	120 × 169	90 × 127	152 × 215	108 × 152
DIN A5 210 × 148									
Quer	Quellformat	SF	0,16	0,11	0,29	0,57	0,43	0,69	0,48
		BG	34 × 24	24 × 17	60 × 42	120 × 85	90 × 63	144 × 102	102 × 72
	Zielformat	SF	0,17	0,24	0,41	0,61	0,81	0,73	1,03
		BG	36 × 25	51 × 36	85 × 60	128 × 90	170 × 120	152 × 107	216 × 152
Hoch	Quellformat	SF	0,11	0,16	0,29	0,43	0,57	0,48	0,69
		BG	17 × 24	24 × 34	42 × 60	63 × 90	85 × 120	72 × 102	102 × 144
	Zielformat	SF	0,24	0,17	0,41	0,81	0,61	1,03	0,73
		BG	36 × 51	25 × 36	60 × 85	120 × 170	90 × 128	152 × 216	107 × 152
DIN A4 297 × 210									
Quer	Quellformat	SF	0,11	0,08	0,20	0,40	0,30	0,48	0,34
		BG	34 × 24	24 × 17	60 × 42	120 × 85	90 × 64	144 × 102	102 × 72
	Zielformat	SF	0,12	0,17	0,29	0,43	0,57	0,51	0,73
		BG	36 × 25	51 × 36	85 × 60	127 × 90	170 × 120	152 × 108	216 × 152
Hoch	Quellformat	SF	0,08	0,11	0,20	0,30	0,40	0,34	0,48
		BG	17 × 24	24 × 34	42 × 60	64 × 90	85 × 120	72 × 102	102 × 144
	Zielformat	SF	0,17	0,12	0,29	0,57	0,43	0,73	0,51
		BG	36 × 51	25 × 36	60 × 85	120 × 170	90 × 127	152 × 216	108 × 152

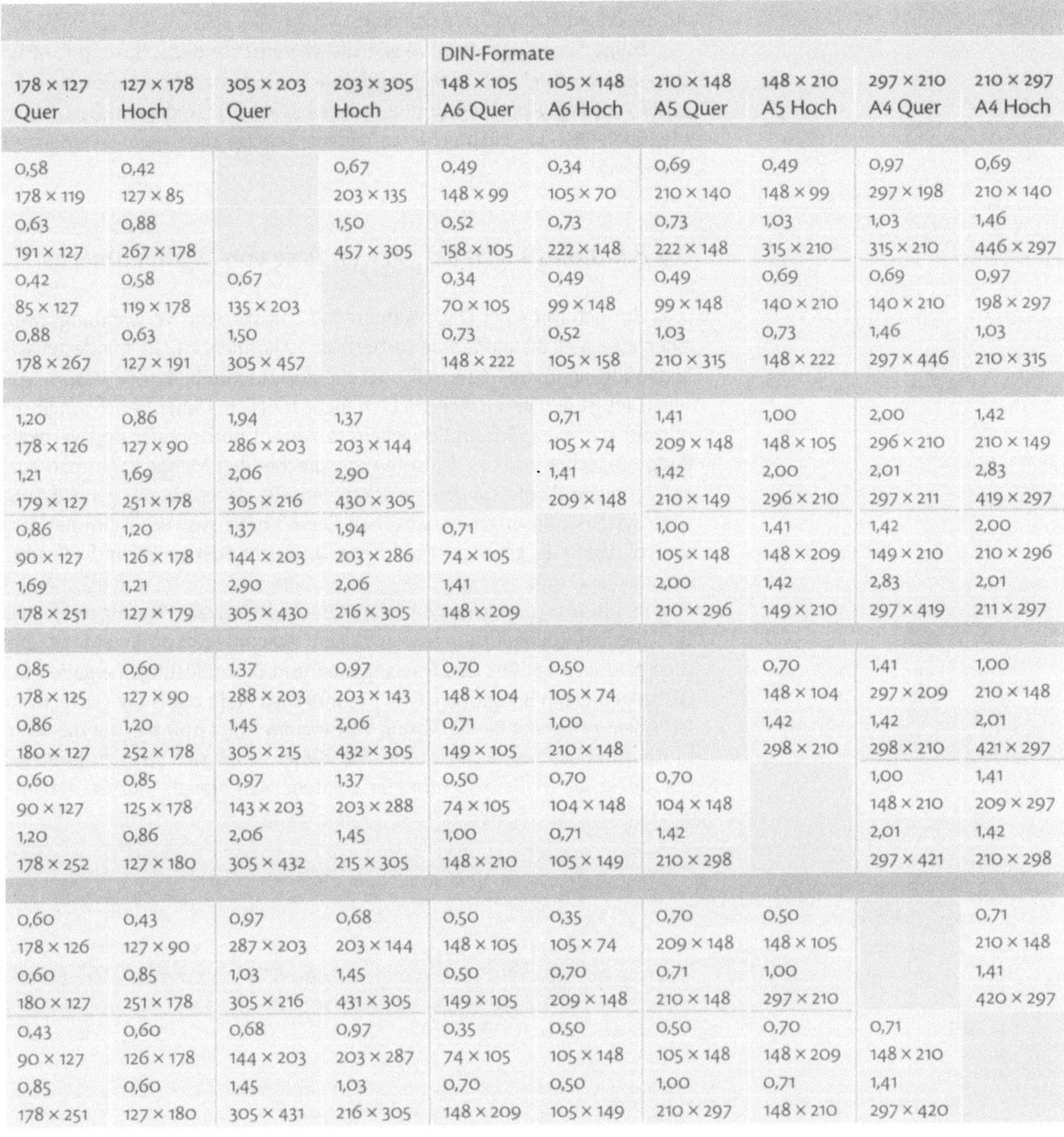

178 × 127 Quer	127 × 178 Hoch	305 × 203 Quer	203 × 305 Hoch	DIN-Formate 148 × 105 A6 Quer	105 × 148 A6 Hoch	210 × 148 A5 Quer	148 × 210 A5 Hoch	297 × 210 A4 Quer	210 × 297 A4 Hoch
0,58 178 × 119 0,63 191 × 127	0,42 127 × 85 0,88 267 × 178		0,67 203 × 135 1,50 457 × 305	0,49 148 × 99 0,52 158 × 105	0,34 105 × 70 0,73 222 × 148	0,69 210 × 140 0,73 222 × 148	0,49 148 × 99 1,03 315 × 210	0,97 297 × 198 1,03 315 × 210	0,69 210 × 140 1,46 446 × 297
0,42 85 × 127 0,88 178 × 267	0,58 119 × 178 0,63 127 × 191	0,67 135 × 203 1,50 305 × 457		0,34 70 × 105 0,73 148 × 222	0,49 99 × 148 0,52 105 × 158	0,49 99 × 148 1,03 210 × 315	0,69 140 × 210 0,73 148 × 222	0,69 140 × 210 1,46 297 × 446	0,97 198 × 297 1,03 210 × 315
1,20 178 × 126 1,21 179 × 127	0,86 127 × 90 1,69 251 × 178	1,94 286 × 203 2,06 305 × 216	1,37 203 × 144 2,90 430 × 305		0,71 105 × 74 1,41 209 × 148	1,41 209 × 148 1,42 210 × 149	1,00 148 × 105 2,00 296 × 210	2,00 296 × 210 2,01 297 × 211	1,42 210 × 149 2,83 419 × 297
0,86 90 × 127 1,69 178 × 251	1,20 126 × 178 1,21 127 × 179	1,37 144 × 203 2,90 305 × 430	1,94 203 × 286 2,06 216 × 305	0,71 74 × 105 1,41 148 × 209		1,00 105 × 148 2,00 210 × 296	1,41 148 × 209 1,42 149 × 210	1,42 149 × 210 2,83 297 × 419	2,00 210 × 296 2,01 211 × 297
0,85 178 × 125 0,86 180 × 127	0,60 127 × 90 1,20 252 × 178	1,37 288 × 203 1,45 305 × 215	0,97 203 × 143 2,06 432 × 305	0,70 148 × 104 0,71 149 × 105	0,50 105 × 74 1,00 210 × 148		0,70 148 × 104 1,42 298 × 210	1,41 297 × 209 1,42 298 × 210	1,00 210 × 148 2,01 421 × 297
0,60 90 × 127 1,20 178 × 252	0,85 125 × 178 0,86 127 × 180	0,97 143 × 203 2,06 305 × 432	1,37 203 × 288 1,45 215 × 305	0,50 74 × 105 1,00 148 × 210	0,70 104 × 148 0,71 105 × 149	0,70 104 × 148 1,42 210 × 298		1,00 148 × 210 2,01 297 × 421	1,41 209 × 297 1,42 210 × 298
0,60 178 × 126 0,60 180 × 127	0,43 127 × 90 0,85 251 × 178	0,97 287 × 203 1,03 305 × 216	0,68 203 × 144 1,45 431 × 305	0,50 148 × 105 0,50 149 × 105	0,35 105 × 74 0,70 209 × 148	0,70 209 × 148 0,71 210 × 148	0,50 148 × 105 1,00 297 × 210		0,71 210 × 148 1,41 420 × 297
0,43 90 × 127 0,85 178 × 251	0,60 126 × 178 0,60 127 × 180	0,68 144 × 203 1,45 305 × 431	0,97 203 × 287 1,03 216 × 305	0,35 74 × 105 0,70 148 × 209	0,50 105 × 148 0,50 105 × 149	0,50 105 × 148 1,00 210 × 297	0,70 148 × 209 0,71 148 × 210	0,71 148 × 210 1,41 297 × 420	

Abb. 6-67 auf S. 117) oder alternativ das Bild in der Layoutanwendung einfach auf die erforderliche Größe skalieren.

Einige Scanprogramme zeigen die gewünschte Bildauflösung (»Ausgabe«) *und* die durch den Skalierungsfaktor veränderbare Scanauflösung (»Eingabe«) an (vgl. Abb. 6-65 und 6-66, jeweils oben). Andere müssen durch Menübefehle oder entsprechende Tastenanschläge »überredet« werden (z. B. SilverFast).

6.9 Bildauflösungen bei Verwendung von Digitalkameras

Um sich mit einer Digitalkamera auf den späteren Verwendungszweck einer jeweiligen Bildaufnahme vorbereiten zu können, müsste mindestens die Bildauflösung in cm^{-1} bzw. ppi oder die gewünschte Bildgröße bestimmbar sein. Dies ist jedoch im Allgemeinen nicht möglich. Daher bezieht man sich nur auf die vom Bildwandler gelieferte Anzahl horizontaler und vertikaler Bildpixel. Neben der den Sensoren entsprechenden Menge kann man auch auf geringere Abmessungen zurückgreifen, die dabei überwiegend den Betriebssystemauflösungen entsprechen. Diese Vorgehensweise ist immer dann sinnvoll, wenn die gebotene Pixelmenge ausreicht oder vielleicht die Ressourcen zu knapp sind.

In Tab. 6-14 sind gängige horizontale und vertikale Pixelangaben sowie verschiedene Bildauflösungen zwischen 60 cm^{-1} (152 ppi) und 157 cm^{-1} (400 ppi) gelistet. Aus den Pixelangaben und Bildauflösungen ergeben sich die aufgeführten Bildgrößen. Eine Besonderheit stellt dabei die glatte, in vielen Fällen geeignete Bildauflösung von 100 cm^{-1} (254 ppi) dar, auf die schon in Abschnitt 6.7 verwiesen wurde. Mit dieser lassen sich aus den Pixelangaben direkt die Maße in Zentimeter ablesen: Man braucht nur das Dezimal-

Tab. 6-14 Mit Digitalkameras realisierbare Bildgrößen

Bildgrößen in Pixel	Bildgrößen in Zentimeter							
	Bildauflösung							
	60 cm^{-1} 152,4 ppi	70 cm^{-1} 177,8 ppi	78,7 cm^{-1} 200 ppi	90 cm^{-1} 228,6 ppi	100 cm^{-1} 254 ppi	110 cm^{-1} 279,4 ppi	118,1 cm^{-1} 300 ppi	157,5 cm^{-1} 400 ppi
640 × 480	10,7 × 8,0	9,1 × 6,9	8,1 × 6,1	7,1 × 5,3	6,4 × 4,8	5,8 × 4,4	5,4 × 4,1	4,1 × 3,0
1024 × 768	17,1 × 12,8	14,6 × 11,0	13,0 × 9,8	11,4 × 8,5	10,2 × 7,7	9,3 × 7,0	8,7 × 6,5	6,5 × 4,9
1280 × 960	21,3 × 16,0	18,3 × 13,7	16,3 × 12,2	14,2 × 10,7	12,8 × 9,6	11,6 × 8,7	10,8 × 8,1	8,1 × 6,1
1600 × 1200	26,7 × 20,0	22,9 × 17,1	20,3 × 15,2	17,8 × 13,3	16,0 × 12,0	14,5 × 10,9	13,5 × 10,2	10,2 × 7,6
2048 × 1536	34,1 × 25,6	29,3 × 21,9	26,0 × 19,5	22,8 × 17,1	20,5 × 15,4	18,6 × 14,0	17,3 × 13,0	13,0 × 9,8
2592 × 1944	43,2 × 32,4	37,0 × 27,8	32,9 × 24,7	28,8 × 21,6	25,9 × 19,4	23,6 × 17,7	21,9 × 16,5	16,5 × 12,3
3072 × 2304	51,2 × 38,4	43,9 × 32,9	39,0 × 29,3	34,1 × 25,6	30,7 × 23,0	27,9 × 20,9	26,0 × 19,5	19,5 × 14,6
1536 × 1024	25,6 × 17,1	21,9 × 14,6	19,5 × 13,0	17,1 × 11,4	15,4 × 10,2	14,0 × 9,3	13,0 × 8,7	9,8 × 6,5
2592 × 1728	43,2 × 28,8	37,0 × 24,7	32,9 × 21,9	28,8 × 19,2	25,9 × 17,3	23,6 × 15,7	21,9 × 14,6	16,5 × 11,0
3072 × 2048	51,2 × 34,1	43,9 × 29,3	39,0 × 26,0	34,1 × 22,8	30,7 × 20,5	27,9 × 18,6	26,0 × 17,3	19,5 × 13,0
4008 × 2672	66,8 × 44,5	57,3 × 38,2	50,9 × 33,9	44,5 × 29,7	40,1 × 26,7	36,4 × 24,3	33,9 × 22,6	25,5 × 17,0

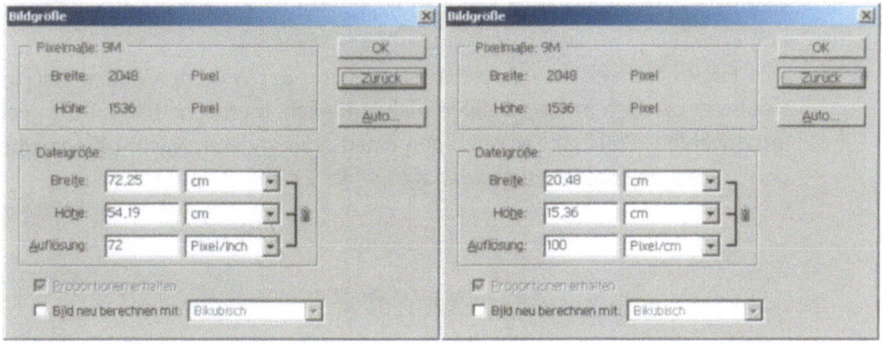

Abb. 6-67 Dialogfeld zur Steuerung von Bildgröße und -auflösung eines Pixelbildes. Das linke Beispiel zeigt die typische Situation einer wenig nützlichen Bildauflösung mit 72 ppi, das rechte die Korrektur auf neue sinnvolle Werte, ohne Bildpixel zu berechnen.
Dialog: *Photoshop* (Adobe)

komma zwei Stellen nach links zu verschieben (oder um eine Stelle für Millimeterwerte …).

Die ersten sieben Einträge der Tabelle weisen für die Pixelmaße ein Seitenverhältnis von 4:3 auf, die verbleibenden eines von 3:2. Damit entsprechen die letzteren der Ratio der klassischen Fotoformate, an welchen sich prinzipbedingt auch die Auflösungsstufen der Kodak Photo-CD orientieren (vgl. Tab. 6-16).

Fotos von Digitalkameras liegen unkorrigiert meistens in einer willkürlichen Bildauflösung von 28 cm^{-1} (72 ppi) vor. Ähnlich jenen Fällen gescannter Bilder, bei welchen die Bildauflösung mit der meist höheren Scanauflösung übereinstimmt (siehe vorhergehenden Abschn. 6.8), sollten für einen reibungslosen Arbeitsablauf in den Digitalbildern die gewünschten Werte eingetragen werden. Zu diesem Zweck verwendet man ein Hilfsprogramm oder eine Bildbearbeitung, wobei es unerheblich ist, ob man dort die Bildauflösung, die Bildbreite oder Bildhöhe eingibt (ein Wert beeinflusst die anderen), wichtig ist nur, dass die Daten nicht berechnet werden (vgl. Abb. 6-67). Ab-

Tab. 6-15 Ergänzende Werte zu Tab. 6-14		Gesamt-pixel in Mio	Seiten-verhältnis	Bildgrößen in Pixel
Dateigröße in MB				
RGB	CMYK			
0,9	1,2	0,3	4:3	640 × 480
2,3	3,0	0,8	4:3	1024 × 768
3,5	4,7	1,2	4:3	1280 × 960
5,5	7,3	1,9	4:3	1600 × 1200
9,0	12,0	3,1	4:3	2048 × 1536
14,4	19,2	5,0	4:3	2592 × 1944
20,3	27,0	7,1	4:3	3072 × 2304
4,5	6,0	1,6	3:2	1536 × 1024
12,8	17,1	4,5	3:2	2592 × 1728
18,0	24,0	6,3	3:2	3072 × 2048
30,6	40,9	10,7	3:2	4008 × 2672

Tab. 6-16 Kodak Photo-CD Auflösungsstufen	Bildgrößen in Pixel	Dateigrößen in MB	
		RGB	CMYK
Base/16	128 × 192	0,070	0,094
Base/4	256 × 384	0,281	0,375
Base	512 × 768	1,125	1,5
4Base	1024 × 1536	4,5	6,0
16Base	2048 × 3072	18,0	24,0
64Base	4096 × 6144	72,0	96,0

schnitt 9.1 »Pixelbilder skalieren« ab S. 142 geht gesondert auf dieses Thema ein.

Ein Problem ergibt sich eventuell auch aus der Wahl der Maßeinheit; leider ist es nämlich in vielen Fällen nicht möglich, metrische Bildauflösungen auszuwählen – hier gibt es noch den einen oder anderen Nachholbedarf bei den Softwareherstellern (vgl. auch Kap. 12 ab S. 165).

Zum optimalen Verständnis dieses Kapitels sind Grundkenntnisse über Tonwertabstufungen (s. Kap. 2), Tonwertausgabe (s. Kap. 3) und die verschiedenen Auflösungsarten (s. Kap. 4) wichtig.
Dieses Kapitel behandelt nur die Bildauflösungsbestimmung für Monitoranwendungen (Nonprintmedien). Die Werteermittlung für zu druckende Bilddaten (Printmedien) behandelt Kapitel 6 ab S. 71.

Kapitel 7

Bildauflösung für Nonprintmedien

Nonprintmedien sind alle nicht gedruckten Medien in elektronischer, audiovisueller oder digitaler Form. Unter diesen Begriff fallen hauptsächlich Internet-, Video- oder auch Präsentationsanwendungen. Während prinzipiell auch die klassische (analoge) Fernseh- oder Videotechnik dazu gezählt werden muss, gehört diese jedoch nicht zu den *digitalen Medien*, wie die Nonprintmedien auch genannt werden.

Das Wichtigste in Kürze: Bildauflösungen für Nonprintanwendungen, die sich auf eine Maßeinheit anders als die Bildbreite und -höhe in Pixel beziehen, sind ohne Bedeutung! Sollten Pixelbilder in solchen Fällen dennoch Angaben über eine absolute Bildgröße, z. B. in Zentimetern, sowie über eine Bildauflösung enthalten, werden diese von den verwendeten Softwareprodukten einfach ignoriert: Internetbrowser, Videobearbeitungsprogramme oder Multimediaanwendungen, sie alle beziehen sich ausschließlich auf Bildpixel. Vergleichen Sie bitte zu diesem Zweck Abb. 7-1 bis 7-3. Allen drei in den Browsern dargestellten Pixelbildern liegt dasselbe Ursprungsbild mit 664 × 450 Pixeln zugrunde, welches lediglich auf eine andere Bildauflösung und demzufolge abweichenden Bildgrößen gesetzt und mit Zusatzinformationen ergänzt wurde. Das an einen Pfennig erinnernde Symbol wurde so angepasst, dass es im Falle eines Ausdrucks dieselbe Größe in allen drei Bildern auf-

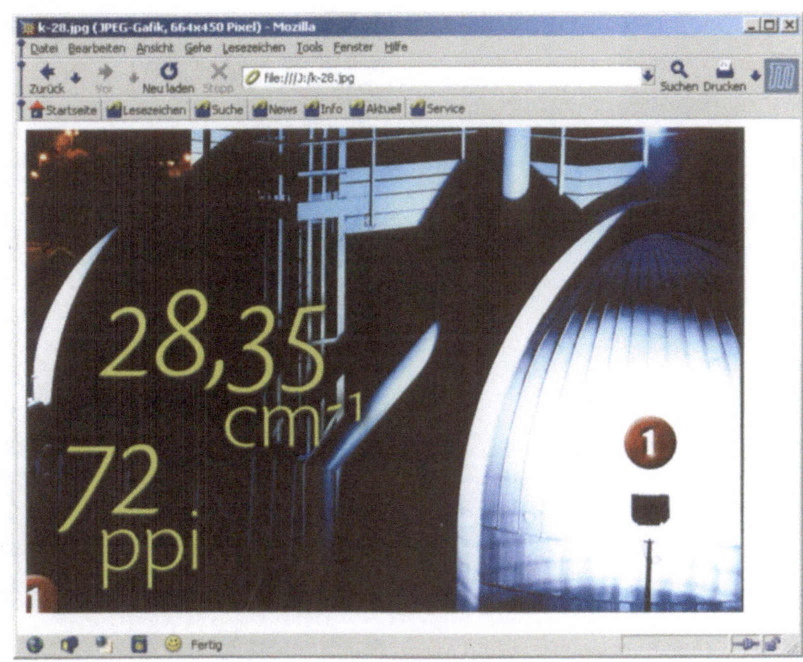

Abb. 7-1 Von einem Browser regulär dargestelltes Pixelbild mit 664 × 450 Pixel und einer Bildauflösung von 28,35 cm⁻¹ (72 ppi). Damit ergeben sich Bildmaße von 23,42 × 15,87 cm, die jedoch für eine Nonprintanwendung irrelevant sind. (Programm: *Mozilla*)

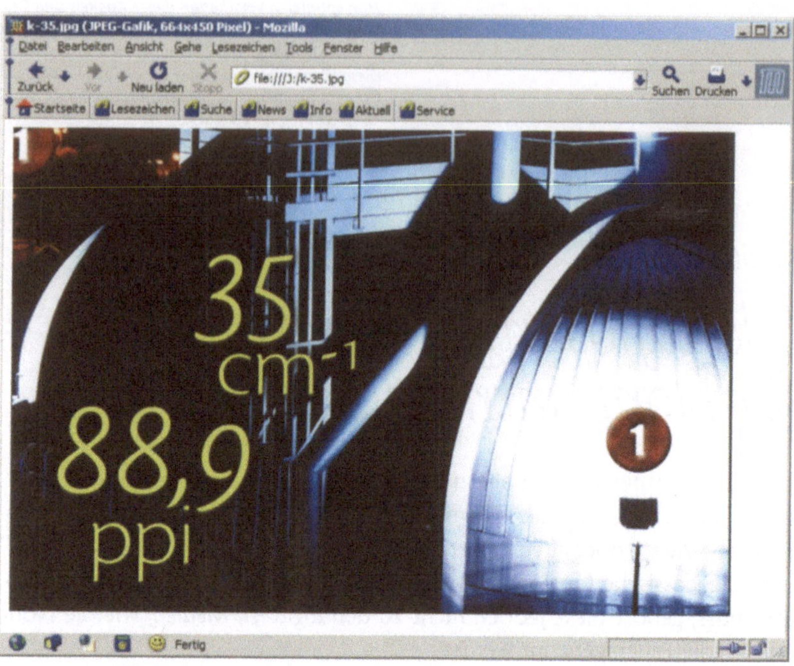

Abb. 7-2 Von einem Browser regulär dargestelltes Pixelbild mit 664 × 450 Pixeln und einer Bildauflösung von 35 cm⁻¹ (88,9 ppi). Damit ergeben sich Bildmaße von 18,97 × 12,86 cm, die jedoch für eine Nonprintanwendung irrelevant sind. (Programm: *Mozilla*)

Abb. 7-3 Von einem Browser regulär dargestelltes Pixelbild mit 664 × 450 Pixeln und einer Bildauflösung von 100 cm⁻¹ (254 ppi). Damit ergeben sich Bildmaße von 6,64 × 4,5 cm, die jedoch für eine Nonprintanwendung irrelevant sind. (Programm: *Mozilla*)

weist. Dafür bedarf es jedoch einer Anwendung, welche die vorhandenen Einträge der Bildgrößen auswertet, wie z. B. ein Grafikprogramm, das für die Gestaltung von Printmedien konzipiert wurde (vgl. Abb. 7-4). In den Beispielen der ersten drei Abbildungen kann man deutlich erkennen, dass lediglich Bildpixel, jedoch keine Angaben über die Bildgröße oder Bildauflösung ausgewertet werden. Das beweisen auch Grafikformate, die ausschließlich für die Bildschirmdarstellung gedacht sind, wie etwa das für Online-Übertragungen konzipierte GIF (Graphics Interchange Format) oder das für Videoanwendungen geschaffene TGA (Truevision Graphics Adapter), da in diesen keine Formatspezifikationen zu Bildauflösung oder -größe existieren. Die anfangs aufgeführten Programmkategorien orientieren sich daher ausschließlich an der verwendeten oder zu verwendenden Systemauflösung (siehe nachfolgenden Abschnitt), bei welcher ein Bildpixel genau durch ein Systempixel repräsentiert wird. Daher können Sie praktisch mit jedem Programm, welches ausschließlich für Nonprintmedien konzipiert ist, die Versuche in Abb. 7-1 bis 7-3 nachstellen, indem Sie ein vorhandenes Bild duplizieren und jeweils mit anderen Einstellungen versehen. Auf Seite 117 wurde schon auf eine solche Bildanpassung hingewiesen.

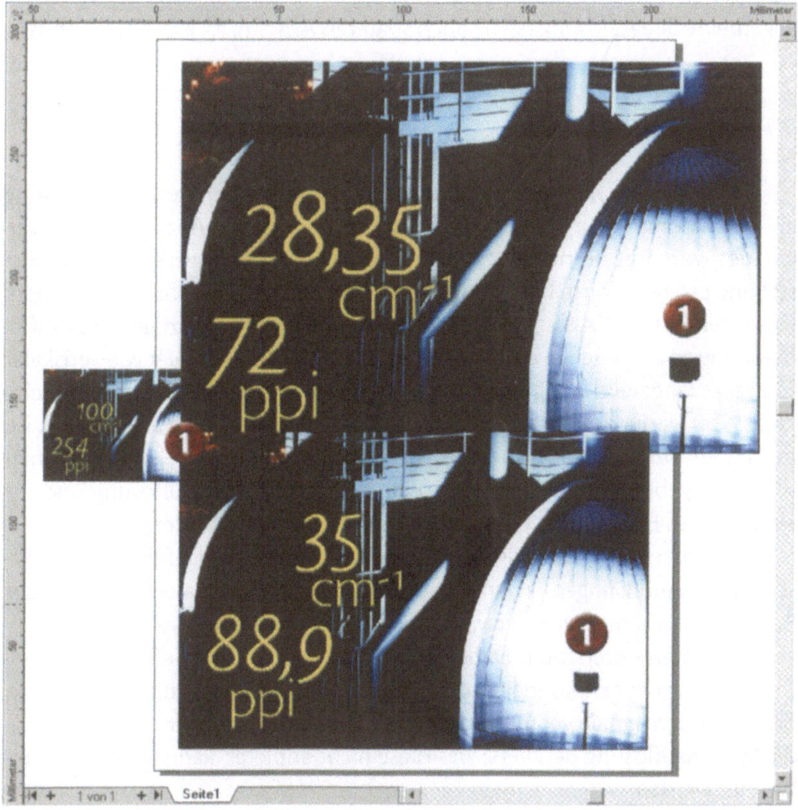

Abb. 7-4 Dieselben drei jeweils im Browser dargestellten Pixelbilder aus Abb. 7-1 bis 7-3. Hier jedoch zusammen in einer Printanwendung. Diese berücksichtigt beim Import der Bilder die dort eingetragenen Bildgrößen und passt sie entsprechend an. (Programm: CorelDRAW)

122

Ausnahmen bei der Verwendung von Bildgrößen und -auflösungsangaben bilden Programme, die für Printanwendungen entwickelt wurden, aber für Nonprintanwendungen eingesetzt werden. Solche Programme richten sich nach keiner Systemauflösung, da sie nicht pixel-, sondern vektororientiert arbeiten. Daher greifen sie auf ein Koordinatensystem mit absoluten Maßeinheiten zurück, welche durch eine vordefinierte (nur selten definierbare) Auflösungsangabe (Pixel pro Maßeinheit: wie viel Pixel müssen pro Maßeinheit erzeugt werden) in Pixelkoordinaten einer finalen Pixelmatrix überführt werden können. Diese notwendige »Bezugsauflösung« ist vor allem für importierte Pixelgrafiken relevant, die im Streben nach maximaler Darstellungsqualität eine passgenaue Übereinstimmung von Bildpixel zu späterem Systempixel voraussetzen und zu diesem Zweck letztlich in dieser Bildauflösung vorliegen müssen (vgl. Abb. 5-16 bis 5-23 auf den S. 64–65). Häufig, aber nicht immer, liegt diese von den Programmen angenommene Auflösung bei 72 ppi (28,3 cm^{-1}). Damit haben wir für diesen »Pixeldaten-in-Vektorprogramme-importieren-und-für-Systemauflösungen-vorbereiten-Arbeitsablauf« die Möglichkeit, aber nicht den Zwang, für Nonprintmedien mit Bildgrößen und -auflösungen zu arbeiten (siehe exemplarisch Kap. 11 »Acrobat-Präsentationen richtig vorbereiten«). In allen anderen Fällen, etwa die Scanauflösung für Abbildungen im Internet zu bestimmen, gibt es keine sinnvoll verwendbare allgemeine Bildauflösung (siehe auch späteren Abschn. 7.3 »72-ppi-Mythos«).

7.1 Systemauflösung

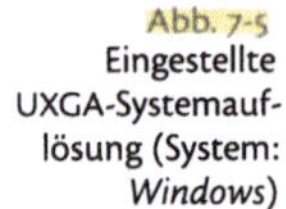
Abb. 7-5
Eingestellte
UXGA-Systemauf-
lösung (System:
Windows)

Wie schon in Kapitel 4 beschrieben, erfolgt die Informationsdarstellung auf dem Monitor punktweise. Was auch immer für eine Anzeigetechnik verwendet wird, mit Betriebssystemmitteln wird von uns jeweils eine feste Einstellung pro Bildschirm bestimmt, die bis zur nächsten Änderung unbedingte Gültigkeit hat (vgl. Abb. 7-5). Die auf einem Bildschirm auszugebende Information wird demnach in eine vorgegebene Anzahl horizontaler wie vertikaler Elemente eingeteilt, völlig unabhängig davon, wie groß das verwendete Sichtgerät oder dadurch bedingt ein einzelnes Element bzw. die ganze Matrix ist. In diesem Buch wurde bisher für die verschiedenen Wertekombinationen von Anzeigebreite und -höhe in Pixeln der Begriff Systemauflösung und für ein einzelnes Element die Bezeichnung Systempixel verwendet.

In Tab. 7-1 sind heute übliche Systemauflösungen aufgeführt. Einige dieser Systemauflösungen können auf allen gängigen Präsentations- oder Betriebssystemen verwendet werden. Andere werden nur von wenigen Anzeigesystemen unterstützt. Dabei müssen wir nicht ausschließlich die Monitore berücksichtigen, sondern auch die Grafikkarten, die für die Übersetzung der Computersignale verantwortlich sind. Letztlich wird über die Grafikkarte die Systemauflösung definiert; was diese nicht anbietet, kann auch nicht verwendet werden.

In jedem Fall wird die Anzahl der horizontalen wie vertikalen Systempixel (mit) angegeben. Wie schon in Abschnitt 4.2.2 (ab S. 39) angeführt, gibt es für die meisten davon mehr oder weniger bekannte Namen. Die bekannteste

Tab. 7-1 Verschiedene System- und Präsentationsauflösungen

Auflösung	Systemauflösungsbezeichnung	
Seitenverhältnis 4:3		
640 × 480	VGA Mac 13	Video Graphics Array
800 × 600	SVGA	Super VGA
832 × 624	Mac 16	
1024 × 768	XGA Mac 19	eXtended Graphics Adapter
1152 × 864	—	
1152 × 870	Mac 21	*(nur näherungsweise 4:3)*
1280 × 960	QVGA	Quad VGA
1400 × 1050	SXGA+	SXGA Plus
1600 × 1200	UXGA	Ultra XGA
1792 × 1344	—	
1856 × 1392	—	
1920 × 1440	—	
2048 × 1536	QXGA	Quad XGA
3200 × 2400	QUXGA	Quad UXGA
Seitenverhältnis 5:4		
1280 × 1024	SXGA	Super XGA
1600 × 1280	—	
1800 × 1440	—	
2560 × 2048	QSXGA	Quad SXGA
Seitenverhältnis 16:9 (Breitwand, Widescreen)		
856 × 480	—	
1280 × 720	WXGA	Wide XGA
1920 × 1080	—	
Seitenverhältnis 16:10 (Breitwand, Widescreen)		
1280 × 800	WXGA	Wide XGA
1400 × 900	WXGA	Wide XGA
1680 × 1050	WSXGA+	Wide SXGA+
1920 × 1200	WUXGA	Wide UXGA
3840 × 2400	WQUXGA	Wide QUXGA

Systemauflösung heißt »Video Graphics Array«, besser unter der Abkürzung VGA bekannt. Wenn diese auch schon recht betagt ist, so hat sie doch – als absolute Minimalanforderung moderner Computersysteme – noch ihre Gültigkeit. Die nächste Stufe ist »Super VGA« und stellt aktuell den auslaufenden Standard im so genannten »SOHO«-Bereich (Small Office/Home Office) dar, was auch den typischen »Internetsurfer« mit einschließt. Die gegenwärtig anzunehmende Standardsystemauflösung ist XGA (eXtended Graphics Adapter). – So geht es, hauptsächlich durch entsprechend leistungsfähige Hardware sowie deren Kaufpreis beeinflusst, weiter nach oben.

In professionellen Umgebungen von Grafik, Konstruktion, Wissenschaft usw. sind üblicherweise höhere Systemauflösungen verbreitet.

ATSC	*Advanced Television Systems Committee*
CCIR	*Consultative Committee for International Radio (franz.: Comité Consultatif International des radio Communications)* Seit 1992 Teil der ITU als »ITU-R«
CIF	*Common Intermediate Format* für Videokonferenzen (VHS-Qualität)
DTV	*Digital TeleVision* (ATSC) US-Spezifikationen für HDTV
DVB	*Digital Video Broadcasting* Hauptsächlich in Europa verfügbares digitales Standardfernsehsystem
DV	*Digital Video*
DVD	*Digital Versatile Disk*
H.261, H.263	ITU-Standard zur Datenübertragung über Telefonleitungen, Bewegtbildstandard z. B. bei ISDN-Videokonferenzen und Bildtelefonen
HD-CIF	*High Definition CIF*
HDTV	*High Definition TeleVision*
ITU	*International Telecommunication Union* siehe Glossar
ITU-R 601	(früher: CCIR 601) ITU-Standard 601 zur A/D-Wandlung analoger Videodaten
MPEG	*Moving Pictures Experts Group*
MPEG-1	Standard zur Speicherung bewegter Bilder auf Speichermedien (Video-CD, CD-I, DVD)
MPEG-2	Standard für digitales TV und DVD
NTSC	*National Television System Committee* Neben PAL die weltweit dominante Farbfernsehnorm (u.a. USA, Japan, Kanada, Korea) mit 30 Hz Bildwiederholrate
PAL	*Phase Alternation Line* Neben NTSC die weltweit dominante Farbfernsehnorm (u.a. Deutschland, Brasilien, China, Indien) mit 25 Hz Bildwiederholrate
QCIF	*Quarter CIF* für Videokonferenzen, Bildtelefonie
SDTV	*Standard Definition TeleVision*
SECAM	*Sequential Couleur Avec Memoire* Farbfernsehnorm (u.a. Frankreich, Ägypten, Polen, Russland) mit 25 Hz Bildwiederholrate
SIF	*Source Input Format* (auch: *Standard Interchange Format*) für: Fernsehbilder
VESA	*Video Electronics Standards Association*

Tab. 7-2   Standardisierte Auflösungen für Bewegtbilder

Auflösung		Format		Spezifikationen
128 × 96		sub-QCIF		H.263
176 × 144		QCIF		H.261, H.263, ITU-R 601
352 × 240	NTSC	CIF, SIF, Video-CD		H.261, H.263, ITU-R 601,
352 × 288	PAL			MPEG-1, MPEG-2 (Low)
640 × 480				DTV
704 × 480				DTV
702 × 576		4CIF		H.263
720 × 484	NTSC	525/60	DV, DVD	ITU-R 601, MPEG-2 (Main)
720 × 576	PAL	625/50		
720 × 576				DTV
768 × 576				*zu digitalisierendes PAL-Video*
1280 × 720				DTV
1408 × 1152		16CIF		H.263
1440 × 1080	NTSC			MPEG-2 (High-1440)
1440 × 1152	PAL			
1920 × 1080	NTSC	HD-CIF		MPEG-2 (High), DTV
1920 × 1152	PAL			
2048 × 1536		*2k-Abtastung (Filmmaterial)*		
4096 × 3112		*4k-Abtastung (Filmmaterial)*		

Die meisten der aufgeführten Systemauflösungen kommen ursprünglich aus dem PC-Bereich (»IBM-kompatible Computer«) und werden als VESA-Modi (Video Electronics Standards Association) beschrieben, auch wenn dort lediglich die technischen Werte, jedoch keine Bezeichnungen festgelegt werden.

Aber nicht nur für Computeranwendungen wird auf festgelegte Modi zurückgegriffen. Auch für Präsentation, Video, DVD, digitales Fernsehen usw. existieren Spezifikationen. Im Falle von Präsentationsgeräten wie Videobeamern sind die zur Verfügung stehenden Möglichkeiten in der Regel exakt eine Untermenge aus den von den Computern bekannten Systemauflösungen. Für Multimediaanwendungen wird allerdings mit Formaten gearbeitet, die bewusst nicht das ganze Anzeigegerät in Anspruch nehmen müssen und in diesen Fällen frei definiert werden können.

Bei digitalen Fernseh- oder Videosignalen gelten wiederum besondere Spezifikationen. Eine Schwierigkeit dabei sind vor allem die unterschiedlichen Elektronikstandards analoger Signale, deren bekanntesten Ausprägungen die Fernsehnormen PAL (Phase Alternation Line) und NTSC (National Television System Committee) sind. Nach diesen wird auch bei entsprechenden Formaten, z. B. bei MPEG, Video-CD oder -DVD, in der Auflösung unterschieden. Tab. 7-2 führt einige spezifizierte und etablierte Formate auf.

Eine weitere Schwierigkeit bei der Festlegung von Pixelwerten sind die im Fernseh- und Videobereich durchaus üblichen nichtquadratischen Bildpixel. Bei Standard-DV-Kameras (Digital Video) beispielsweise wird das Video mit 720 × 576 (nichtquadratischen) Pixeln aufgenommen und würde bei der unkorrigierten Betrachtung mit quadratischen Pixeln verzerrt erscheinen. Bei der normalen Wiedergabe durch die Kamera auf einen Fernseher wird das Video jedoch mit normalen Proportionen (entzerrt) dargestellt.

So erklären sich auch die verschiedenen Werte für den eigentlich gleichen Standard. Aufnahmen in der hier zu Lande üblichen Fernsehnorm PAL werden im Allgemeinen mit 768 × 576 quadratischen Pixeln digitalisiert, für die Ausgabe z. B. auf DV-Bänder oder Video-DVD müssen diese aber eine Anpassung auf 720 × 576 nichtquadratische Pixel erfahren. Innerhalb von Videobearbeitungsprogrammen gibt es die Möglichkeit, auf diese Besonderheiten Rücksicht zu nehmen: Auch wenn die Programmalgorithmen mit quadratischen Pixeln arbeiten, für eine korrekte Darstellung auf den verschiedenen Ausgaberäten (Computerbildschirm, Videomonitor) wird gesorgt.

Allerdings hat die schon in Kapitel 1 getroffene Aussage, dass es nur quadratische Pixel gibt, nach wie vor praktische Gültigkeit. Dann nämlich, wenn »normale« Grafikprogramme eingesetzt werden. Diese kommen in der Regel nur mit quadratischen Pixeln zurecht und sind daher nur bedingt für Videoanwendungen geeignet. Bei der Arbeit mit Videodaten sind diese Umstände entsprechend zu berücksichtigen, umso mehr, da sie eine direkte Einwirkung auf die Bilddefinition in Pixeln haben.

Vollständigkeitshalber darf erwähnt werden, dass so gut wie alle Pixelgrafikformate die Proportion (aspect ratio) eines Bildpixels, und damit eines Bildes, beschreiben können.

7.2 Monitorauflösung

Im täglichen Gebrauch werden Monitore mit der so genannten Bildschirmdiagonale in der Größe klassifiziert. Verwendet wird meistens die Maßeinheit Inch, die im deutschsprachigen Raum jedoch für gewöhnlich als Zoll übersetzt wird und auf demselben Umrechnungsfaktor von 25,4 mm je Inch beruht.

Bildschirmdiagonalen von 43,2 cm (17") bis 55,9 cm (21") sind zurzeit am weitesten verbreitet.

Theoretisch lassen sich alle Systemauflösungen und Monitorgrößen miteinander kombinieren, praktisch jedoch liegen die Grenzen in der verwendeten Hardware, aber mehr noch in der Verhältnismäßigkeit. Für jeden Monitor gibt es eine geringe Zahl sinnvoller Systemauflösungen. Für einen typischen Monitor mit einer Bildschirmdiagonale von 43,2 cm (17") wäre eine VGA-Auflösung zu niedrig und eine UXGA-Auflösung zu hoch, da die Systempixel hierbei entweder sehr groß oder sehr klein werden. Darauf basieren auch z. B. die Standardschriften der Betriebssysteme, was diese (und deren Lesbarkeit) entsprechend beeinflusst.

Zwischen den Extremen hängt die richtige Systemauflösung von ergonomischen Vorstellungen, persönlichen Vorlieben und natürlich auch der technischen Umsetzung, wie Schärfe oder flimmerfreier Darstellung, ab. In diesem Zusammenhang möchte ich noch einmal auf die Flachbildschirme verweisen, die ihre maximale Darstellungsqualität nur bei der Systemauflösung erreichen, für die sie konzipiert wurden (vgl. auch S. 41).

Für welche Systemauflösung man sich auch immer entscheidet, erst durch diese sowie durch die Monitorgröße lässt sich schließlich die auf eine Maßeinheit bezogene Bildschirmauflösung errechnen. Tab. 4-5 und 4-6 in Abschnitt 4.2.2 (auf S. 40) führen die resultierenden Auflösungen einiger Kombinationen auf.

Wenn man die Werte in diesen Tabellen vergleicht, stellt man unweigerlich fest, dass diese Geräteauflösungen nicht einheitlich sind. Unabhängig von den wenigen Wertekombinationen, die sich theoretisch als besonders sinnvoll herausstellen, müssen wir leider von der Tatsache ausgehen, dass die praktisch verwendeten Monitorauflösungen alle möglichen Werte zwischen vielleicht 20 cm^{-1} (ca. 50 ppi) und 50 cm^{-1} (ca. 125 ppi) aufweisen. Damit wird auch verständlich, warum man keinesfalls von einer festen Bildauflösung für Nonprintmedien ausgehen kann, was uns direkt zum 72-ppi-Mythos führt:

7.3 72-ppi-Mythos

■ Es hält sich hartnäckig die Ansicht, dass man Pixelbilder immer dann mit einer Bildauflösung von 72 ppi (28,3 cm^{-1}) anlegen muss, wenn sie für Nonprintanwendungen gedacht sind. Das ist jedoch nicht richtig!

Halten wir kurz fest, was eine Bildauflösung von 72 ppi (28,3 cm^{-1}) für die Bildschirmdarstellung (wenn der Monitor in derselben Auflösung betrieben wird) bedeutet: Ein Bildpixel wird genau von einem Monitortripel abgebildet und die Größe des Bildes auf dem Bildschirm entspricht der im Grafikformat eingetragenen Werte. Das Erstere ist, wie mehrfach erwähnt, für die Darstellungsqualität sehr wichtig, das Zweite jedoch hat in der Praxis so gut wie keine Bedeutung, da man sich eigentlich nicht für eine absolute Bildgröße interessiert, sondern für eine relative, z. B. dass die Grafik oder das Bild nur das obere Drittel des Monitors oder den ganzen bedeckt. Wer konzentriert sich da schon auf absolute Maße? Eigentlich nur diejenigen, die es ausnahmsweise benötigen. Alle anderen würden den Arbeitsaufwand erhöhen, da man die verwendeten Bildschirmgrößen berücksichtigen müsste – *zusätzlich* zu den verschiedenen Systemauflösungen (wo diese doch schon genug sind …).

Die 72-ppi-Regel ist daher, von der exemplarisch in Kapitel 11 vorgestellten Ausnahme abgesehen, aus vornehmlich zwei Gründen in der Praxis nicht sinnvoll: Erstens gibt es, wie oben dargelegt, keine für alle Anwender identische Monitorauflösung, zweitens müsste man, wenn etwa ein Foto gescannt wird, die Größe der Vorlage *und* des Monitors berücksichtigen. – Haben Sie das schon einmal gemacht? In keinem Fall sind mit nur einer Scanauflösung von 72 dpi (28,3 cm^{-1}) ein Passbild oder ein 20 × 30-Portraitfoto gleichermaßen für den Bildschirm geeignet. Da die 72-ppi-Empfehlung »ausschließlich«, also unabhängig von den Ein- wie Ausgabegrößen (Passbild, Fotovergrößerung usw. auf der einen, Schaltflächenelement, textbegleitende Abbildung, Hintergrundbild usw. auf der anderen Seite) gegeben wird, sind die nach der Regel erzeugten Pixelwerte des letzten Beispiels, ungefähr 99 × 128 für das

Passbild bzw. 567 × 850 Pixel für das Portraitfoto, einfach zu stark abweichend. So kann man keine gesicherten Ergebnisse bekommen.

Aber woher kommt denn nun der Mythos? Im Handbuch zu einer Mac-Grafikkarte konnte ich einmal lesen, dass die Firma Apple für ihre Macintosh-Computer (»Mac«) Systemauflösungen empfiehlt, die bezüglich der Monitorgröße so zu wählen sind, dass sich Geräteauflösungen von 72 dpi (28,3 cm⁻¹) ergeben. Die in Tab. 7-1 aufgeführten Bezeichnungen wie z. B. *Mac 16* oder *Mac 19* sind dann auch in diesem Sinne als eine Empfehlung zu verstehen: Die Verwendung dieser Systemauflösung mit einem Monitor gleicher Bilddiagonale in Inch ergibt dann auch tatsächlich eine Geräteauflösung von ca. 72 dpi (28,3 cm⁻¹), wie anhand der schon zuvor in Anspruch genommenen Tab. 4-5 leicht überprüft werden kann.

Gründe für eine solche Handhabung waren (und sind) vielfältig: Bei Grafikprogrammen z. B. wurde eine Darstellung der Originalgröße auf dem Monitor (1:1) nur bei dieser Auflösung ermöglicht (teilweise ist das heute noch so, lässt sich aber je nach Programm korrigieren), bei der Benutzung von zwei Monitoren konnten beide automatisch in derselben Auflösung betrieben werden und auch die (Pixel-)Systemschriften lagen immer in einer etablierten, gut lesbaren Größe vor.

Sollte im Rahmen dieser vielleicht vertrauten Arbeitsweise der Wunsch nach einer Systemauflösung von 1600 × 1200 bestehen, bräuchte man allerdings einen Bildschirm mit einer Diagonale von 73,7 cm (29")! Das bedeutet, dass bei den heute realisierbaren Monitorauflösungen, die Geräte bei 72 dpi (28,3 cm⁻¹) unter ihren Möglichkeiten betrieben werden müssten. Ich kann mir das in der Praxis nicht mehr vorstellen, vor allem, wenn erneut die Flachbildschirme ins Spiel kommen, die bei einer optimalen Darstellung so gut wie immer eine höhere Auflösung besitzen.

An dieser Stelle muss ich kurz die 96-ppi-Empfehlung (37,8 cm⁻¹) ansprechen, die sich gelegentlich für Windows-Computer findet. Auch wenn Monitorauflösungen heute eher bei 96 denn 72 dpi (28,3, bzw. 37,8 cm⁻¹) liegen, ändert sich nichts an den grundlegenden Ausführungen zur 72-ppi-Regel: Es macht selten einen Sinn.

Sollten Sie im Rahmen Ihrer Arbeit mit Nonprintmedien die Erfahrung gemacht haben, dass Sie mit 72 ppi (28,3 cm⁻¹) zurechtgekommen sind, kann das durchaus sein. Allerdings denke ich, dass das auch mit anderen Durchschnittswerten gelingt. Nur, dass man dann der Einfachheit halber auch glatte Werte nehmen kann: 30, 35 oder 40 cm⁻¹ bzw. 75, 90 oder 100 ppi. Versuchen Sie es einmal.

Abschließend noch eine kleine Anmerkung: Falls man verschiedene Monitore mit derselben Auflösung betreiben möchte, sollte eine einfache Abstimmung mit den Tabellen auf S. 40 möglich sein. Beim Einsatz mehrerer Monitore an einem System wird jedoch auch gerne mit unterschiedlichen Monitorauflösungen gearbeitet, um etwa auf dem gröber auflösenden Bildschirm Texte, Internetseiten, Dialogfelder usw. deutlicher lesen zu können.

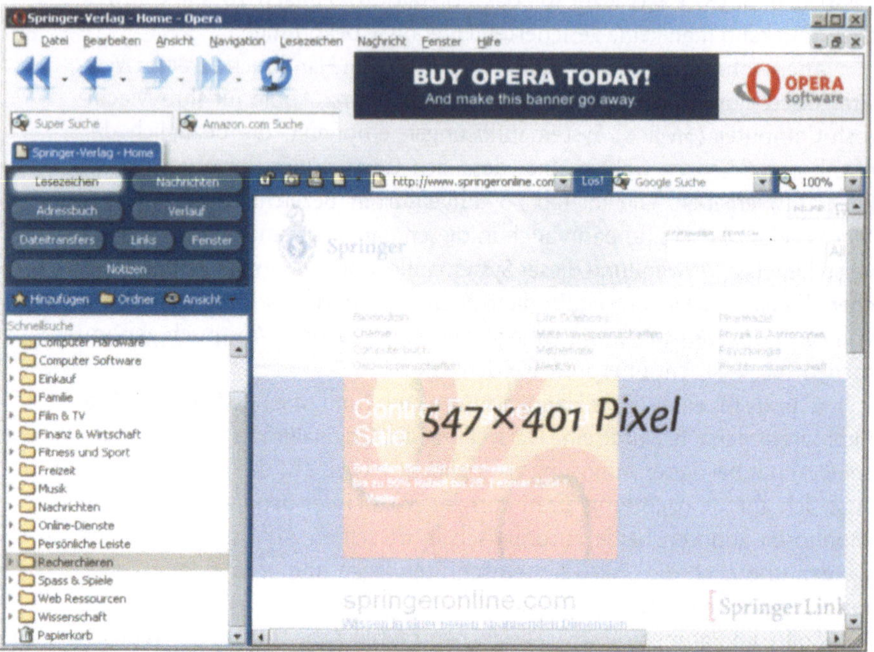

Abb. 7-6 Browserfenster mit 800 × 600 Pixeln. Die maximal zu verplanende Fläche beträgt in diesem Fall nur 547 × 401 Pixel. Allerdings lässt sich in diesem, wie in jedem anderen Browser, der Bereich beeinflussen, womit sich entsprechend größere Nettoflächen realisieren lassen (vgl. Abb. 7-7). (Programm: *Opera*)

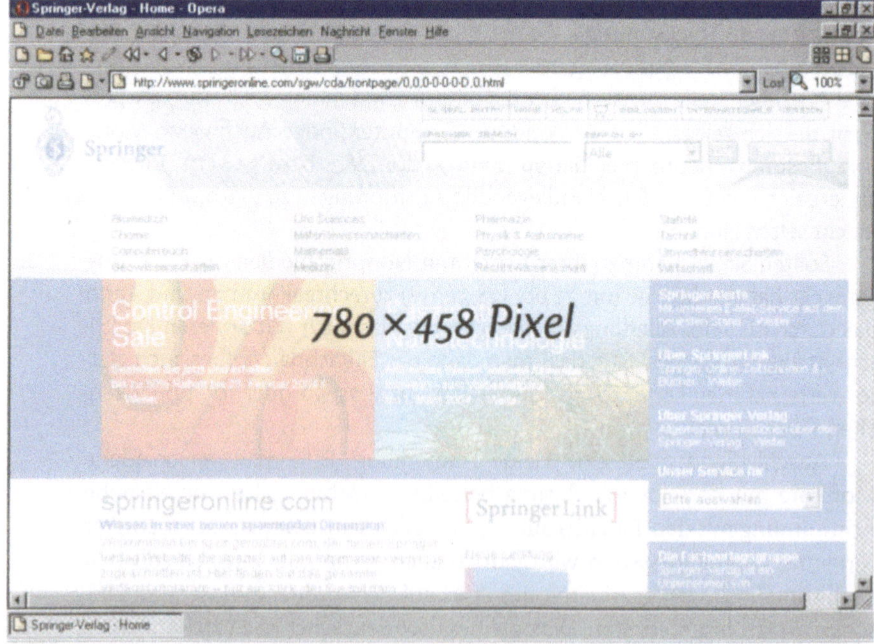

Abb. 7-7 Browserfenster mit 800 × 600 Pixeln. Die maximal zu verplanende Fläche beträgt in diesem Fall 780 × 458 Pixel. Sie kann durch entsprechende Konfiguration des Browsers noch weiter vergrößert werden. (Programm: *Opera*)

7.4 Richtige Bildauflösung bestimmen

Im letzten Abschnitt haben wir festgestellt, dass eine Bildauflösung von 72 ppi (28,3 cm^{-1}) bei einem in gleicher Auflösung betriebenen Monitor dazu führt, dass ein Bildpixel mit einem Systempixel übereinstimmt (wie zudem bei jeder anderen identischen Kombination von Bild- und Monitorauflösung). Um diesen optimalen Zustand eleganter zu erreichen, bezieht man sich am besten auf die Systemauflösung, welche praktischerweise dieselbe Maßeinheit benutzt wie ein Pixelbild … richtig, Pixel. In diesem Fall haben wir den enormen Vorteil, die zur Verfügung stehende Fläche auf ein Pixel genau einteilen zu können.

Allerdings müssen wir hier nun grundsätzlich zwei Voraussetzungen unterscheiden. Zum einen den günstigen Fall, dass wir die Systemauflösung, zu der wir eine Bildauflösung bestimmen müssen, genau kennen, beispielsweise die des eigenen Rechners, für den wir eine Bildershow vorbereiten wollen. Zum anderen, dass wir keine Kenntnis über die Systemauflösung haben oder es mehrere verschiedene sind, was auch gleich der Standardsituation entsprechen dürfte. Sollte z. B. die Bildershow allen Gästen einer Hochzeit zur Verfügung gestellt werden, können wir uns nur noch auf einen kleinsten gemeinsamen Nenner einigen.

Die schwierigste Aufgabe bei der Bildauflösungsbestimmung für Nonprintmedien liegt genau hier: Welches ist die minimale Systemauflösung, um den Abbildungen gerecht zu werden? Kann diese bei allen in Frage kommenden Personen bzw. Personengruppen dargestellt werden? Welche Personengruppen sollen überhaupt angesprochen werden? Wie ist deren technische Ausstattung und was wird erwartet?

Wenn diese Fragen geklärt sind, haben wir eine Bezugssystemauflösung. Mit dieser legen wir die obere Grenze für unsere Pixelabmessungen fest. Kleinere Werte sind frei wählbar, wie es vor allem für Multimediaprodukte (Computerlexikon, Lernprogramm bzw. CBT – Computer Based Training, Werbe-CD, Spiel usw.) üblich ist, oder für Videos und Animationen, die nicht im Vollbild abgespielt werden, sondern nur innerhalb eines Bereichs einer Präsentation oder Multimediaanwendung (vgl. Abb. 7-8). Individuelle Werte ergeben sich z. B. aus Gestaltungsrastern, die eine zur Verfügung stehende Fläche aufteilen und damit einige ausgewogene Pixelabmessungen empfehlen. Ein diesbezügliches Vorgehen wird exemplarisch in Abschnitt 10.3 ab S. 153 vorgestellt.

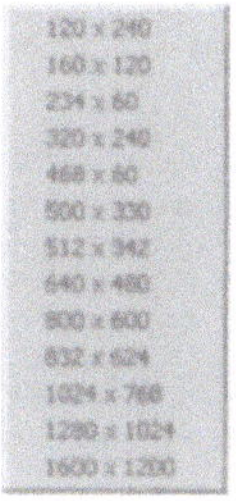

Bei Internetanwendungen bezieht man sich immer auf die jeweils am meisten verbreiteten Systemauflösungen, wie sie eingangs des Kapitels vorgestellt wurden. Will man also möglichst vielen Menschen im Internet »scrollfreie« Abbildungen präsentieren können (sichtbare Inhalte müssen nicht zugunsten der verborgenen verschoben, *gescrollt*, werden), dann sollte man am besten von einer SVGA-Auflösung (800 × 600 Pixel) ausgehen. Alternativ orientiert man sich an XGA (1024 × 768 Pixel), bei der mehr Inhalte präsentiert werden können – falls die Internetbesucher mindestens diese Systemauflösung einsetzen.

Abb. 7-8 Für Multimedia-, Animations- und Videoanwendungen wird eine Präsentationsfläche auch unterhalb der typischen Systemauflösungen häufig mit gängigen Werten definiert. Daher gibt es in diesen Programmen oft eine vorgefertigte Liste. Natürlich kann man auch eigene Werte festlegen.
Dialog: *Director* (Macromedia)

SVGA und XGA repräsentieren gegenwärtig die mit Abstand meist berücksichtigten Systemauflösungen für diesen Anwendungsbereich. Bei Systemen mit höheren Auflösungen werden die Browser häufig nicht mehr in bildschirmfüllender Größe verwendet, da man so einerseits weitere Computerinformationen im Blick halten kann (»Multitasking«) und andererseits wegen der an den beiden Standards orientierten Internetseiten, durch die ohnehin sehr häufig leere Bereiche am rechten Rand vorhanden sind. Die Fälle, in denen Internetauftritte eine solch höhere Auflösung vollflächig voraussetzen, sind zurzeit sehr selten.

Für die beiden hauptsächlich zu berücksichtigenden Systemauflösungen kann als grobe Richtschnur eine zur Verfügung stehende Breite von ca. 760 Pixel für SVGA und von 960 Pixel für XGA angegeben werden. Man orientiert sich normalerweise weniger an der Bildhöhe, da ein eventuell notwendiges vertikales Verschieben von Seiteninhalten alltäglich ist und infolgedessen als weniger störend empfunden wird. So finden sich in den Listen der Webpublishing-Programme (auch HTML-Editoren) vor allem einige typische Breiten. In Abb. 7-9 sehen wir der Angabe »780« an, dass sie sich fast an der kompletten Breite einer SVGA-Auflösung orientiert. Sie kann jedoch nicht immer erreicht werden. Auch in den Fällen, in denen die zum Einsatz kommenden Browser platzsparend eingerichtet sind, wie z. B. in Abb. 7-7, ist das eventuell nicht möglich, zumal bei der in der Abbildung ausgewiesenen Anzeigefläche nicht der Abstand eingerechnet ist, der von einigen Browsern standardmäßig reserviert wird und nur mit speziellen Befehlen deaktiviert werden kann. Dass die Nettofläche noch erheblich kleiner ausfallen kann, zeigt Abb. 7-6. Die Größe der Anzeigefläche ist jedoch weniger programm- als einstellungsabhängig, da jeder Browser an die Bedürfnisse des Anwenders angepasst werden kann. Dabei entscheidet sich ein jeder zwischen einem großen Fenster in die weite Welt oder vielen die Bedienung erleichternden, aber Platz beanspruchenden Zusatzinformationen.

Abb. 7-9
Für Internetanwendungen bezieht man sich in der Regel auf die Breiten typisch zur Verfügung stehender Nettoflächen. Dialog: *GoLive* (Adobe)

7.4.1 Kurzfassung: Bildauflösung für Nonprintmedien bestimmen

Bei Nonprintmedien orientiert man sich immer an den zu erwartenden, beeinflussbaren oder festgelegten Systemauflösungen. Dabei wird ein Pixelbild genau in der entsprechenden Größe angelegt bzw. in diese berechnet; beispielsweise der Titel für einen Videofilm, der Hintergrund (Fond) einer Präsentation, die Fotos für eine Diashow oder eine Foto-CD. Bei alldem muss man bedenken, dass im Zuge einer Nichtübereinstimmung der angenommenen und vorhandenen Systemauflösung entweder Teile der Arbeiten nicht oder mit entsprechend großen freien Randbereichen (wie bei einem Breitwandfilm auf einem 4:3-Fernseher) angezeigt werden.

In allen anderen Fällen wählt man einen Teil der Bezugssystemauflösung. Bei Internetanwendungen sind es die in Browsern festgelegten (Netto-)Anzeigeflächen oder bei Videos Bruchteile der Fläche für eine einfache Vergrößerung auf die Systemstandards (hier spielen die Datenmenge eine noch erheblich größere Rolle als bei normalen Pixelbildern).

7.5 Scannen für Monitorbilder

Steht schließlich die Bildgröße in Pixeln fest, muss man die Bilder und Grafiken entsprechend einpassen bzw. scannen. Da Scanprogramme sehr unterschiedlich ausgestattet sind, gibt es prinzipiell drei denkbare Szenarien: Erstens, man verwendet ein Scanprogramm, mit dem es möglich ist, die gewünschten Pixelwerte direkt einzugeben.

Zweitens, man verwendet ein Scanprogramm, mit dem es zumindest möglich ist, die Scanauflösung frei zu bestimmen, wie auch ein einheitliches Maßsystem für Bildgröße und Scanauflösung.

Drittens, man verwendet ein Scanprogramm, das wenigstens die resultierende unkomprimierte Dateigröße angibt.

7.5.1 Scanprogramme mit Pixelunterstützung

Der optimale Fall liegt dann vor, wenn man in der Scananwendung direkt Pixel als Maßeinheit auswählen kann. Sodann muss man lediglich bei der Definition des Scanrahmens darauf achten, dass die richtigen Pixelwerte vorliegen. Falls nicht sofort ersichtlich ist, ob es eine solche Möglichkeit gibt, lohnt sich ein Blick in das Handbuch oder die Menüs. Typische interaktive Stellen sind die angezeigten Maßeinheiten oder die Lineale, die es faktisch immer gibt. Wenn ein einfacher Klick mit (einer) der Taste(n) des Eingabegerätes nichts bewirkt, versuchen Sie es bitte zusätzlich mit einer der typischen Sondertasten auf der Tastatur, wie z. B. der *Shift-* oder *Alt*-Taste.

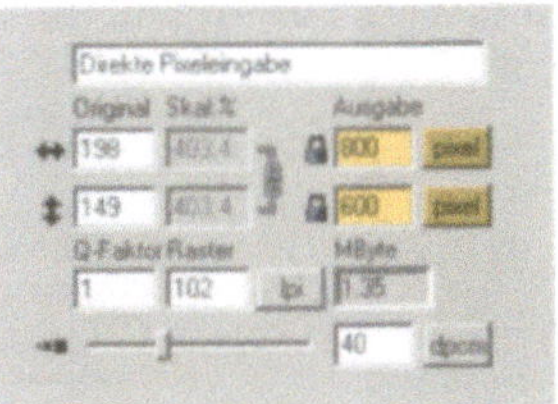

Abb. 7-10 Dialog: *SilverFast* (Lasersoft)

7.5.2 Scanauflösung berechnen

Diese Alternative zur Bestimmung der Scanauflösung klingt schlimmer als sie ist. Sie benötigen lediglich ein Scanprogramm, das die identische Maßeinheit für Scanauflösung und -größe verwendet, was auf die meisten Programme zutrifft. (Allerdings muss man sicherstellen, dass beim Scannen wirklich die Scanauflösung und nicht die durch eine Skalierung oder andere Einstellungen bedingte finale Bildauflösung bestimmend ist!) Ob Zentimeter oder Inch, ist nicht wirklich wichtig. Sie tragen bei der Scanauflösung den Wert 100 ein und bei der Bildgröße die Pixelabmessungen geteilt durch 100 (immer der Wert, der für die Scanauflösung gilt), beispielsweise 6,4 × 4,8 für VGA-konforme Pixelwerte. Wenn es das Programm erlaubt, können Sie auch bei der Scanauflösung die Zahl 1 und bei der Bildgröße die nun ungeteilten Pixelwerte eingeben. Notfalls müssen Sie ein wenig experimentieren.

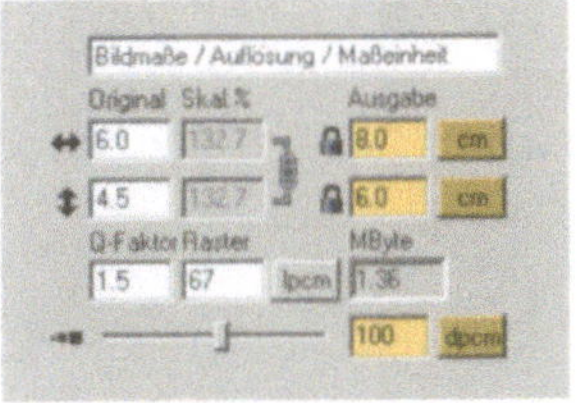

Abb. 7-11 Dialog: *SilverFast* (Lasersoft)

7.5.3 Scanauflösung über die Dateigröße bestimmen

Wenn die beiden oben vorgestellten Möglichkeiten nicht funktionieren, dann könnten Sie noch die Verfahrensweise über die unkomprimierte Dateigröße versuchen. Praktisch jedes Scanprogramm sollte die resultierende (unkomprimierte) Dateigröße an irgendeiner Stelle anzeigen. In Tab. 7-3 sind viele aus diesem Kapitel bekannte Pixelkombinationen mit entsprechender Dateigröße für 8- und 24-bit Daten aufgeführt (für reine Schwarzweißgrafiken sei eher die Handoptimierung aus höher aufgelösten Graustufendaten empfohlen – notfalls jedoch teilen Sie die Dateigrößen der 8-bit-Spalte durch

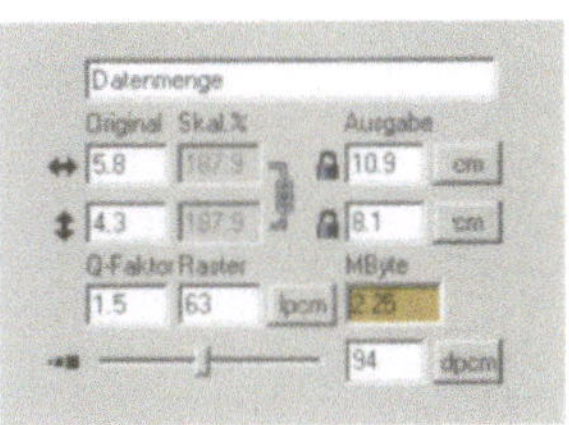

Abb. 7-12 Dialog: *SilverFast* (Lasersoft)

Tab. 7-3 Nonprint-Dateigrößen		
Pixel-abmessung	Dateigröße in MB	
	8 bit	24 bit
640 × 480	0,29	0,88
768 × 576	0,42	1,27
800 × 600	0,46	1,37
832 × 624	0,50	1,49
856 × 480	0,39	1,18
1024 × 768	0,75	2,25
1152 × 864	0,95	2,85
1152 × 870	0,96	2,87
1280 × 720	0,88	2,64
1280 × 960	1,17	3,52
1280 × 1024	1,25	3,75
1400 × 1050	1,40	4,21
1600 × 1200	1,83	5,49
1600 × 1280	1,95	5,86
1680 × 1050	1,68	5,05
1792 × 1344	2,30	6,89
1800 × 1440	2,47	7,42
1856 × 1392	2,46	7,39
1920 × 1080	1,98	5,93
1920 × 1200	2,20	6,59
1920 × 1440	2,64	7,91
2048 × 1536	3,00	9,00
2560 × 2048	5,00	15,00
3200 × 2400	7,32	21,97
3072 × 2048	6,00	18,00
3840 × 2400	8,79	26,37
4096 × 3112	12,16	36,47

acht, um an die Werte für 1-bit-Daten zu kommen). Nun muss noch der Scanrahmen dieselben Proportionen wie die gewünschte Auflösung aufweisen. Um das zu erreichen, haben Sie eventuell mühsame Arbeit vor sich, denn das auf die Dateigröße bezogene Scannen ist nicht gerade üblich. Die Abstimmung der Scanrahmenbreite und -höhe, interaktiv mit dem Zeigegerät und/oder per Tastatureingabe, sowie die Definition der Scanauflösung behindern sich gerne gegenseitig. Daher erwägen Sie noch folgende Variante: Arbeiten Sie ungefähr mit den richtigen Proportionen, aber ein wenig großzügiger. Indem Sie etwa ein paar Prozent der Datenmenge (und zu dem gewünschten Bereich) dazu rechnen, bekommen Sie ein Bild mit kleinen Reserven, die sie in Ihrer Bildbearbeitung nur entfernen müssen. Möglicherweise geht es so am schnellsten und sichersten. Ausprobieren ist auch hier unbedingt empfehlenswert.

7.6 Pixeldimensionen bei Digitalkameras

Dieser Abschnitt ist besonders kurz, da bei Digitalkameras keine großen Handlungsspielräume bezüglich der Pixelabmessungen möglich sind. Sie müssen nur in der Auflösungsstufe fotografieren, die den gewünschten Pixelwerten entspricht oder über diesen liegt. Im letzteren Fall müssen die Daten auf die richtigen Werte berechnet werden (vgl. auch Kap. 9). Einige etablierte Digitalkameraauflösungen sind in Tab. 7-4 aufgeführt.

Tab. 7-4 Mit Digitalkameras erzielbare Systemauflösungen		
System-auflösung	Gesamt-pixel in Mio	Datei-größe in MB
640 × 480	0,3	0,9
1024 × 768	0,8	2,3
1280 × 960	1,2	3,5
1600 × 1200	1,9	5,5
2048 × 1536	3,1	9,0
2592 × 1944	5,0	4,4
3072 × 2304	7,1	20,3

Kapitel 8

Bildauflösung zur quantitativen Bildbearbeitung

In wissenschaftlichen Bereichen unterscheidet man zwischen qualitativer und quantitativer Bildbearbeitung. Die qualitative ist dort »lediglich« die optische Beschreibung von Sachverhalten, etwa Aufnahmen zur Dokumentation eines Vulkanausbruchs. Wenn man dabei durchaus wichtige Erkenntnisse zu erlangen vermag, so sind diese jedoch nicht zahlenmäßig erfassbar. Schon gar nicht ist es möglich, nach einem statistischen Auswertungsversuch vollständig auf diese Aufnahmen zu verzichten, weil daraus erhobene Zahlen die Aufnahmen nicht gänzlich ersetzen können. In der quantitativen Bildbearbeitung ist so etwas aber üblich. Wenn wir eine Luftbildaufnahme von landwirtschaftlichen Flächen computertechnisch analysieren, kommen am Ende beispielsweise Informationen über die prozentuale Verteilung von bestellten oder brachliegenden Feldern heraus. Der ursprüngliche Träger der Information wird hernach nicht mehr unbedingt benötigt.

Im grafischen Bereich gibt es größtenteils die qualitative, »nur« durch ihre Optik wirkende Bildbearbeitung. Seltener, aber dennoch wichtig, sind zwei quantitative Anwendungsfälle in Form der optischen Texterkennung und der Vektorisierung. Hier gilt dann ebenfalls, dass die gescannten, seltener digital abfotografierten Originale nach der Bearbeitung in der Regel nicht mehr benötigt werden – was immer auch eine Frage des Platzbedarfs ist.

8.1 Bildauflösung zur optischen Texterkennung

Für die optische Texterkennung (*optical character recognition, OCR*) werden z. B. Dokumentationen, Akten, Listen oder Unterlagen gescannt und mit geeigneter (OCR-)Software in platzsparenden Text umgewandelt. Im Anschluss können diese Texte editiert, durchsucht oder neu formatiert werden. Gerade das Durchsuchen von Textdokumenten (mit anschließender Entnahme der gefundenen Stellen) ist ein unschätzbarer Vorteil bei großen Schriftbeständen von Bibliotheken oder Archiven.

Während Faxdokumente oft nur eine Auflösung von 59 cm^{-1} (150 ppi) aufweisen (die zu wirklich befriedigenden OCR-Ergebnissen führen kann), ist darüber hinaus für fast alle Anwendungen eine minimale Bildauflösung von

80 cm^{-1} (200 ppi) zur Umwandlung wünschenswert. Für diese Auflösung sind viele spezielle Dokumentenscanner ausgelegt, da bei geeigneten Vorlagen mit diesem Wert zufrieden stellende Resultate bei geschonten Ressourcen erreicht werden.

So sind dann auch ganz allgemein Bildauflösungen von 80 bis 120 cm^{-1} bzw. 200 bis 300 ppi für normale Texte in Lesegröße (9–12 DTP-Punkt, zu DTP-Punkt siehe auch Glossar auf S. 183) sowie gängigen Schriftfamilien geeignet. Hersteller von Texterkennungsprogrammen empfehlen durchgängig eine Bildauflösung von 118 cm^{-1} (300 ppi).

Bei kleineren Schriften, z. B. in Konsultationsgröße (bis 8 DTP-Punkt) für Fußnoten, Bildunterschriften oder Tabellen, sind eventuell 160 bis 240 cm^{-1} bzw. 400 bis 600 ppi notwendig. Dabei sind 600 ppi (236 cm^{-1}) mit großer Wahrscheinlichkeit das sinnvolle Maximum, da zum einen eine genügende Pixelmenge pro Zeichen vorliegen dürfte und zum anderen höhere Auflösungen, je nach Produkt, vor der Verarbeitung ohnehin reduziert würden.

Da dem Ressourcenbedarf immer eine nennenswerte Rolle zufällt, vor allem bei einem größeren Umfang umzuwandelnder Dokumente, führt Tab. 8-1 die entsprechenden Dateigrößen auf, die sich für eine DIN-A4-Seite aus den angesprochenen Auflösungen ergeben.

Unter anderem werden folgende Bearbeitungsschritte an der digitalen Textvorlage durchgeführt:

≈ Die Computerlogik muss sicherstellen, dass für die Umwandlung die relevanten Objekte vom Hintergrund deutlich unterschieden werden können. Häufig wird dabei eine Graustufen- oder Farbvorlage mit einem einfachen Schwellwertalgorithmus in eine Bitmap konvertiert. Falls das Ergebnis nicht zufrieden stellend ist, kann man diesen Schritt mit den üblichen Tonwertkorrekturwerkzeugen eines Scan- oder Bildbearbeitungsprogramms selbst erledigen. Das kann sich bei schwierigen Vorlagen lohnen, da die Qualität der Bitmap einen deutlichen Einfluss auf den Erfolg der weiteren Bearbeitungsschritte hat.

≈ Danach findet ein Segmentierungsprozess von wesentlichen und unwesentlichen Bereichen statt. Wesentlich sind die zu erfassenden Buchstaben; unwesentlich sind Schmutz, Bilder und grafische Elemente, denn sie werden nicht benötigt bzw. können die nachfolgenden Arbeitsschritte stören. Dabei bleibt unberücksichtigt, dass moderne Texterkennungsprogramme auch eine Layouterkennung anbieten, bei welcher eventuelle Grafikinformationen dann auch separat verarbeitet werden.

≈ Erst jetzt beginnt die eigentliche Texterkennung, indem aus den segmentierten »Pixelhaufen« Merkmale extrahiert und klassifiziert werden, die schließlich zu einem Buchstaben führen. Die Güte der jeweiligen Programmalgorithmen sowie eine ausreichende Menge an Pixeln pro Element sind für eine hohe Erkennbarkeit entscheidend. In den Anfangszeiten der optischen Texterkennung wurden hier nur einfache Bitmuster verglichen, die in höchstem Maße schriftenabhängig und dementsprechend weniger effizient waren. Aber auch mit aktuellen, hochwertigen Texterkennungsprogrammen können von der Buchstabengrundform abweichende Zeichen, wie sie etwa in *verzierten*, **gebrochenen**, *Schreib-* oder so genannten Designerschriften vorkommen, nur eingeschränkt bis gar nicht erkannt werden, es sei denn, dass die zur Erkennung notwendigen Schriftenrepertoires der OCR-Programme entsprechend ausgestattet sind bzw. erweitert werden können.

≈ Schließlich findet mit Hilfe von Wörterbüchern eine Wortidentifikation statt, da über diesen Weg eventuell einige falsch interpretierte Zeichen korrigiert werden können. Die Qualität der Wörterbücher und deren Umfang sind daher ein weiterer wichtiger Faktor zum Erfolg einer möglichst fehlerfreien Umwandlung. Wenn damit die Worterkennung sogar auf nahezu 100 Prozent steigt, bedeutet das allerdings nicht, dass auch alle Reichen richtig erkannt wurden. Denn unter normalen Bedingungen liegt die Fehlerquote von OCR-Systemen zwar klar unter einem Prozent, aber pro Seite kann das immer noch mehrere falsch erkannte Zeichen bedeuten (sic!).

Mit diesen Ausführungen wird deutlich erkennbar, dass der Erfolg auch mit der richtigen Bildauflösung sehr unterschiedlich ausfallen kann.

Mit folgenden Hinweisen möchte ich diesen Abschnitt abschließen: In Verbindung mit der optischen Texterkennung kann man die Bildauflösung häufig mit der Scanauflösung gleichsetzen, da nach dem Scannen in der Regel keine Größenanpassungen durchgeführt werden (vergleichen Sie diesbezüglich eventuell Abschn. 6.8.1 auf S. 110), sondern 1:1 den OCR-Produkten zur Interpretation weitergereicht werden. Beim Scannen von Textvorlagen, vor allem im Bitmap-Modus, sollte man sich des Weiteren direkt auf die (auch schon in vorhergehenden Kapiteln angesprochenen) festen Auflösungsstufen der Scanner beziehen, damit von diesen keine anschließende, qualitätsmindernde Berechnung der Daten auf die geforderten Auflösungswerte stattfinden muss. Je nach Gerät arbeitet man deshalb mit glatten dpi- bzw. cm^{-1}-Werten.

Schließlich sollte man beim Abfotografieren einer Textvorlage mit einer Digitalkamera zum Vergleich die sich aus der Auflösung der Kamera und der Vorlagengröße ergebende Bildauflösung ermitteln (siehe dazu auch Abschn. 6.9 auf S. 116).

8.2 Bildauflösung für die Vektorisierung

Bei der **Vektorisierung** (*tracing*) werden Pixel- in Vektorinformationen umgewandelt. Wie im Kapitel über die Konzepte grafischer Daten beschrieben (vgl. Kap. 1 auf S. 3), haben Pixel- und Vektorgrafiken ihr Für und Wider. Immer dann, wenn die Vorteile des Vektorkonzepts gegenüber dem Pixelkonzept deutlich hervortreten, bietet sich eine Vektorisierung bestehender oder zu erzeugender Pixeldaten an. Naturgemäß betrifft das im Allgemeinen keine Fotos oder andere Halbtonvorlagen, sondern fast ausschließlich schwarzweiße, aber auch farbige Strichgrafiken, wie sie typisch Logos, Symbole oder Schriften repräsentieren.

Dabei muss jedoch immer auch der zu erfolgende Aufwand einer Umwandlung betrachtet werden. Bei komplexen Grafiken kann dieser

Tab. 8-1   DIN-A4-Dateigrößen

Bildauflösung		Dateigröße in MB		
cm^{-1}	ppi	1 bit	8 bit	24 bit
60	152	0,27	2,14	6,4
80	203	0,48	3,81	11,4
100	254	0,74	5,95	17,8
120	305	1,07	8,57	25,7
160	406	1,90	15,23	45,7
200	508	2,97	23,79	71,4
240	610	4,28	34,26	102,8

Abb. 8-1 Links: Pixelvorlage in guter Qualität mit einer Bildauflösung von 236 cm^{-1} (600 ppi). Rechts: Automatisch vektorisiertes Ergebnis.

Abb. 8-2 Links: Pixelvorlage in guter Qualität mit einer Bildauflösung von 118 cm^{-1} (300 ppi). Rechts: Automatisch vektorisiertes Ergebnis.

Abb. 8-3 Links: Pixelvorlage in guter Qualität mit einer Bildauflösung von 59 cm^{-1} (150 ppi). Rechts: Automatisch vektorisiertes Ergebnis.

so hoch sein, dass für einen einmaligen oder raren Gebrauch möglicherweise besser eine entsprechend hoch aufgelöste Pixelgrafik verwendet wird. (Bei dem für Schwarzweißgrafiken in Abschn. 6.6 ab S. 105 vorgestellten geeigneten Bildauflösungsbereich greift man in diesen Fällen meistens auf den höheren Wert zurück.)

Bei der Vektorisierung kann man grundsätzlich drei verschiedene Arbeitsweisen unterscheiden:

Erstens, eine gescannte Vorlage wird mit dafür geeigneten Produkten automatisch in eine Vektorgrafik umgewandelt (*autotracing*). Diese sind entweder spezialisierte Anwendungen oder Werkzeuge innerhalb eines vektororientierten Zeichen- bzw. Illustrationsprogramms. Eine entsprechend detaillierte und geeignete Vorlage vorausgesetzt, kann die Bildauflösung eigentlich nicht hoch genug ausfallen. Das bedeutet nichts anderes, als mit der höchsten (realen) Auflösung zu arbeiten, die umsetzbar ist. Beim Scannen wird demnach auf die physikalische (keinesfalls auf die interpolierte) Scannerauflösung zurückgegriffen. Dabei geht es nicht nur darum, dass alle Details der Vorlage abgetastet wurden, sondern auch darum, dass diese von mehr als einem Pixel dargestellt werden. In diesem Fall hat man wesentlich mehr Spielraum bei den die Computerlogik beeinflussenden Einstellungsparametern, über die sich die erreichbare Qualität steuern lässt. Ansonsten kann es geschehen, dass neben den feinen Details leider auch jedes Pixel sauber nachgebaut wird! – Da selbst bei farbigen Strichgrafiken notfalls in Schwarzweiß gearbeitet werden kann (Farben lassen sich auch im Anschluss an die gelungene Umwandlung zuweisen, es geht hauptsächlich um die Form), stellen hohe Bildauflösungen für die Vektorisierung kein Ressourcenproblem dar.

Zweitens, eine gescannte Vorlage wird manuell in den eben erwähnten Zeichenprogrammen mit den passenden Zeichenwerkzeugen »abgepaust«. Solange es keine Systembeschränkungen gibt, kann die Bildauflösung prinzipbedingt gleich gewählt werden wie für die automatische Umwandlung. Allerdings kommt man hier häufig mit geringeren Auflösungen zurecht, da der Mensch, im Gegensatz zum Computerprogramm, beispielsweise die Stufen einer Pixelkurve so gut wie immer als Folge der Pixelmatrix erkennt und diese beim Nachzeichnen daher nicht nur ignoriert, sondern froh ist, dass er die sichtbaren Stufen verschwinden lassen kann. – In Fällen einer groben Konstruktionshilfe (siehe nachfolgenden Punkt) kann die Bildauflösung sogar so grob ausfallen, dass selbst schlecht aufgelöste Internetgrafiken Verwendung finden können.

Drittens, eine vorliegende Grafik wird »nachgebaut« bzw. nachkonstruiert. Bei einfachen Figuren, wie z. B. den meisten Nationalflaggen, dem Logo der Deutschen Bank (ein hohes Quadrat, das von einem in der linken unteren Ecke startenden, nach rechts oben laufenden Balken ausgefüllt wird) oder den Olympia-Ringen, um nur einige Beispiele zu nennen, kann man aus einer Vorlage und/oder einer Beschreibung die Maße ermitteln, unter deren Verwendung man mit den typischen Werkzeugen und Hilfsmitteln der Zeichenprogramme solche Objekte effizient und exakt(er) »vektorisieren« kann. Da hierbei jedoch keine Pixelvorlage und dementsprechend keine Bildauflösung im Spiel ist, wird dieses Thema an dieser Stelle nicht weiter verfolgt.

Gerade die dritte Methode macht deutlich, dass die automatische Vektorisierung nicht perfekt funktioniert. Wäre das der Fall, würde diese manuelle Arbeitsweise nicht praktiziert werden. Die häufig nicht befriedigende Qualität der Ergebnisse, vor allem in der weiteren Bearbeitung, rührt unter anderem daher, dass die Vektorisierungsanwendungen nicht die Komplexität eines OCR-Programms aufweisen. Außer Linien und Kurven werden hier keine weiteren Elemente, wie z. B. einfache geometrische Objekte (Ellipse, Kreis, Rechteck, Quadrat, Dreieck usw.), extrahiert. Vom Prinzip her ist es schon sehr aufwändig, »lediglich« einen geschlossenen Umriss, der die ganze Vorlage durchlaufen kann, zu erkennen, aber eine einfache Ellipse wäre dennoch sehr wünschenswert: So ist der elliptische Bereich in der Mitte des Emblems von Abb. 8-1 bis 8-3, jeweils rechts, durch viele Kurven und Linien nachgebaut, die einerseits mehr Speicherplatz beanspruchen und andererseits eine schlechtere Umrissqualität als eine in einem Zeichenprogramm erzeugte Ellipse aufweisen. Dennoch lässt sich mit angemessener Bildauflösung eine passable Qualität erreichen, wie anhand des rechten Emblems in Abb. 8-1 gut erkennbar ist.

Für eine optimales Vektorisierungsergebnis ist praktisch immer Nacharbeit erforderlich, insbesondere bei Schriften: Die manuelle Arbeit besteht idealerweise darin, die verwendete Schrift zu erkennen und mit dieser (hoffentlich im Besitz befindlichen Schrift) den Text nachzusetzen. Keine, auch nicht per Hand optimierte Vektorisierung, die in einem halbwegs angemessenen Zeitrahmen durchgeführt wird, könnte diese Qualität liefern. – Ich gehe davon aus, dass Ihnen die geringere Qualität der Kapitelüberschrift auf S. 133 aufgefallen ist: Sie wurde aus einer sehr gut abgestimmten, hochauflösenden Vorlage mit 1000 cm^{-1} (2540 ppi) automatisch vektorisiert.
Falls Sie es nicht bemerkt haben, schauen Sie noch einmal genau hin…

Vektorisierungsversuche von Halbtonvorlagen fallen eher unter »grafische Effekte«, da üblicherweise keine klaren Vorteile zu erkennen sind, die einen solchen Aufwand rechtfertigen. Im Falle der nebenstehenden Abbildungen kann man leicht erkennen, dass die Darstellungsqualität der Vektorgrafik (Abb. 8-6 und 8-7) gegenüber der Pixelgrafik (Abb. 8-4 und 8-5) schlechter geworden ist und auch keine Vorteile bei der Vergrößerung mit sich bringt. Während bei Strichgrafiken eine manuelle Korrektur grundsätzlich wünschenswert und auch durchführbar ist, kann zumindest in diesem Fall nicht realistisch von Machbarkeit gesprochen werden. Abb. 8-6 besteht aus 9014 Objekten! Mit der Komplexität steigt auch der Speicherbedarf: Die Vektordatei ist mit fast 1½ Megabyte sogar größer als das ursprüngliche Pixelbild und letztlich auch für einen effizienten Gebrauch zu groß bzw. zu komplex.

Für eigene Experimente zur Vektorisierung von Halbtonvorlagen empfehle ich Bildauflösungen, die sich an denen für zu druckende Farbbilder orientieren (zur Übersicht siehe Abschn. 6.7 ab S. 108).

Abschließend möchte ich einmal mehr, abwechslungsweise vom Standpunkt der Vektorisierung, darauf hinweisen, dass auch mit »Computerintelligenz« aus einer Vorlage gegenwärtig nicht mehr herausgeholt werden kann, als in ihr enthalten ist (vgl. besonders Abb. 8-3 und 8-7).

Abb. 8-4 Übliches Pixel-Halbtonbild

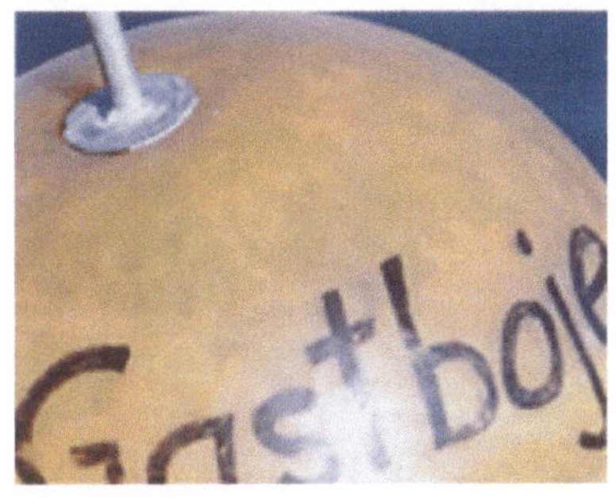

Abb. 8-5 4fache Vergrößerung von Abb. 8-4

Abb. 8-6 Automatisch vektorisierte Abb. 8-4

Abb. 8-7 4fache Vergrößerung von Abb. 8-6

Anwendungsbeispiele

Dieses Kapitel ist vor allem dann interessant, wenn Pixeldaten in der falschen Auflösung vorliegen und angepasst werden müssen. Grundlegende Kenntnisse zur Bildauflösung, wie sie vor allem Kapitel 6 bis Kapitel 8 vermitteln, sind notwendig.

Kapitel 9

Nachträgliches Anpassen von Pixelbildern

Im Prinzip handelt das ganze Buch davon, zuerst die passende Bildauflösung für einen jeweiligen Ausgabezweck zu bestimmen und erst danach die Daten zu digitalisieren. Was ist aber, wenn die Bestimmung nicht genau ersichtlich ist? Wenn von falschen Voraussetzungen ausgegangen wurde? Wenn man die Daten gleich mehrfach für verschiedene Anwendungen benötigt? Und schließlich was ist, wenn wir zwar die Daten richtig berechnet haben, allerdings die im Grafikformat gespeicherte Bildauflösung falsch eingetragen ist?

Nun, dann müssen wir die Daten anpassen. In einem Fall wird dies durch simples Skalieren in einer Grafik- oder Layoutanwendung erreicht bzw. durch das Zuordnen neuer Werte in Bildbearbeitungsprogrammen; dabei werden die vorhandenen Pixelwerte nicht verändert, lediglich die Anweisung, in welcher Größe die Datei ausgegeben werden soll, wird revidiert.

In einem anderen Fall müssen wir die Daten selbst verändern, da entweder erheblich zu viele Pixel in der Datei vorhanden sind oder zu wenig, so dass die Pixel einzeln deutlich sichtbar wären. Die beiden nachfolgenden Abschnitte sind in diesem Sinne gegliedert.

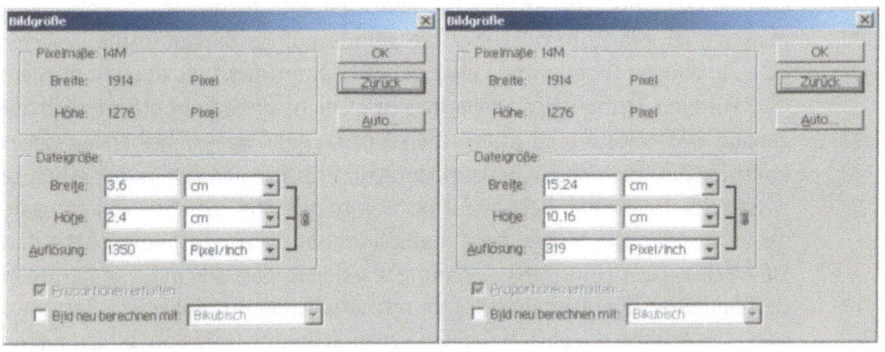

Abb. 9-1 Dialogfeld zur Steuerung von Bildgröße und -auflösung eines Pixelbildes. Die Werte des linken Beispiels zeigen die typische Situation einer von einer Kleinbildvorlage (Negativ, Diapositiv) gescannten Bilddatei, bei der die Bildauflösung der ursprünglichen Scanauflösung entspricht. Wie das rechte Beispiel zeigt, ist das einfach korrigierbar. Allerdings dürfen die Daten dabei nicht berechnet werden (»Bild neu berechnen mit« deaktivieren). Zur Kontrolle achtet man auf die meist angezeigten Pixelmaße, die sich nicht ändern dürfen. Dialog: *Photoshop* (Adobe)

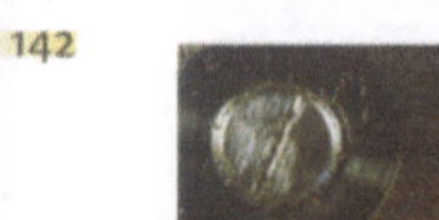

Abb. 9-2   Bild gedruckt in Originalmaßen

Abb. 9-3   Auf 200 % skalierter Bildausschnitt

Abb. 9-4   Auf 400 % skalierter Bildausschnitt

Abb. 9-5   Auf 800 % skalierter Bildausschnitt

9.1 Pixelbilder skalieren

In Kapitel 1 (ab S. 3) wurde auf einen wichtigen (nachteiligen) Aspekt von Pixelgrafiken hingewiesen: Pixelgrafiken sind auflösungsabhängig. Aus diesem Grund gibt es eine Bildauflösung (deshalb auch dieses Buch).

Dazu eine kleine Wiederholung: Die Bildauflösung einer Pixelgrafik beschreibt die Menge an Bildpixeln, die in eine bestimmte Maßeinheit passt. Die Gesamtmenge der Pixel, geteilt durch die Bildauflösung, ergibt die Höhe und Breite der digitalen Grafik (vgl. Abb. 9-2). Wird die Bildauflösung geändert (was an vielen Stellen des Arbeitsablaufes von der Vorlage bis zum gedruckten Bild geschehen kann), ändert sich ebenfalls die Bildgröße! – Wie auch umgekehrt: Das Modifizieren der Bildmaße führt unweigerlich zu einer veränderten Bildauflösung, wir skalieren (vgl. Abb. 9-3 bis Abb. 9-5).

Während schon in Kapitel 5 mit Abb. 5-13 bis 5-15 (siehe S. 62–63) auf dieses Verhalten hingewiesen wurde, sind wir ebenfalls bei den Abschnitten über die Scanauflösung und die Auflösung von Digitalkameras (vgl. Abschn. 6.8.2 ab S. 111 sowie 6.9 ab S. 116) mit dem Thema in Berührung gekommen. Dort wurde vor allem auf die Problematik verwiesen, dass man zu der richtig bestimmten Pixelmenge nicht immer die korrekten Werte erhält, wie beispielsweise in einigen Scansituationen oder bei den Bildern der meisten Digitalkameras. Nach der Korrektur (vgl. Abb. 9-1) steht die richtige Bildauflösung zur Verfügung.

9.1.1 Skalieren innerhalb von Printanwendungen

Wenn nun die prinzipiell richtige Bildauflösung vorliegt, kann es sein, dass z. B. durch geänderte Layoutvorgaben eine Größenanpassung durchgeführt werden muss. Wenn man mit Grafik- und Layoutanwendungen arbeitet, ist nicht für jede Skalierung (vor dem Import) die im Grafikformat eingetragene Bildauflösung zu modifizieren. Diese ist ohnehin nur eine Anweisung für Programme, die auf diese Einstellungen achten. Ist die Datei einmal importiert, können die Bildwerte allein dadurch außer Kraft gesetzt werden, dass man mit den zuständigen Werkzeugen die Abbildung größer oder kleiner »zieht«. Das geht sehr einfach, hat aber den entscheidenden Nachteil, dass man schnell die Kontrolle über die gerade gültige Bildauflösung verlieren kann. In einigen Programmen lässt sich dies überrüfen, jedoch nicht in allen.

Für eine geringfügige Skalierung ist es nicht unbedingt erforderlich, die genaue Bildauflösung zu überprüfen, umso mehr, da wir bisher feststellen konnten, dass die richtige Bildauflösung für Printmedien fast immer einen gewissen Spielraum hat. Bei Layoutprofis wird gelegentlich eine Skalierungsregel verwendet, die besagt, dass man Bilddaten bis zu 133 % vergrößern darf. Sie wird von der (mutigen) Annahme abgeleitet, dass alle in Frage kommenden Bilddaten für Ausgabesysteme mit amplitudenmoduliertem Rasteraufbau (vgl. Abschn. 6.3 ab S. 74) einen Qualitätsfaktor (QF) von 2,0 aufweisen. Wenn diese Regel weiter von den Standardempfehlungen ausgeht, wonach mit einem QF von 1,5 noch eine gute Qualität erreicht wird, erhalten wir einen Skalierungsfaktor von 1,33 (einfache Division: 2,0 ÷ 1,5 = 1,33) bzw. 133 Prozent (siehe auch Glossareintrag »Toleranzfaktor« auf S. 195).

Tab. 9-1   Skalierungswerte in Prozent bezogen auf den Qualitätsfaktor (QF) bei AM-Rastern

IST ▼   SOLL ▶

QF	0.7	0.8	0.9	1.0	1.1	1.2	1.3	1.4	1.5	1.6	1.7	1.8	1.9	2.0	2.1	2.2	2.3	2.4	2.5	2.6	2.7
2.7	386	338	300	270	245	225	208	193	180	169	159	150	142	135	129	123	117	112	108	104	
2.6	371	325	289	260	236	217	200	186	173	162	153	144	137	130	124	118	113	108	104		96
2.5	357	313	278	250	227	208	192	179	167	156	147	139	132	125	119	114	109	104		96	93
2.4	343	300	267	240	218	200	185	171	160	150	141	133	126	120	114	109	104		96	92	89
2.3	329	288	256	230	209	192	177	164	153	144	135	128	121	115	110	105		96	92	88	85
2.2	314	275	244	220	200	183	169	157	147	137	129	122	116	110	105		96	92	88	85	81
2.1	300	262	233	210	191	175	162	150	140	131	124	117	111	105		95	91	87	84	81	78
2.0	286	250	222	200	182	167	154	143	133	125	118	111	105		95	91	87	83	80	77	74
1.9	271	237	211	190	173	158	146	136	127	119	112	106		95	90	86	83	79	76	73	70
1.8	257	225	200	180	164	150	138	129	120	112	106		95	90	86	82	78	75	72	69	67
1.7	243	212	189	170	155	142	131	121	113	106		94	89	85	81	77	74	71	68	65	63
1.6	229	200	178	160	145	133	123	114	107		94	89	84	80	76	73	70	67	64	62	59
1.5	214	187	167	150	136	125	115	107		94	88	83	79	75	71	68	65	62	60	58	56
1.4	200	175	156	140	127	117	108		93	87	82	78	74	70	67	64	61	58	56	54	52
1.3	186	162	144	130	118	108		93	87	81	76	72	68	65	62	59	57	54	52	50	48
1.2	171	150	133	120	109		92	86	80	75	71	67	63	60	57	55	52	50	48	46	44
1.1	157	137	122	110		92	85	79	73	69	65	61	58	55	52	50	48	46	44	42	41
1.0	143	125	111		91	83	77	71	67	62	59	56	53	50	48	45	43	42	40	38	37
0.9	129	112		90	82	75	69	64	60	56	53	50	47	45	43	41	39	37	36	35	33
0.8	114		89	80	73	67	62	57	53	50	47	44	42	40	38	36	35	33	32	31	30
0.7		87	78	70	64	58	54	50	47	44	41	39	37	35	33	32	30	29	28	27	26

Tab. 9-2   Skalierungswerte in Prozent bezogen auf den Rasterdivisor (RD) bei FM-Rastern

IST ▼   SOLL ▶

RD	12,5	12,0	11,5	11,0	10,5	10,0	9,5	9,0	8,5	8,0	7,5	7,0	6,5	6,0	5,5	5,0	4,5
4,5	36	38	39	41	43	45	47	50	53	56	60	64	69	75	82	90	
5,0	40	42	43	45	48	50	53	56	59	63	67	71	77	83	91		111
5,5	44	46	48	50	52	55	58	61	65	69	73	79	85	92		110	122
6,0	48	50	52	55	57	60	63	67	71	75	80	86	92		109	120	133
6,5	52	54	57	59	62	65	68	72	76	81	87	93		108	118	130	144
7,0	56	58	61	64	67	70	74	78	82	88	93		108	117	127	140	156
7,5	60	63	65	68	71	75	79	83	88	94		107	115	125	136	150	167
8,0	64	67	70	73	76	80	84	89	94		107	114	123	133	145	160	178
8,5	68	71	74	77	81	85	89	94		106	113	121	131	142	155	170	189
9,0	72	75	78	82	86	90	95		106	113	120	129	138	150	164	180	200
9,5	76	79	83	86	90	95		106	112	119	127	136	146	158	173	190	211
10,0	80	83	87	91	95		105	111	118	125	133	143	154	167	182	200	222
10,5	84	88	91	95		105	111	117	124	131	140	150	162	175	191	210	233
11,0	88	92	96		105	110	116	122	129	138	147	157	169	183	200	220	244
11,5	92	96		105	110	115	121	128	135	144	153	164	177	192	209	230	256
12,0	96		104	109	114	120	126	133	141	150	160	171	185	200	218	240	267
12,5		104	109	114	119	125	132	139	147	156	167	179	192	208	227	250	278

Man kann problemlos dieser Regel entsprechend skalieren, aber idealerweise nur, wenn man mit diesen Parametern einverstanden ist. Wenn Sie jetzt gern Ihre eigenen Werte finden möchten, brauchen Sie nur einen Taschenrechner oder Tab. 9-1. Sie weist Ihnen genau die maximale Skalierungsangabe in Prozent aus, wenn Sie zum einen den für das jeweilige Bild geltenden QF sowie zum anderen den (von Ihrer unteren Bildauflösungsgrenze stammenden) minimal notwendigen QF zur Auswertung verwenden. In der Tabellenlegende (linke Spalte) suchen Sie den Qualitätsfaktor Ihrer Bilder (IST) und im Tabellenkopf den durch eine Skalierung minimal erlaubten Qualitätsfaktor (SOLL). Im Kreuzungsbereich erhalten Sie dann den entsprechenden Skalierungswert.

Eine Variante von Tab. 9-1, die nur für die Arbeit mit amplitudenmodulierten Rastern gedacht ist, stellt Tab. 9-2 für die Arbeit mit frequenzmodulierten Rastern dar (vgl. Abschn. 6.4 ab S. 93).

Am universellsten jedoch ist Tab. 9-3, die sich direkt auf die Bildauflösung bezieht und daher für alle Ausgabeverfahren geeignet ist. Die Unter-

Tab. 9-3   Skalierungswerte bezogen auf die Bildauflösung

cm⁻¹ IST ▼	SOLL ▶ ppi	20 / 50	30 / 75	40 / 100	50 / 125	60 / 150	70 / 175	80 / 200	90 / 225	100 / 250	110 / 275	120 / 300	130 / 325	140 / 350
270	675	1350,0	900,0	675,0	540,0	450,0	385,7	337,5	300,0	270,0	245,5	225,0	207,7	192,9
260	650	1300,0	866,7	650,0	520,0	433,3	371,4	325,0	288,9	260,0	236,4	216,7	200,0	185,7
250	625	1250,0	833,3	625,0	500,0	416,7	357,1	312,5	277,8	250,0	227,3	208,3	192,3	178,6
240	600	1200,0	800,0	600,0	480,0	400,0	342,9	300,0	266,7	240,0	218,2	200,0	184,6	171,4
230	575	1150,0	766,7	575,0	460,0	383,3	328,6	287,5	255,6	230,0	209,1	191,7	176,9	164,3
220	550	1100,0	733,3	550,0	440,0	366,7	314,3	275,0	244,4	220,0	200,0	183,3	169,2	157,1
210	525	1050,0	700,0	525,0	420,0	350,0	300,0	262,5	233,3	210,0	190,9	175,0	161,5	150,0
200	500	1000,0	666,7	500,0	400,0	333,3	285,7	250,0	222,2	200,0	181,8	166,7	153,8	142,9
190	475	950,0	633,3	475,0	380,0	316,7	271,4	237,5	211,1	190,0	172,7	158,3	146,2	135,7
180	450	900,0	600,0	450,0	360,0	300,0	257,1	225,0	200,0	180,0	163,6	150,0	138,5	128,6
170	425	850,0	566,7	425,0	340,0	283,3	242,9	212,5	188,9	170,0	154,5	141,7	130,8	121,4
160	400	800,0	533,3	400,0	320,0	266,7	228,6	200,0	177,8	160,0	145,5	133,3	123,1	114,3
150	375	750,0	500,0	375,0	300,0	250,0	214,3	187,5	166,7	150,0	136,4	125,0	115,4	107,1
140	350	700,0	466,7	350,0	280,0	233,3	200,0	175,0	155,6	140,0	127,3	116,7	107,7	
130	325	650,0	433,3	325,0	260,0	216,7	185,7	162,5	144,4	130,0	118,2	108,3		92,9
120	300	600,0	400,0	300,0	240,0	200,0	171,4	150,0	133,3	120,0	109,1		92,3	85,7
110	275	550,0	366,7	275,0	220,0	183,3	157,1	137,5	122,2	110,0		91,7	84,6	78,6
100	250	500,0	333,3	250,0	200,0	166,7	142,9	125,0	111,1		90,9	83,3	76,9	71,4
90	225	450,0	300,0	225,0	180,0	150,0	128,6	112,5		90,0	81,8	75,0	69,2	64,3
80	200	400,0	266,7	200,0	160,0	133,3	114,3		88,9	80,0	72,7	66,7	61,5	57,1
70	175	350,0	233,3	175,0	140,0	116,7		87,5	77,8	70,0	63,6	58,3	53,8	50,0
60	150	300,0	200,0	150,0	120,0		85,7	75,0	66,7	60,0	54,5	50,0	46,2	42,9
50	125	250,0	166,7	125,0		83,3	71,4	62,5	55,6	50,0	45,5	41,7	38,5	35,7
40	100	200,0	133,3		80,0	66,7	57,1	50,0	44,4	40,0	36,4	33,3	30,8	28,6
30	75	150,0		75,0	60,0	50,0	42,9	37,5	33,3	30,0	27,3	25,0	23,1	21,4
20	50		66,7	50,0	40,0	33,3	28,6	25,0	22,2	20,0	18,2	16,7	15,4	14,3

scheidung der beiden Maßsysteme (hier mit dem vereinfachten Umrechnungsfaktor von 2,5 für glatte Werte) ist genau genommen nicht notwendig, da die Skalierungswerte unabhängig von diesen resultieren. Man darf jedoch nur entweder mit den inneren oder mit den äußeren Werten arbeiten.

Die Auswertung aller drei Tabellen ist gleich: Den farblich hervorgehobenen Randspalten entnimmt man die momentanen und den farblich hervorgehobenen Kopfzeilen die gewünschten Bildwerte.

Die bisherigen Ausführungen gelten nur für Printmedien. Nonprintmedien stellen skalierte Pixeldaten grundsätzlich mit verminderter Qualität dar (vgl. auch Abb. 5-16 bis 5-23 auf S. 64–65), weshalb auf entsprechende Vorgänge, etwa bei Präsentationen oder Internetauftritten, verzichtet werden sollte. Im Falle von Nonprintanwendungen sollten die Pixeldaten im Vorfeld auf die richtige Bildauflösung berechnet werden (siehe nachfolgenden Abschnitt).

150	160	170	180	190	200	210	220	230	240	250	260	270	IST ▼	cm^{-1}
375	400	425	450	475	500	525	550	575	600	625	650	675	ppi	◄ SOLL
180,0	168,8	158,8	150,0	142,1	135,0	128,6	122,7	117,4	112,5	108,0	103,8		675	270
173,3	162,5	152,9	144,4	136,8	130,0	123,8	118,2	113,0	108,3	104,0		96,3	650	260
166,7	156,3	147,1	138,9	131,6	125,0	119,0	113,6	108,7	104,2		96,2	92,6	625	250
160,0	150,0	141,2	133,3	126,3	120,0	114,3	109,1	104,3		96,0	92,3	88,9	600	240
153,3	143,8	135,3	127,8	121,1	115,0	109,5	104,5		95,8	92,0	88,5	85,2	575	230
146,7	137,5	129,4	122,2	115,8	110,0	104,8		95,7	91,7	88,0	84,6	81,5	550	220
140,0	131,3	123,5	116,7	110,5	105,0		95,5	91,3	87,5	84,0	80,8	77,8	525	210
133,3	125,0	117,6	111,1	105,3		95,2	90,9	87,0	83,3	80,0	76,9	74,1	500	200
126,7	118,8	111,8	105,6		95,0	90,5	86,4	82,6	79,2	76,0	73,1	70,4	475	190
120,0	112,5	105,9		94,7	90,0	85,7	81,8	78,3	75,0	72,0	69,2	66,7	450	180
113,3	106,3		94,4	89,5	85,0	81,0	77,3	73,9	70,8	68,0	65,4	63,0	425	170
106,7		94,1	88,9	84,2	80,0	76,2	72,7	69,6	66,7	64,0	61,5	59,3	400	160
	93,8	88,2	83,3	78,9	75,0	71,4	68,2	65,2	62,5	60,0	57,7	55,6	375	150
93,3	87,5	82,4	77,8	73,7	70,0	66,7	63,6	60,9	58,3	56,0	53,8	51,9	350	140
86,7	81,3	76,5	72,2	68,4	65,0	61,9	59,1	56,5	54,2	52,0	50,0	48,1	325	130
80,0	75,0	70,6	66,7	63,2	60,0	57,1	54,5	52,2	50,0	48,0	46,2	44,4	300	120
73,3	68,8	64,7	61,1	57,9	55,0	52,4	50,0	47,8	45,8	44,0	42,3	40,7	275	110
66,7	62,5	58,8	55,6	52,6	50,0	47,6	45,5	43,5	41,7	40,0	38,5	37,0	250	100
60,0	56,3	52,9	50,0	47,4	45,0	42,9	40,9	39,1	37,5	36,0	34,6	33,3	225	90
53,3	50,0	47,1	44,4	42,1	40,0	38,1	36,4	34,8	33,3	32,0	30,8	29,6	200	80
46,7	43,8	41,2	38,9	36,8	35,0	33,3	31,8	30,4	29,2	28,0	26,9	25,9	175	70
40,0	37,5	35,3	33,3	31,6	30,0	28,6	27,3	26,1	25,0	24,0	23,1	22,2	150	60
33,3	31,3	29,4	27,8	26,3	25,0	23,8	22,7	21,7	20,8	20,0	19,2	18,5	125	50
26,7	25,0	23,5	22,2	21,1	20,0	19,0	18,2	17,4	16,7	16,0	15,4	14,8	100	40
20,0	18,8	17,6	16,7	15,8	15,0	14,3	13,6	13,0	12,5	12,0	11,5	11,1	75	30
13,3	12,5	11,8	11,1	10,5	10,0	9,5	9,1	8,7	8,3	8,0	7,7	7,4	50	20

9.2 Pixelbilder berechnen (interpolieren)

Im Gegensatz zum Skalieren (vgl. Abschn. 9.1), bei welchem letztlich nur die für den Ausdruck gültige Pixel- und damit auch Bildgröße angepasst wird, geht es beim Interpolieren darum, auch die Pixeldaten zu manipulieren, indem Pixel hinzugefügt oder entfernt werden.

9.2.1 Herunterrechnen (downsampling)

Bilddaten werden immer dann heruntergerechnet, wenn es aus Platzgründen oder wegen einer für einen jeweiligen Anwendungszweck überhöhten Bildauflösung erforderlich ist, wie beispielsweise bei einem Bild, das für ein Druckmedium vorbereitet wurde, aber nun zusätzlich für ein Nonprintmedium gebraucht wird.

Dabei ist bei Bilddaten für die Monitoranzeige nicht nur eine möglichst niedrige Datenmenge zur zügigen Handhabung relevant, sondern auch eine gute Darstellungsqualität. Deshalb sollten diese auf die richtigen Pixelmaße berechnet werden, da die hochwertigen Interpolationsalgorithmen der Bildbearbeitungsprogramme sichtbar bessere Ergebnisse liefern als die auf Geschwindigkeit optimierten Angleichungsmethoden der meisten Präsentationsprogramme oder Internetbrowser (vgl. Abb. 5-16 bis 5-20 auf S. 64).

Aber auch bei den besten Interpolationsmethoden fallen zu dem gewollten Datenverlust leichte Informationseinbußen an (wie bei den meisten Transformationen von Pixeldaten). Daher sollte man grundsätzlich nicht zu sorglos seine Pixelgrafiken berechnen; ist ein Herunterrechnen notwendig, wäre es förderlich, diesen Schritt nur einmal durchführen. Angenommen, man braucht von einem Original drei geringer aufgelöste Kopien, dann sollte immer vom Original aus interpoliert werden und keinesfalls von dem ersten Interpolationsergebnis auf das zweite und von diesem auf das dritte. Auf diese Weise summieren sich unnötigerweise die Berechnungsfehler.

Schließlich ist zu bedenken, dass man Ursprungsdaten nicht ohne Not löschen sollte, vor allem wenn es keine analogen Originale wie Negative oder Diapositive gibt. Aus heruntergerechneten Bildern lassen sich durch den entgegengesetzten Vorgang des Hochrechnens in aller Regel nicht wieder die Originalinformationen herstellen.

9.2.2 Hochrechnen (upsampling)

Das Hochrechnen von Bilddaten ist immer dann von Interesse, wenn die ermittelte Bildauflösung (bei entsprechender Bildgröße) mit den vorliegenden Daten nicht möglich ist, beispielsweise weil die Digitalkamera nicht die für einen größeren Fotoausdruck benötigte Auflösung aufweist.

Jedoch sollte man sich hier nicht zu viel Hoffnung machen, da eine höhere interpolierte Auflösung nicht die Qualität eines in vergleichbarer Auflösung gescannten oder digital fotografierten Bildes aufweist, immer vorausgesetzt, dass es sich wenigstens um durchschnittlich gute Ausgangsdaten handelt.

Auf der nachfolgenden Doppelseite sind, ausgehend von Abb. 9-7 mit einer Bildauflösung von 100 cm^{-1} (254 ppi) und einem Qualitätsfaktor von 1,43, vergleichend einige um 200, 400 und 800 Prozent skalierte und interpolierte Abbildungen nebeneinander gestellt. In der mittleren Spalte der linken Seite (Abb. 9-8 bis 9-10) befinden sich die schon im vorhergehenden Abschnitt gezeigten Resultate des einfachen Vergrößerns, während auf der rechten Seite die Ergebnisse dreier typischer Interpolationsmethoden, wie sie führend von Photoshop repräsentiert werden, abgebildet sind (Abb. 9-14 bis 9-22). Hinzu kommen in der rechten Spalte der linken Seite die Abb. 9-11 bis 9-13, die direkt von der analogen Vorlage, gemäß der gewünschten Auflösung, gescannt wurden. Diese zeigen dann auch sehr deutlich, warum interpolierte Auflösungen nur bei fehlenden Alternativen eingesetzt werden sollten.

Das Hochrechnen hat vor allem folgende Zielsetzungen: Erstens, die deutlich sichtbaren Pixelstufen zu vermindern, und zweitens, Pixeldaten für die Weiterbearbeitung vorzubereiten. Dabei werden z. B. für die Größenanpassungen bei Bildmontagen die einzelnen Bestandteile aneinander angepasst, da es für eine Pixelgrafik nur eine Pixelmatrix geben kann, in die sich alle fügen müssen. Bei grafisch genutzten unscharfen Hintergründen etwa ist es dabei nicht wesentlich, ob die Unschärfe durch die Aufnahme, die Interpolation oder einen Weichzeichnungsfilter der Bildbearbeitung entstanden ist.

9.2.3 Berechnungsmethoden

Um aus mehreren Pixeln einen und aus einem Pixel mehrere zu machen, werden mathematische Verfahren eingesetzt. Die Bandbreite reicht dabei von schnellen, einfachen Methoden mit mäßigen Ergebnissen bis zu zeitaufwändigeren mit besseren Resultaten. Wenn von schnellen, einfachen Methoden die Rede ist, meint man normalerweise das »Aussuchen« von Pixeln. Stellen wir uns zu diesem Zweck den einfachen Fall vor, dass die Bildauflösung eines Bildes auf genau den halben Wert (ohne die geplante Bildgröße zu verändern) reduziert werden soll. In diesem Fall muss aus einem 2×2-Pixelquadrat genau ein Pixel erzeugt werden. Dabei wird dann einfach nur (irgend)einer der vier vorhandenen Pixel ausgesucht (z. B. jeweils der sich oben links befindende), ohne die drei anderen auszuwerten. Das Gleiche geschieht beim Hochrechnen von Pixeln: Hier werden die neuen Pixel aus nur einem nebenstehenden bestimmt. Demgemäß bekommen diese Interpolationsmethoden Namen wie *Pixelwiederholung*, *Kurzberechnung* oder *Nächster Nachbar* (vgl. Abb. 9-6). Daher ist, wenn man die Abb. 9-8 bis 9-10 mit den Abb. 9-14 bis 9-16 vergleicht, kein Unterschied zu erkennen. Die hochgerechneten Daten hätten jedoch einen Platzbedarf von 2,95, 11,8 und 47,1 MB, im Gegensatz zu 754 KB!

Bei den anderen Methoden werden neue Pixelwerte nicht nur von einem Nachbarn sondern von mehreren bestimmt. Stellen wir uns noch einmal das zuvor beschriebene 2×2-Pixelquadrat vor. Würde dieses wie ein Schachbrett aus zwei schwarzen und zwei weißen Pixeln bestehen, entstünde beim Herunterrechnen nicht entweder Schwarz oder Weiß, sondern ein zwischen diesen beiden arithmetisch gemitteltes Grau. Entsprechendes passiert beim Hochrechnen: Wenn aus jedem Pixel vier erzeugt werden sollen, dann würden weichgezeichnete abgerundete Quadrate herauskommen, mit einem Übergang von Schwarz über Dunkel- und Hellgrau nach Weiß. Die ur-

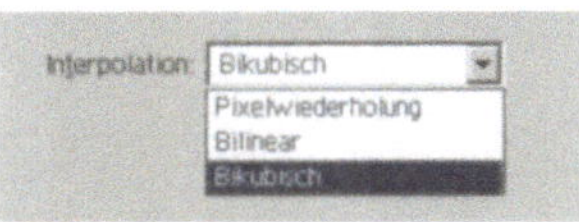

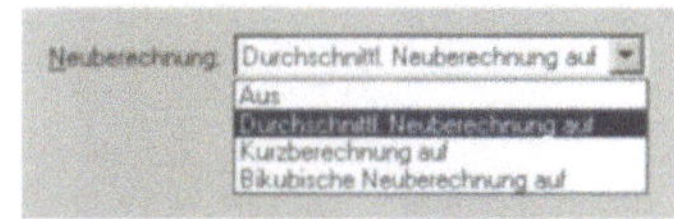

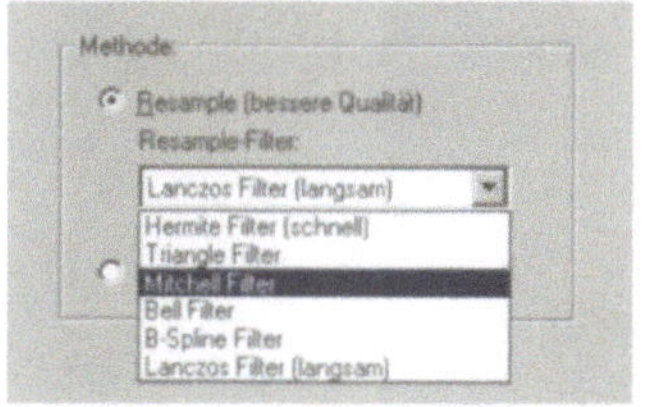

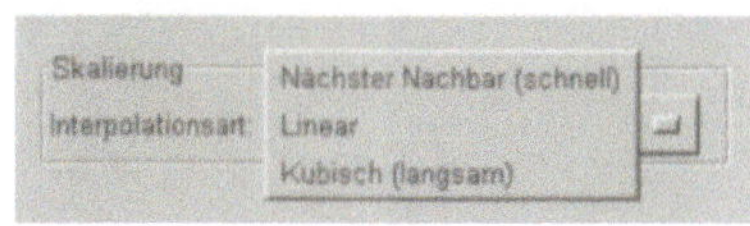

Abb. 9-6 Dialogausschnitte zu wählbaren Interpolationsmethoden einiger Programme.
Von oben nach unten:
Photoshop (Adobe)
Acrobat Distiller (Adobe)
IrfanView (Irfan Skiljan)
The Gimp (GNU)

Abb. 9-7 Ausgangsbild mit einer Auflösung von 100 cm⁻¹ (254 ppi) und einer Dateigröße von 754 KB

Skalierung von Abb. 9-7 im verwendeten Layoutprogramm, ohne Neuberechnung
Bildausschnitte

Mit entsprechender Auflösung gescannte Ausschnitte der Originalvorlage von Abb. 9-7

Abb. 9-8 Abb. 9-7 auf 200 % skaliert

Abb. 9-11 Bildauflösung: 200 cm⁻¹ (508 ppi)

Abb. 9-9 Abb. 9-7 auf 400 % skaliert

Abb. 9-12 Bildauflösung: 400 cm⁻¹ (1016 ppi)

Abb. 9-10 Abb. 9-7 auf 800 % skaliert

Abb. 9-13 Bildauflösung: 800 cm⁻¹ (2032 ppi)

**Interpolierte Abb. 9-7
Methode: Pixelwiederholung (Photoshop)**
Bildausschnitte

**Interpolierte Abb. 9-7
Methode: Bilinear (Photoshop)**
Bildausschnitte

**Interpolierte Abb. 9-7
Methode: Bikubisch (Photoshop)**
Bildausschnitte

Abb. 9-14 Bildauflösung: 200 cm⁻¹ (508 ppi)

Abb. 9-17 Bildauflösung: 200 cm⁻¹ (508 ppi)

Abb. 9-20 Bildauflösung: 200 cm⁻¹ (508 ppi)

Abb. 9-15 Bildauflösung: 400 cm⁻¹ (1016 ppi)

Abb. 9-18 Bildauflösung: 400 cm⁻¹ (1016 ppi)

Abb. 9-21 Bildauflösung: 400 cm⁻¹ (1016 ppi)

Abb. 9-16 Bildauflösung: 800 cm⁻¹ (2032 ppi)

Abb. 9-19 Bildauflösung: 800 cm⁻¹ (2032 ppi)

Abb. 9-22 Bildauflösung: 800 cm⁻¹ (2032 ppi)

sprünglichen Farbinformationen verlaufen somit mehr oder weniger stark ineinander, abhängig vom jeweiligen Verfahren.

Die Anzahl der in die Berechnung einfließenden umgebenden Pixel sowie die Gewichtung einzelner macht die Vielfalt der vorhandenen besseren Berechnungsmethoden aus (vgl. Abb. 9-6). Bei der bilinearen Interpolation von Photoshop werden z. B. die vier orthogonal benachbarten Pixel (rechts, links, oben und unten) berücksichtigt, bei der bikubischen zusätzlich die vier diagonalen, wobei jedoch die Algorithmen nicht öffentlich dokumentiert sind. – Die bikubische Interpolation gilt dabei als die beste in Photoshop, wobei mich die »geschärften« Ergebnisse gelegentlich zur bilinearen Interpolation greifen lassen…

Pixel bestehen lediglich aus Farbwerten und sind daher nichts anderes als neben- und übereinander stehende Zahlen. Beim Herunterrechnen ist es vergleichsweise einfach, da aus dem Überangebot tatsächlich existierender Pixel möglichst intelligent die Bilddetails in das kleinere Platzangebot eingepasst werden. Beim Hochrechnen jedoch, wenn etwa eine 80 neben einer 131 steht und wir dazwischen zwecks höherer Auflösung eine weitere Zahl benötigen, wie soll man dann an die richtige kommen? Wenn wir von einer Telefonnummer oder den »sechs richtigen« Lottozahlen nur jede zweite Ziffer bzw. Zahl haben und den Rest interpolieren müssten, wie sind dann die richtigen? Wir wissen es nicht. Und gleichsam auch kein Computeralgorithmus! Wenn das gehen würde, bräuchte man nicht einmal mehr teure Objektive, da man nicht direkt sichtbare Bilddetails (= Schärfe) einfach interpolieren könnte.

Wir dürfen daher Werbeaussagen misstrauen, die behaupten, dass mit einigen gelungenen Algorithmen aus niedrig aufgelösten Bildern gute, hoch aufgelöste werden. Wie zuvor betont, wird vor allem die sichtbare Pixelstruktur eliminiert, wofür es sich nur begrenzt lohnt, auf zu hohe Bildauflösungen zu interpolieren. In diesem Zusammenhang muss auch betont werden, dass die Interpolationsqualität extrem von der Bildqualität abhängt: Erinnern Sie sich noch an die Nebelabbildungen aus Kapitel 6, bei welchen es sogar schwer ist, das höchst aufgelöste von dem zweit- oder drittniedrigst aufgelösten Bild zu unterscheiden? Solche Motive lassen sich erfolgreich hochrechnen, nur wozu, wenn man so oder so keinen Unterschied sieht?

In Kapitel 4 wurde bei den verschiedenen Geräteauflösungen betont, dass die realen von den physikalischen (adressierten) Auflösungen teils erheblich abweichen können. Prinzipbedingt gilt das auch für digitale Bilder. In Kapitel 5 wurde mit Abb. 5-24 und 5-25 demonstriert, dass bei nominell gleicher Bildauflösung die wirklich dargestellte Detailauflösung nicht der in diesem Fall digital möglichen entspricht. Dies trifft umso eher zu, je höher die technische Bildauflösung wird. Auch bei Abb. 9-13 ist erkennbar, dass ihre hohe technische Bildauflösung von 800 cm^{-1} (2032 ppi) nicht real erreicht wird.

Hochrechnen steigert die technische Bildauflösung, die reale kann nur sehr selten merklich korrigiert werden.

Dieses Kapitel ist für den speziellen Fall der Bildschirmpräsentationen gedacht. Kenntnisse von Pixel- und Vektorgrafik (Kap. 1), Monitorauflösungen (Abschn. 4.2.2) und der Auflösungsbestimmung von Bildschirmanwendungen (Kap. 7) sind hilfreich bis notwendig.

Kapitel 10

Bildauflösungen für Präsentationsanwendungen

Dieses Kapitel dient vor allem zum Aufzeigen der Punkte, die bei der Erstellung einer Präsentation zu beachten sind. Eine konkrete Umsetzungsmöglichkeit am Beispiel von Adobe Acrobat findet sich im nachfolgenden Kapitel. Bei speziellen Präsentationsprogrammen mit eigener Anzeigetechnik muss die Angelegenheit entsprechend übertragen werden.

10.1 Typische Problematik

Ein Präsentationsprogramm ist im Allgemeinen vektororientiert. Damit ist es sehr flexibel, was sich immer dann auszahlt, wenn die Betrachtungsbedingungen nicht feststehen. Bei einer auflösungsunabhängigen Vektorgrafik kann immer die für das jeweilige Anzeigesystem optimale Abbildungsqualität erreicht werden, da die Grafikdaten bei jedem Gebrauch immer wieder an die jeweilige Anzeigesituation angepasst werden. Weil eine Vektorgrafik keine Matrix zur Beschreibung der Grafikinhalte verwendet, sondern ein auflösungsunabhängiges Koordinatensystem, gibt es nur wenig Darstellungsprobleme bei der Anpassung in die Matrix der Systemauflösung. Lediglich extrem geringe Auflösungen des Ausgabesystems könnten in allen Fällen die Freude trüben, aber da es sich um Präsentationsanwendungen handelt, bei welchen den Zuschauern nur eine vergleichsweise große Distanz zur Betrachtung bleibt, kann man bei den Standards heutiger Systeme diesen Fall guten Gewissens ignorieren.

Für die Qualität einer Vektorkurve, die in Pixel umgerechnet wird, ist die zur Darstellung verwendete Pixelmenge nicht sehr relevant (vgl. blaue Kurve in Abb. 10-1 bis 10-3), zumindest wenn es sich in etwa um die gleiche Menge handelt (gegebenenfalls gilt: je höher die Systemauflösung, desto besser die Vektordarstellung). Bei einer Pixelkurve sieht das aber wieder anders aus. Hierbei ist es wichtig, dass die beiden Matrizen, die der Pixelgrafik und die der Systemauflösung, deckungsgleich sind. Da hierbei keine Angleichung stattfinden muss, wird Zeit gespart und die optimale Darstellung ermöglicht. Wenn die Pixel der Grafik nicht mit genau derselben Systempixelmenge dargestellt werden können, muss wieder eine schnelle, aber ungünstige Anpas-

Abb. 10-1 Vektorkurve (blau) sowie 62 × 70-Pixelgrafik (rot) mit 53 × 60 Systempixel dargestellt.

Abb. 10-2 Vektorkurve (blau) sowie 62 × 70-Pixelgrafik (rot) mit 62 × 70 Systempixel dargestellt.

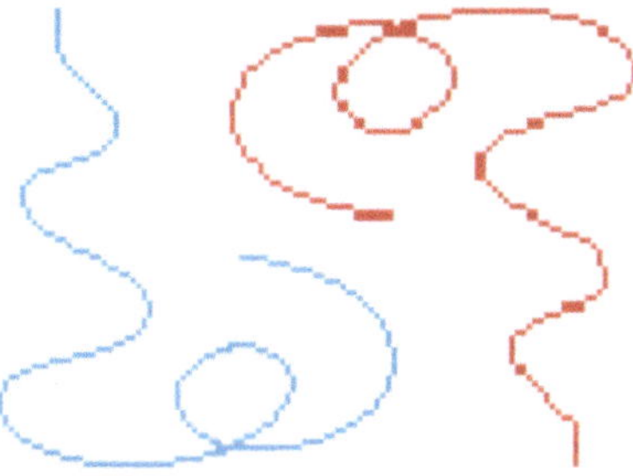

Abb. 10-3 Vektorkurve (blau) sowie 62 × 70-Pixelgrafik (rot) mit 70 × 80 Systempixel dargestellt.

sung vorgenommen werden, die sichtbare Qualitätseinbußen nach sich zieht (vgl. rote Kurve in Abb. 10-1 bis 10-3). Schon in Kapitel 5 wurde dieser Umstand mit realen Beispielen der Abb. 5-16 bis 5-18 (s. S. 64) sowie Abb. 5-21 bis 5-23 (s. S. 65) aufgezeigt.

In einigen Fällen bieten Programme für die Anzeige auch eine höherwertige Interpolation an, die im Einzelfall aktiviert oder deaktiviert werden kann. Die Ergebnisse lassen sich, in aller Vorsicht, mit denen in Abb. 5-19 und 5-20 (s. S. 64) vergleichen; sie sind besser als die schnelleren Anpassungen, aber auch nicht optimal (vgl. auch Kap. 9).

10.2 Festlegen der Zielsystemauflösung

Wenn es um Pixelgrafiken geht, können wir daher die Systemauflösung des Ausgabesystems keinesfalls außer Acht lassen. Im Gegenteil, um die optimale Darstellung zu gewährleisten, müssen wir uns auf die Anzeigebedingungen beziehen. Eine Präsentation wird dementsprechend für eine spezielle Systemauflösung (und nur für diese) vorbereitet, ähnlich den Vorbereitungen bei Multimedia-, Video- oder Internetanwendungen. Das bedeutet, dass Systemkenntnisse vorliegen müssen beziehungsweise Vorgaben festzulegen sind, mit welchen die Daten optimal dargeboten werden können.

In Tab. 10-1 sind für Präsentationen grundsätzlich geeignete Systemauflösungen aufgelistet. XGA gilt dabei als aktuelle Standardauflösung für Präsentationen; SVGA ist, global betrachtet, der etwas ältere Maßstab, jedoch im privaten Bereich immer noch angemessen, zumal die in Europa überwiegend eingesetzte PAL-Videonorm mit 576 × 768 Pixeln damit komplett dargestellt werden kann. Die Auswahl der letztlich verfügbaren Alternativen ist nicht selten durch die verwendeten Geräte vorgegeben. Sollten Sie beispielsweise eine Präsentation vorbereiten, die über einen Flachbildschirm (etwa des eigenen Notebooks) oder einen Videobeamer (Datenprojektor) dargeboten wird, dann bleibt Ihnen praktisch immer eine – einzige – geeignete Empfehlung der Systemauflösung, da diese Geräte (ausgenommen nur die sehr sel-

Tab. 10-1 Geeignete Systemauflösungen für Präsentationen

Auflösung	Kennung	Bedeutung	SV	Bemerkungen
640 × 480	VGA	Video Graphics Array	4:3	Weltweit am meisten unterstützte Systemauflösung
800 × 600	SVGA	Super VGA	4:3	Präsentationsstandard im privaten Bereich, älterer Standard für professionelle Präsentationen
832 × 624	Mac 16		4:3	Mac-Auflösung, zunehmend auch bei PC möglich
1024 × 768	XGA	eXtended Graphics Adapter	4:3	Aktueller Präsentationsstandard
1152 × 864	—		4:3	Alternative Mac-Auflösung: 1152 × 870 Pixel
1280 × 960	QVGA	Quad VGA	4:3	»4:3-SXGA« für verzerrungsfreie Darstellung auf Anzeigegeräten mit Standardseitenverhältnis
1280 × 1024	SXGA	Super XGA	5:4	Auf 4:3-Bildschirmen verzerrte Darstellung

SV = Seitenverhältnis

ten anzutreffenden Röhrenprojektoren) eine feste physikalische Geräteauflösung haben (s. auch Abschn. 4.2.2 ab S. 39).

Vereinfacht kann festgestellt werden, dass bei Präsentationen grundsätzlich nur wenige Systemauflösungen sinnvoll sind, unter denen man aber die richtige für die konkret verwendeten Geräte auswählen sollte. Denkbar ist z. B. der Fall, dass man für einen vielleicht sogar einmaligen Vortrag an einem Macintosh-Computer bei einer dort betriebenen Systemauflösung von 832 × 624 Pixeln konsequenterweise diese Auflösung als Bezugsmaßstab verwendet.

Schwierig wird es aber, wenn die Flexibilität durch die Verwendung unterschiedlicher Ausgabegeräte wichtiger ist als die Darstellungsqualität. Allerdings kann dieses Kapitel dann nicht weiterhelfen, außer mit dem Rat, möglichst nur Vektorgrafik oder kontrastärmere Pixelbilder einzusetzen (ein gepixeltes Firmenlogo in Schwarzweiß kann geradezu hässlich werden). Eventuell könnte man die Ausgabegeräte eingrenzen und nach Flachbildschirmen und Röhrenmonitoren unterscheiden: Wird ein und dieselbe Präsentation auf Laptop-Flachbildschirmen vielleicht überwiegend in einer Systemauflösung mit 1024 × 768 Pixeln, bei den anderen in Frage kommenden Rechnern jedoch mit 800 × 600 Pixeln angezeigt, wäre die höhere Auflösung die empfehlenswertere, da heruntergerechnete Bilddaten stets bessere Ergebnisse bringen als hochgerechnete; vor allem aber haben Flachbildschirme eine weniger tolerante Darstellung bei interpolierten Abbildungen als Röhrenmonitore, die prinzipbedingt die nicht optimalen Systemauflösungen weicher bzw. geglätteter darstellen.

10.3 Bestimmung der Bildauflösung

Haben wir uns zu einer Präsentation für eine Systemauflösung entschieden, ist diese die einzig relevante Größe für die Bildauflösungsbestimmung. Wie schon zuvor beschrieben, arbeiten wir keinesfalls mit Auflösungswerten, die sich auf eine Maßeinheit beziehen (s. Abschn. 7.3 »72-ppi-Mythos« ab S. 126)! Wir beziehen uns ausschließlich auf die Pixelabmessungen der Systemauflösung und definieren infolgedessen die Auflösungswerte der Pixeldaten auch mit der Breiten- und Höhenangabe in Pixeln. Paradoxerweise müssen wir in einigen Fällen bei Pixelgrafiken doch den willkürlichen Wert von 72 ppi eintragen, da man oft nur so die Programme zu einer sinnvollen Zusammenarbeit »überreden« kann (s. auch Abschn. 11.3 ab S. 163); aber erst, wenn die Pixelabmessungen der Grafik definiert sind.

Daher: Ein Bild, welches vielleicht als Struktur den gesamten Hintergrund ausfüllen soll, muss für die optimale Darstellung exakt dieselben Pixelabmessungen haben wie die Systemauflösung. Eine Abbildung, die genau ein Viertel der zur Verfügung stehenden Fläche ausfüllen soll (in demselben Seitenverhältnis von 4 : 3 wie die typischen Systemauflösungen), benötigt präzise die halbe horizontale und vertikale Pixelanzahl. Konkret: Ist die Systemauflösung auf 1024 × 768 Pixel festgelegt, sollte das Hintergrundbild ebenso eine Abmessung von 1024 × 768 Pixeln haben und die kleinere erdachte Abbildung eine Größe von 512 × 384 Pixeln (einfache Rechnung: 1024 ÷ 2 = 512; 768 ÷ 2 = 384).

Für Abbildungen, die nicht den gesamten Hintergrund ausfüllen sollen, ist letzten Endes die für die Präsentation geeignete maximale Anzeigefläche relevant, da üblicherweise weitere Bereiche für zusätzlichen Platz beanspruchende Informationen reserviert sind: Vortragsthema, Überschriften, Firmenlogo, Fußnoten, Abstand zum Bildschirmrand usw. Die verbleibende Nettofläche ist aus makrotypografischer Sicht am besten weiter zu unterteilen. Das Resultat sind durch einen kleinen Abstand getrennte **Rasterflächen** (nicht zu verwechseln mit den Rasterzellen, die für das Simulieren von Halbtönen bei der Druckausgabe zuständig sind), die einen so genannten Gestaltungsraster bilden.

Für aufwändige oder übergreifende Präsentationen ist es meist sehr empfehlenswert, einen Gestaltungsraster anzulegen. Aber anders als bei Druckerzeugnissen, wo für die Entwicklung der Abstände auch kleinste Maßeinheiten – oder natürlich auch Teile davon – zum Einsatz kommen, haben wir für Bildschirmpräsentationen nur die einzige (nicht teilbare) Maßeinheit Pixel. Bei der Berechnung der Abbildungsgrößen und der Abstände dazwischen, kann man demzufolge nicht sehr frei agieren. Wenn man z. B. vier Spalten innerhalb eines zuvor festgelegten Bereichs vorsieht, um vier gleich große Bilder mit gleichem Abstand platzieren zu können, funktioniert dies nicht unbedingt. Wäre dieser Bereich z. B. in einer »glatten« Breite von möglichen 900 Pixeln definiert, könnten die Spalten nicht 200 Pixel breit sein, da sich aus den verbleibenden 100 Pixeln keine drei gleich großen Abstände in ganzen Pixeln ergeben können: 100 Pixel dividiert durch drei ergibt 33,33 Pixel, somit erhält man nicht verwendbare »gebrochene« Pixel.

Zwischen exemplarischen 210 und 190 Pixel breiten Spalten würden nur folgende Kombinationen (Spaltenbreite / Spaltenabstand) mit ganzen Pixeln aufgehen: 210/20, 207/24, 204/28, 201/32, 198/36, 195/40, 192/44; die dazwischenliegenden Werte ergeben keine »glatten« Werte.

Eine weitere Einschränkung bei der freien Wahl von Abständen, aber dafür eine Hilfe bei der Entwicklung eines Gestaltungsrasters bedeutet die Arbeit mit *Teilerblöcken*. Ein **Teilerblock** kann eine quadratische oder eine rechteckige Form haben, untergliedert aber immer genau zu gleichen Teilen die Gesamtbreite und -höhe des Präsentationsbereichs.

Bei einem quadratischen Teilerblock wird demnach die Breite der Systemauflösung aus einer größeren Anzahl aufgebaut als die Höhe, da das Seitenverhältnis der üblichen Anzeigegeräte nicht 1:1, sondern 4:3 ist. Bei allen gängigen Systemauflösungen lassen sich beispielsweise 32 Teilerblöcke horizontal und 24 Teilerblöcke vertikal definieren. Sie bestehen dann je nach Systemauflösung aus verschieden vielen Pixeln, etwa 25 × 25 Pixeln bei einer SVGA-Auflösung oder 32 × 32 Pixeln bei einer XGA-Auflösung.

Der unbestreitbare Vorteil dabei ist die Schaffung einer in der Horizontalen wie Vertikalen gleichermaßen gültigen Grundeinheit, etwa für die Abstände zwischen Rändern und Spalten. Die Breite und Höhe von Rasterflächen wird ebenfalls aus der Addition der Teilerblöcke bestimmt und entspricht im

Tab. 10-2 Quadratische Teilerblöcke bei 4:3-Systemauflösungen in Pixel

System-auflösung	Anzahl Blockeinheiten horizontal / vertikal										
	8 / 6	12 / 9	16 / 12	20 / 15	24 / 18	32 / 24	36 / 27	40 / 30	48 / 36	52 / 39	64 / 48
640 × 480	80	—	40	32	—	20	—	16	—	—	10
800 × 600	100	—	50	40	—	25	—	20	—	—	—
832 × 624	104	—	52	—	—	26	—	—	—	16	13
1024 × 768	128	—	64	—	—	32	—	—	—	—	16
1152 × 864	144	96	72	—	48	36	32	—	24	—	18
1280 × 960	160	—	80	64	—	40	—	32	—	—	20
1600 × 1200	200	—	100	80	—	50	—	40	—	—	25

Tab. 10-3 Rechteckige Teilerblöcke bei 4:3-Systemauflösungen in Pixel

System-auflösung	Anzahl Blockeinheiten horizontal / vertikal								
	8	9	10	12	13	16	18	20	24
640 × 480	80 / 60	—	64 / 48	—	—	40 / 30	—	32 / 24	—
800 × 600	100 / 75	—	80 / 60	—	—	—	—	40 / 30	—
832 × 624	104 / 78	—	—	—	64 / 48	52 / 39	—	—	—
1024 × 768	128 / 96	—	—	—	—	64 / 48	—	—	—
1152 × 864	144 / 108	128 / 96	—	96 / 72	—	72 / 54	64 / 48	—	48 / 36
1280 × 960	160 / 120	—	128 / 96	—	—	80 / 60	—	64 / 48	—
1600 × 1200	200 / 150	—	160 / 120	—	—	100 / 75	—	80 / 60	—
	25	26	32	36	40	48	50	52	64
640 × 480	—	—	20 / 15	—	16 / 12	—	—	—	—
800 × 600	32 / 24	—	—	—	20 / 15	—	16 / 12	—	—
832 × 624	—	32 / 24	—	—	—	—	—	16 / 12	—
1024 × 768	—	—	32 / 24	—	—	—	—	—	16 / 12
1152 × 864	—	—	36 / 27	32 / 24	—	24 / 18	—	—	—
1280 × 960	—	—	40 / 30	—	32 / 24	—	—	—	20 / 15
1600 × 1200	64 / 48	—	—	—	40 / 30	—	32 / 24	—	—

Idealfall den jeweiligen Wünschen zur Aufteilung der Seite: z. B. vier horizontal und drei vertikal angeordnete Rasterflächen.

Auf der anderen Seite könnte ein rechteckiger Teilerblock bei allen Systemauflösungen im Seitenverhältnis 4:3 aus 32 × 24 Pixeln bestehen, welcher damit zugleich dieselbe Seitenrelation vorweist. Der Unterschied zwischen den Systemauflösungen wäre nun die unterschiedliche Anzahl der Blöcke neben- und untereinander. Bei einer SVGA-Auflösung wären es in diesem Beispiel 25 und bei einer XGA-Auflösung 32 Blöcke.

Neben dem identischen Seitenverhältnis zur Gesamtfläche ist der Vorteil dieser asymmetrischen Blockratio, dass immer dieselbe Anzahl an Teilerblöcken horizontal wie vertikal die volle Breite / Höhe ausmacht. Ein Nachteil dabei ist, dass horizontale und vertikale Abstände, bestehend aus einem Teilerblock, nicht gleich groß sind. Umgehen könnte man das nur durch die Wahl eines kleineren Blocks aus vielleicht 8 × 6 Pixeln (auch eine bei allen 4:3-Systemauflösungen gültige Größe), wobei dann mehrere Teilerblöcke einen Standardabstand definieren, die jedoch für die beiden Dimensionen unterschiedlich gewählt werden: z. B. drei Teilerblöcke für horizontale und vier für vertikale Abstände mit dann jeweils 24 Pixel in beiden Richtungen.

Kleine Teilerblöcke sind zwar in einigen Fällen flexibler, jedoch auch weniger effizient in der Anwendung als größere, zumindest wenn eine gelungene Kombination in Bezug auf die Präsentationsauflösung gefunden wurde. Allerdings muss ich zugeben, dass das sicher die persönliche Einstellung eines jeden ist, der Präsentationen oder vergleichbare Layouts zu erstellen hat. Nehmen Sie sich also die Freiheit, Ihre Vorlieben umzusetzen.

Zur einfacheren Ermittlung für Sie günstiger Teilerblöcke können Sie die nachfolgend beschriebenen Tabellen zu Hilfe nehmen: Tab. 10-2 listet alle möglichen quadratischen Teilerblockgrößen bis max. 64 Pixel sowie deren abweichende horizontale und vertikale Anzahl auf, und Tab. 10-3 führt alle rechteckigen Teilerblöcke mit gleichem Seitenverhältnis wie die Systemauflösung in Pixelmaßen an sowie auch deren identische horizontale und vertikale Anzahl.

Was generell mit der Verwendung eines aus den beschriebenen Teilerblöcken bestehenden Gestaltungsrasters möglich ist, zeigen andeutungsweise Abb. 10-5 bis 10-11.

Der Hauptvorteil dieser Vorgehensweise liegt nun in der relativ schnellen Ermittlung von Bildgrößen direkt in den benötigten Pixelabmessungen.

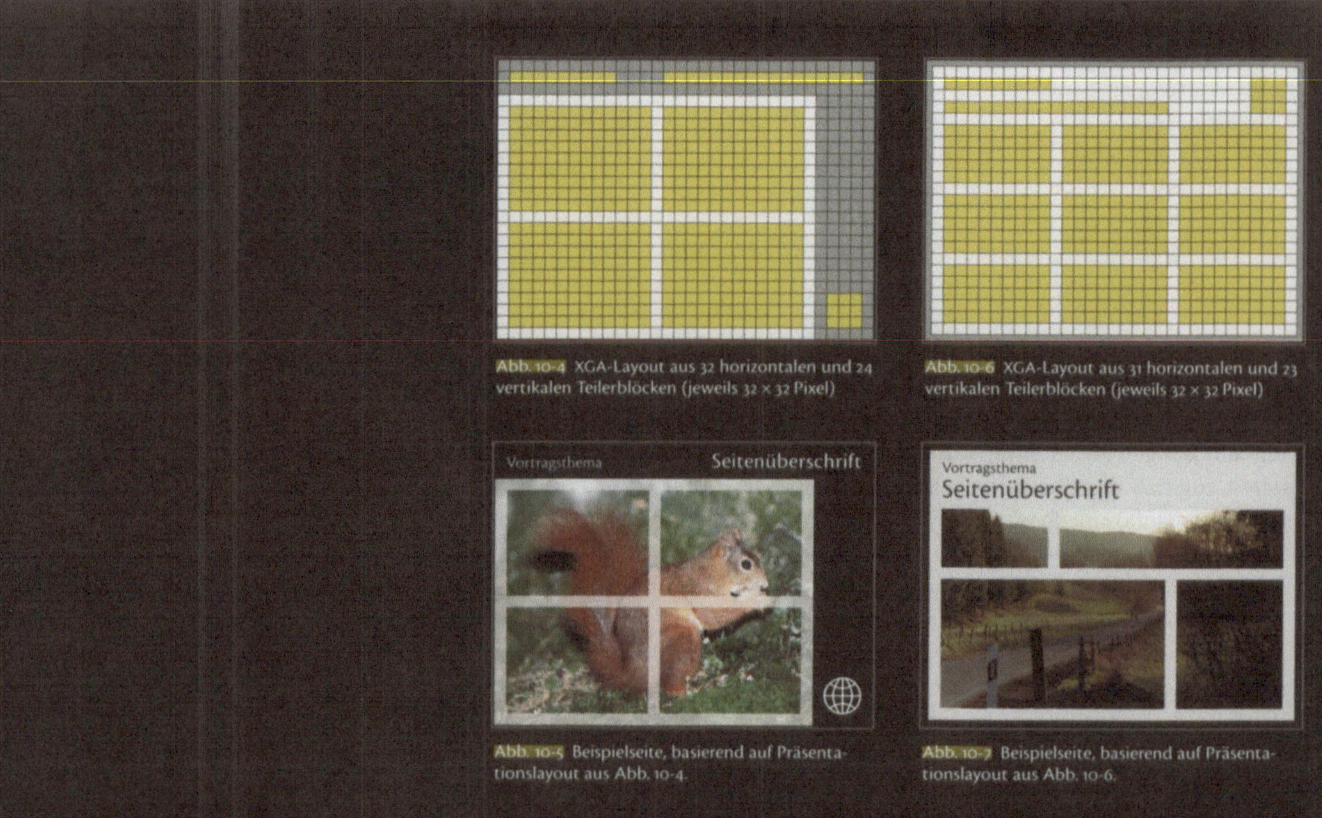

Abb. 10-4 XGA-Layout aus 32 horizontalen und 24 vertikalen Teilerblöcken (jeweils 32 × 32 Pixel)

Abb. 10-6 XGA-Layout aus 31 horizontalen und 23 vertikalen Teilerblöcken (jeweils 32 × 32 Pixel)

Abb. 10-5 Beispielseite, basierend auf Präsentationslayout aus Abb. 10-4.

Abb. 10-7 Beispielseite, basierend auf Präsentationslayout aus Abb. 10-6.

Wenn wir etwa ein Grundlayout wie in Abb. 10-8 benutzen, ist dessen kleinste Rasterfläche aus sechs horizontalen und vier vertikalen Teilerblöcken mit je 32 × 32 Pixeln aufgebaut und besteht damit aus 192 × 128 Pixeln. Entweder wird diese Größe direkt für Abbildungen verwendet (vgl. Abb. 10-9), oder Vielfache davon plus dazwischenliegende Abstände führen zu weiteren, schnell ermittelbaren Abbildungsgrößen von 192 × 288 (vgl. Abb. 10-10), 416 × 192 oder auch 192 × 608 Pixeln (vgl. Abb. 10-12).

Bei einem Gestaltungsraster muss man nicht exakt und ausschließlich die Rasterflächen verwenden. Ein solches System soll helfen und nicht einengen: Wenn man mehrere Abbildungen platzieren muss, ist es hilfreich, wenn man z.B. weiß, dass drei Fotos mit 288 Pixeln Breite, getrennt durch jeweils 32 Pixel, genau nebeneinander passen. Vielleicht sind sie unterschiedlich hoch, dann reicht es, wenn sie oben oder unten bündig zueinander sind. Und weiter: Wenn die Position, an der ausgerichtet wird, dabei an einem Teilerblockabstand oder – besser – zu einer Rasterfläche ausgerichtet wird, ist eine geordnete Darstellung, auch über mehrere Seiten hinweg, recht einfach.

Dabei geht es nicht nur um das bequeme Ermitteln von Bildauflösungen und das effiziente Erstellen von Präsentationen, sondern auch um deren abgestimmte und damit glaubwürdige Darbietung.

Schließlich sei noch erwähnt, falls Sie vielleicht für die noch durchaus aktuelle SVGA-Auflösung Präsentationen und Vorträge erstellen, dass die ge-

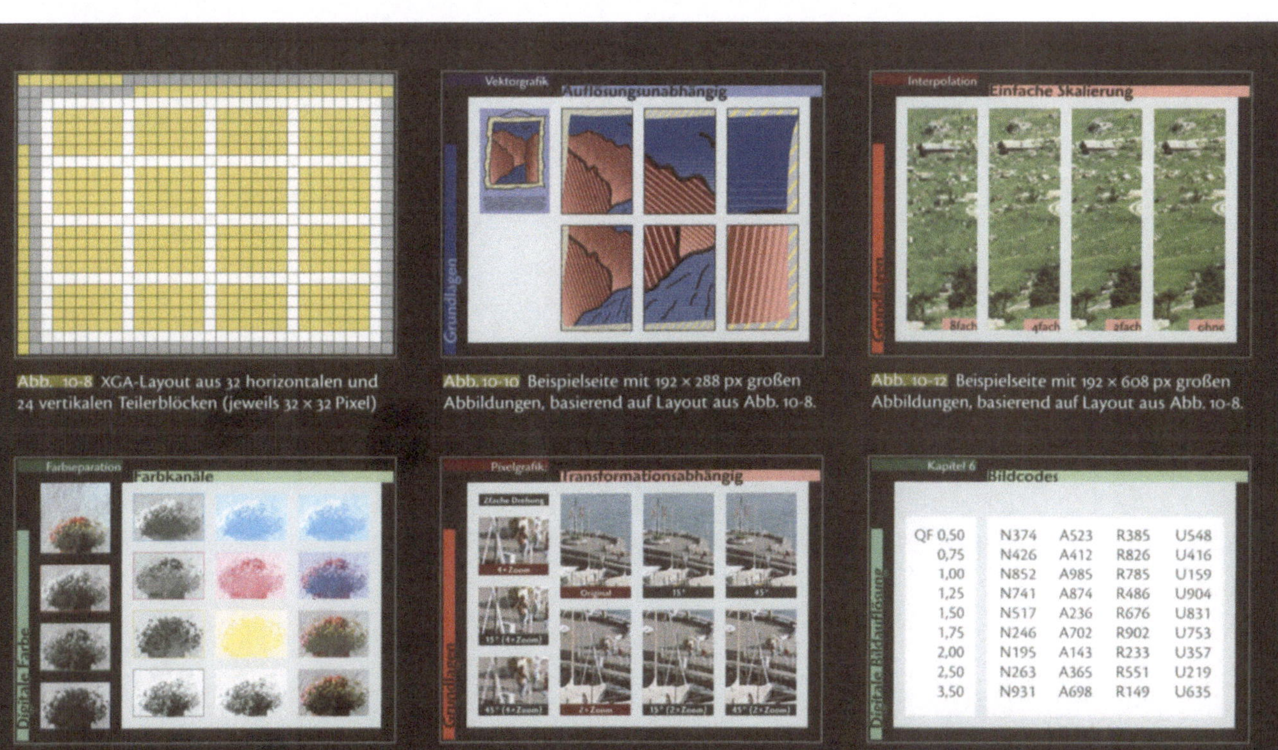

Abb. 10-8 XGA-Layout aus 32 horizontalen und 24 vertikalen Teilerblöcken (jeweils 32 × 32 Pixel)

Abb. 10-10 Beispielseite mit 192 × 288 px großen Abbildungen, basierend auf Layout aus Abb. 10-8.

Abb. 10-12 Beispielseite mit 192 × 608 px großen Abbildungen, basierend auf Layout aus Abb. 10-8.

Abb. 10-9 Beispielseite mit 192 × 128 px großen Abbildungen, basierend auf Layout aus Abb. 10-8.

Abb. 10-11 Beispielseite mit 192 × 256 px und 192 × 128 px großen Abbildungen.

Abb. 10-13 Beispielseite nur mit Textdarstellung, basierend auf Layout aus Abb. 10-8.

schickte Wahl eines Gestaltungsrasters diesen auch für eine zukünftige höhere Auflösung verwendbar macht.

Mit einer 32 × 24er Einteilung wäre man beispielsweise für alle 4:3-Systemauflösungen gerüstet (vgl. Tab. 10-2).

Natürlich müssen Sie dann bei einem Wechsel zur optimalen Qualität – und sofern möglich – die Bildauflösungen anpassen. Mit den existierenden Originalbildern ist die Arbeit vergleichsweise schnell erledigt. Die ursprünglichen Bildausschnitte der meist höher aufgelösten Originale müssen »nur« auf die neuen, schnell ermittelbaren Werte heruntergerechnet werden. Bei vorhandenen auflösungsunabhängigen Text- bzw. Vektorobjekten ist lediglich eine Größenanpassung notwendig.

Wer Bildschirm- oder Beamerpräsentationen zu gestalten hat – mit oder ohne den Dokumentenstandard Acrobat –, muss für Pixelabbildungen in passender Qualität einige Grundprinzipien beachten. Diese sind in Kapitel 5 einführend und in Kapitel 10 umfassend beschrieben.
Dieses Kapitel ist hauptsächlich für diejenigen interessant, die Präsentationen mit Acrobat durchführen und eine maximale Anzeigequalität bei Pixelabbildungen erstreben. Jedoch lassen sich einige der hier gebotenen Lösungsansätze auch auf manch andere spezialisierte Präsentationsprogramme übertragen.

Kapitel 11

Acrobat-Präsentationen richtig vorbereiten

Nachdem im vorherigen Kapitel auf die allgemeine Bildauflösungsproblematik von Bildschirmpräsentationen eingegangen wurde, ist in diesem Kapitel eine konkrete Umsetzung mit dem Dokumentenstandard Adobe Acrobat an der Reihe.

Falls Sie mit diesem Standard arbeiten und bei Ihrer Präsentation weniger gern Ergebnisse wie in Abb. 11-1, sondern eher wie in Abb. 11-2 darbieten möchten, kann Ihnen dieses Kapitel nützliche Hinweise geben (vgl. auch Abb. 5-16 bis 5-23 auf den S. 64–65).

11.1 Vorüberlegungen zu Acrobat

Acrobat ist ein Softwaresystem, mit dem einerseits digitale Informationen unterschiedlichster Herkunft in ein Dateiformat mit dem Namen *Portable Document Format* (übertragbares Dokumentenformat), kurz PDF, konvertiert und andererseits diese konvertierten Daten mit Hilfe der verschiedensten Betriebssysteme auf Bildschirmen, Videobeamern oder Druckern jeder Art zur Anzeige gebracht werden können. Dies geschieht mit dem kostenlosen Programm *Acrobat Reader* (seit Version 6.0: *Adobe Reader*) bzw. dem käuflichen Produkt *Adobe Acrobat*.

Acrobat ist vektororientiert und daher beim Einsatz für Nonprintmedien eine der in Kapitel 7 angesprochenen Ausnahmen (siehe insbesondere S. 122), die Bildpixel nicht automatisch deckungsgleich mit Systempixeln abbilden, sondern ausschließlich mit den in absoluten Maßen definierten Seitengrößen arbeiten. Damit die Seiteninformation in die Pixelabmessungen der Systemauflösung überführt werden können, bedarf es einer Angabe, wie viele Pixel z.B. einen Zentimeter darstellen müssen: Wir benötigen eine Bezugsauflösung. Acrobat bis Version 5.0 verwendet dafür, wie viele andere Produkte in diesem Fall, eine feste Auflösung von 72 ppi (28,35 cm⁻¹). Seit Acrobat Version 6.0 kann diese Auflösung jedoch beeinflusst werden (vgl. Abb. 11-3 und 11-4).

Für die Darstellung von PDF-Dateien in *Acrobat* bzw. *Reader* gibt es die folgenden drei Möglichkeiten: Erstens, mit dem Anzeigemodus *Ganze Seite*

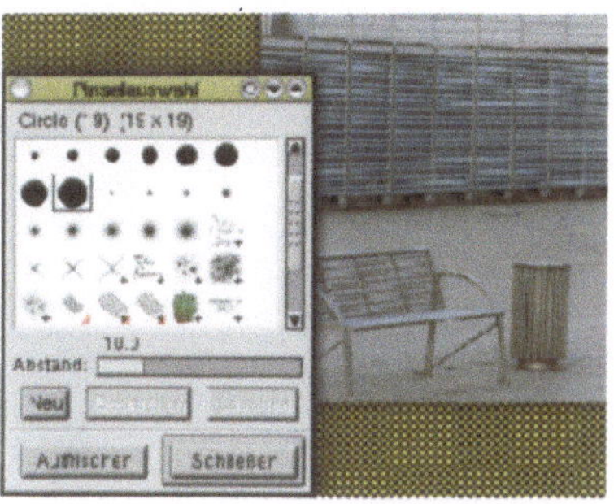

Abb. 11-1 Schlecht abgestimmte Darstellung

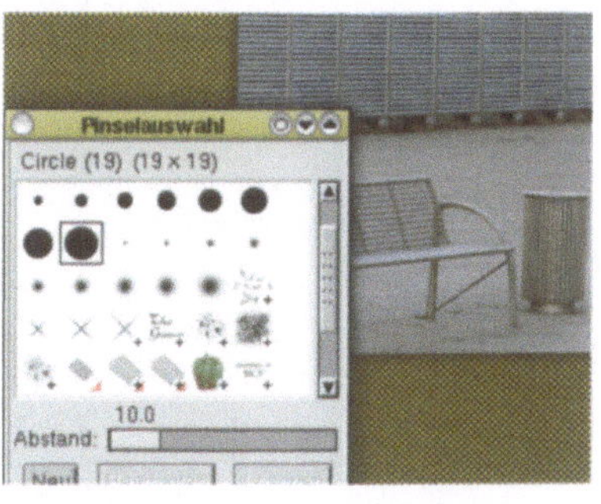

Abb. 11-2 Optimal abgestimmte Darstellung

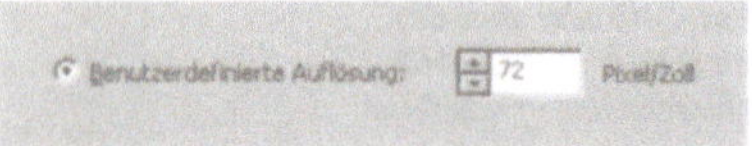

Abb. 11-3 Einstellungsmöglichkeit ab Acrobat 6.0: Um ein zu früheren Versionen kompatibles Auflösungsverhalten zu erreichen, ist in den *Grundeinstellungen* unter *Seitenanzeige* die *Benutzerdefinierte Auflösung* auf 72 ppi zu setzen.

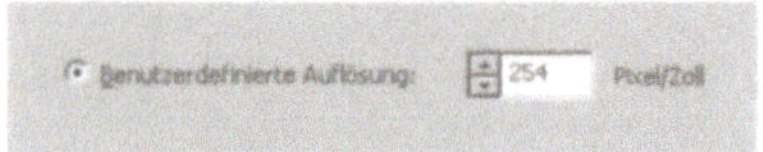

Abb. 11-4 Einstellungsmöglichkeit ab Acrobat 6.0: Wenn keine Abwärtskompatibilität vonnöten ist und man beispielsweise so arbeiten möchte, dass 0,1 mm in der PDF-Datei genau einem Pixel im Anzeigemodus *Originalgröße* entsprechen, kann obige Einstellung verwendet werden.

wird der gesamte Seiteninhalt, egal in welcher Größe die Seite definiert wurde oder welches Seitenformat sie aufweist, mit Quellformat-Priorität (siehe Glossareintrag auf S. 191) komplett dargestellt. Zweitens, mit dem Anzeigemodus *Originalgröße* wird die Seite in Verbindung mit der in *Acrobat* bzw. *Reader* gültigen Bezugsauflösung auf dem Monitor so skaliert, dass im Falle einer identischen Monitorauflösung die definierten mit den angezeigten Maßen übereinstimmen (wobei Originalmaße für Präsentationen selten von Interesse sind). Drittens, mit frei zu definierenden Zoomwerten kann, von der *Originalgröße* ausgehend, die Seite zur Anzeige vergrößert oder verkleinert werden.

In diesem Zusammenhang dürfte bei Acrobat-Präsentationen vor allem, wenn nicht ausschließlich, die Vollbildanzeige relevant sein. Bei dieser muss man wissen, dass Acrobat bei deren Aktivierung immer den Anzeigemodus *Ganze Seite* einsetzt. Aber Achtung, von diesem wird ein Rand von fünf Systempixel nicht verwendet, was offensichtlich als eine Art Sicherheitsreserve für ein möglicherweise falsch justiertes Anzeigegerät gedacht ist. Bezüglich eines im Einsatz befindlichen Computersystems halte ich das für übervorsichtig, da sicher jeder Anwender darauf achtet, alle Randinformationen der eingesetzten Programme (Menüs, Werkzeugleisten, Statuszeilen usw.) sehen zu können. Allerdings könnte es bei improvisierten Systemen, beispielsweise für einen Vortrag mit eigenem Datenprojektor auf einem fremden Rechner, eventuell einmal hilfreich sein.

So oder so: *Acrobat* und *Reader* weisen dieses Verhalten auf allen Betriebssystemen – zumindest seit der Version 3.0 – auf, wodurch sie im Modus *Ganze Seite* eine horizontal und vertikal je um 10 Pixel reduzierte Systemauflösung verwenden. Selbst bei Einsatz des Anzeigemodus *Originalgröße* wird bei jedem Seitenwechsel die anzuzeigende Information um fünf Pixel nach rechts und unten verschoben. In der Folge sind auf der rechten und unteren Seite genau diese Ränder ausgeblendet, vorausgesetzt, dass die Seitengröße nicht kleiner als die Systemauflösung definiert wurde. Eine manuelle Korrektur ist möglich, jedoch für eine Präsentation kaum praktikabel; eine automatische, von der PDF-Datei selbst durchgeführte Korrektur ist ebenfalls realisierbar, aber je nach Lösungsweg recht aufwändig – zumindest in der Vorbereitung. (Für die Suche nach den Möglichkeiten in Acrobat sei vor allem das hervorragende Buch von Thomas Merz empfohlen [34].)

Nachfolgend werden wir uns nicht nur um die Programme *Acrobat* bzw. *Reader* kümmern, sondern auch um die Quellanwendung, in der die eigentliche Präsentation vorbereitet wird, da mit der Acrobat-Technik im Prinzip nur *vorhandene* Dokumente in eine PDF-Datei konvertiert werden können.

11.2 Quellprogramm auswählen

Zur Erstellung einer Präsentation kann eine Vielzahl von Programmen eingesetzt werden. Geeignet sind etwa Illustrationsprogramme wie *CorelDRAW*, *Freehand* oder das kostenlose *Zoner Draw 3.0* (siehe www.zoner.com), vor allem, da diese die Arbeit mit mehreren Seiten beherrschen und zudem nicht selten einen eigenen PDF-Export bieten. Welche Anwendung Sie auch immer verwenden, ein wichtiges Kriterium, neben den notwendigen Werkzeugen zur befriedigenden Umsetzung Ihrer Gestaltungsideen, könnte die Auswahl zwischen mehreren Maßsystemen sein (vgl. Abb. 11-5). Dabei wäre vor allem die Maßeinheit Pixel optimal, da man sich damit direkt auf die Pixeldarstellung beziehen könnte; allerdings wird diese selten angeboten und ist darüber hinaus zwischen den Programmen nicht einheitlich definiert. Eine gute Alternative stellt jedoch die typografische Maßeinteilung DTP-Punkt dar (siehe auch Glossar auf S. 183), die als 72ster Teil der Maßeinheit Inch definiert ist und damit als Pixelersatz dienen kann, weil die 72er-Teilung genau mit der von vielen Programmen verwendeten Bezugsauflösung von 72 dpi (28,35 cm^{-1}) übereinstimmt. Wie zuvor beschrieben, gilt dies auch für *Acrobat* bzw. *Reader* bis Version 5.0. Für die ab Version 6.0 wählbaren abweichenden Bezugsauflösungen können sinnvoll auch andere Maßeinheiten eingesetzt werden.

Darüber hinaus ist es im Falle einer anderen Bezugsauflösung sehr hilfreich, wenn die Quellanwendung vom Grafikformat ihrer Wahl die dort eingetragenen Bildauflösungen beim Import umsetzt. Dadurch können im Vorfeld die Pixelabbildungen so vorbereitet werden, dass sie direkt in der richtigen Größe platziert werden.

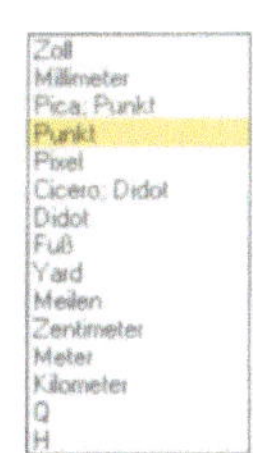
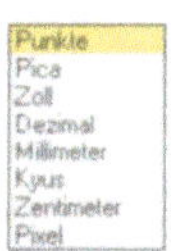
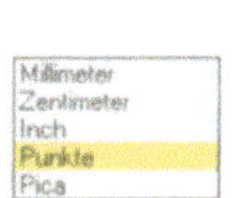

Abb. 11-5 In einigen Zeichenprogrammen verfügbare Maßeinheiten. Benötigt wird vor allem der (DTP-)Punkt, da die Maßeinheit Pixel nicht einheitlich definiert ist.
Links: *CorelDRAW* (Corel)
Mitte: *Freehand* (Macromedia)
Rechts: *Zoner DRAW* (ZONER Software)

11.3 Vorbereitung der Präsentationsseiten

11.3.1 Festlegen der Ziel-Bildschirmauflösung

Wie mehrfach dargelegt, ist der erste Schritt bei Nonprintmedien die Abschätzung und Festlegung der Ziel-Bildschirmauflösung. In Tab. 10-1 (S. 152) sind die gängigsten Präsentationsauflösungen aufgeführt. Wenn man davon ausgeht, dass bei Kundengesprächen oder Individualschulungen in steigender Tendenz Flachbildschirme sowie bei allgemeinen Präsentationen und Vorträgen Videobeamer eingesetzt werden, dann reduzieren sich die sinnvollen Auflösungen auf einige wenige. Da Videobeamer mit einer den Flachbildschirmen vergleichbaren Technik arbeiten (siehe auch Abschn. 4.2.2 ab S. 39), gibt es bei vielen Geräten nur eine wirklich geeignete Geräteauflösung. Die Mehrzahl der zur Präsentation eingesetzten Geräte werden zurzeit wahrscheinlich mit SVGA (800 × 600 Pixel) oder XGA (1024 × 768 Pixel) Auflösung arbeiten (siehe auch Abschn. 7.1 ab S. 122).

Durch das oben angesprochene spezielle Verhalten von Acrobat im Anzeigemodus *Ganze Seite* bzw. beim Seitenwechsel ist es ratsam, von einer horizontal wie vertikal um 10 Pixel reduzierten Systemauflösung auszugehen. Prinzipbedingt ist erst dadurch im Modus *Ganze Seite* die optimale Anzeige möglich (in diesem Fall entspricht die *Ganze Seite* der *Originalgröße*); des Weiteren entfallen die erwähnten Anzeigekorrekturen in der *Originalgröße*, die jedoch sowohl für bestehende, auf volle Systemauflösungen bezogene Acrobat-Dateien interessant sein können als auch dann, wenn man unbedingt die maximal mögliche Fläche ausnutzen möchte.

Tab. 11-1	Empfohlene Pixelabmessungen für Acrobat-Dateien zur Vollbildanzeige
Systemauflösung	Empfehlung für Acrobat
640 × 480	630 × 470
800 × 600	790 × 590
832 × 624	822 × 614
1024 × 768	1014 × 758
1152 × 864	1142 × 854
1280 × 960	1270 × 950
1280 × 1024	1270 × 1014

Tab. 11-2   Seitengrößen für PDF-Dateien passend zu einer Bezugsauflösung von 72 ppi (28,35 cm⁻¹)

Systemauflösung			Empfehlung für Acrobat		
DTP-Punkt	Zentimeter	Inch	DTP-Punkt	Zentimeter	Inch
640 × 480	22,58 × 16,93	8,89 × 6,67	630 × 470	22,22 × 16,58	8,75 × 6,53
800 × 600	28,22 × 21,17	11,11 × 8,33	790 × 590	27,87 × 20,81	10,97 × 8,19
832 × 624	29,35 × 22,01	11,56 × 8,67	822 × 614	29,00 × 21,66	11,42 × 8,53
1024 × 768	36,12 × 27,09	14,22 × 10,67	1014 × 758	35,77 × 26,74	14,08 × 10,53
1152 × 864	40,64 × 30,48	16,00 × 12,00	1142 × 854	40,29 × 30,13	15,86 × 11,86
1280 × 960	45,16 × 33,87	17,78 × 13,33	1270 × 950	44,80 × 33,51	17,64 × 13,19
1280 × 1024	45,16 × 36,12	17,78 × 14,22	1270 × 1014	44,80 × 35,77	17,64 × 14,08

11.3.2 Einrichten der Seitengröße in der Quellanwendung

Zum Einrichten der Seitengröße sind nun die wichtigsten Punkte berücksichtigt. Daher sind nun zwei Fragen zu klären:

1. Bezieht man sich auf die volle Systemauflösung?
2. Orientiert man sich an der für *Acrobat* bzw. *Reader* bis Version 5.0 festgelegten Auflösung von 72 ppi (28,35 cm⁻¹)?

Wenn Sie sich etwa aus Kompatibilitätsgründen für eine Acrobat Bezugsauflösung von 72 ppi (28,35 cm⁻¹) entscheiden, sind in Tab. 11-2 die zu verwendenden Seitengrößen für beide möglichen Antworten der ersten Frage in verschiedenen Maßeinheiten aufgelistet. Dabei ist der DTP-Punkt aus folgenden Gründen empfehlenswert: Zum einen entspricht damit ein DTP-Punkt einem Systempixel, zum anderen sind eventuelle Rundungsfehler durch eine Konvertierung zwischen den Maßeinheiten reduziert, da das in Acrobat intern verwendete Maßsystem auf dem DTP-Punkt basiert.

Spätestens, wenn Acrobat 6.0 eine nennenswerte Verbreitung gefunden hat, können Sie sich auch auf eine glatte Auflösung in Ihrer bevorzugten Maßeinheit, wie z. B. Millimeter oder Inch, beziehen. Allerdings sollte, im Gegensatz zu den DTP-Punkten, kein ganzer Millimeter oder Zentimeter für ein Pixel stehen, sondern entsprechend kleinere Teile davon. Also etwa 101,4 × 75,8 mm oder 10,14 × 7,58 cm für eine XGA-Systemauflösung. Der Grund liegt vor allem in der Einschränkung der einstellbaren Auflösung in Acrobat 6.0, da dort leider nur ganze Inch-Werte eingegeben werden können. Für eine mögliche Wunschauflösung von 10 cm⁻¹ (ein Millimeter würde einem Systempixel entsprechen) müsste eine Auflösung von 25,4 ppi eingestellt werden; da Acrobat jedoch nur 25 oder 26 ppi (9,8 bzw. 10,2 cm⁻¹) akzeptiert, wäre die Darstellung in *Originalgröße* nicht korrekt. Mit einer Auflösung

Tab. 11-3   Acrobat-Präsentationen: Maßeinheit, Bildauflösung, Zoomstufe

Systempixel entspricht Maßeinheit		Bildauflösung		Zoom bei einer in *Acrobat* bzw. *Reader* gültigen Auflösung von			
		ppi	cm⁻¹	72 ppi (28,3 cm⁻¹)	96 ppi (37,8 cm⁻¹)	100 ppi (39,4 cm⁻¹)	254 ppi (100 cm⁻¹)
1	DTP-Punkt	72,0	28,35	100,000 %	75,000 %	72,000 %	104,166 %
1	Millimeter	25,4	10,00	35,277 %	26,458 %	25,400 %	10,000 %
0,1	Millimeter	254,0	100,00	352,777 %	264,583 %	254,000 %	100,000 %
0,01	Inch	100,0	39,37	138,888 %	104,166 %	100,000 %	39,370 %

von 100 cm^{-1} (254 ppi) kann man das Problem umgehen; entsprechend wäre dann ein *zehntel* Millimeter mit einem Systempixel gleichbedeutend. Tab. 11-3 listet zu einigen ausgewählten Maßeinheiten die entsprechende Bildauflösung auf.

Für welche Maße man sich auch immer entscheidet, man sollte sich die »zugehörige« Bezugsauflösung merken.

11.3.3 Benutzen der richtigen Bildauflösung

Wenn man sich in der Quellanwendung mit der kleinsten verwendeten Maßeinheit, z. B. 0,1 mm oder 1,0 DTP-Punkt, direkt auf ein späteres Systempixel bezieht, braucht man für eine optimale Abstimmung von Bild- zu Systempixel lediglich darauf zu achten, dass die Pixelabmessungen genau einer Bildgröße entsprechen, die sich aus der kleinsten relevanten Maßeinheit ergibt. Beispielsweise muss eine 192 × 128 Pixel große Abbildung (vgl. Abb. 10-9 auf S. 157) in der Quellanwendung eine Größe von 19,2 × 12,8 mm aufweisen, wenn die grundlegende Maßeinheit bei 0,1 mm liegt.

Damit man diese Anpassung nicht bei jedem Bildimport aufs neue vornehmen muss, bietet es sich an, die entsprechende Bildgröße oder die ursprünglich für die Seitengröße bestimmende Bezugsauflösung (= Bildauflösung) schon bei der Bildbearbeitung im Bild einzutragen. Natürlich empfiehlt sich dabei die schnelle Eingabe der (für alle Bilder einer Präsentation immer gleichen) Bildauflösung, da das Übertragen der Pixelwerte in die verwendete Maßeinheit mühsamer ist.

Bedenken wir aber noch einmal, dass nicht alle Grafikformate diese Eintragungen zulassen oder dass möglicherweise ein Programm diese generell oder nur bei einem speziellen Grafikformat nicht richtig auswertet (siehe auch nachfolgendes Kapitel).

11.4 Präsentation der Acrobat-(PDF-)Datei

Liegt die Acrobat-Präsentation schließlich vor, hängt es vom Gelingen der Vorbereitung ab, ob man direkt mit optimaler Darstellung starten kann:

Hat man sich für die korrekte, an den Rändern jeweils um 5 Pixel reduzierte Systemauflösung entschieden, liefert der Anzeigemodus *Ganze Seite* wahrscheinlich schon die optimale Qualität. Bei diesem können aber, etwa durch mögliche Unwägbarkeiten im Zusammenspiel von Quellanwendung und *Acrobat* bzw. *Reader*, aber auch durch die verschiedenen Umwandlungsverfahren in eine PDF-Datei mit in der Folge kleinen Abweichungen in der Seitengröße, knapp andere Zoomwerte durchaus zu leichten Abbildungsfehlern führen. Um in *Acrobat* bzw. *Reader* die aktuelle Seitengröße zu überprüfen, aktiviert man gegebenenfalls in den Grundeinstellungen die gewünschte Maßeinheit und liest die Werte in der Statusleiste ab (vgl. Abb. 11-6). Eventuelle Abweichungen lassen sich durch die Möglichkeit in Acrobat, Seiten beschneiden zu können, häufig noch abstellen.

Abb. 11-6 Acrobat 5 Statusleiste mit angezeigter Seitengröße

Die gleiche Präsentation würde im Anzeigemodus *Originalgröße* in der Regel die sicherste Darstellung ermöglichen, jedoch nur, wenn die für die PDF-Datei angenommene Bildauflösung derjenigen entspricht, die auch für *Acrobat* bzw. *Reader* gilt.

Falls die Auflösungen nicht übereinstimmen und auch nicht angepasst werden können, ist notfalls mit den entsprechenden Zoomwerten (Tab. 11-3 führt einige an) eine weitgehend korrekte Darstellung zu gewährleisten (einfache Rechnung: PDF-Dateiauflösung ÷ *Acrobat*auflösung × 100 = Zoomeinstellung). Da *Acrobat* und *Reader* bis Version 5.0 zwei bzw. ab Version 6.0 drei Nachkommastellen berücksichtigen, sollten auch entsprechend genaue Werte eingetragen werden.

Bevor man einen großen Vortrag bzw. eine Vortragsreihe vorbereitet, ist wie so oft natürlich auch hier immer eine kleine Versuchsreihe zu empfehlen.

Für die folgenden Seiten sind Kenntnisse entsprechend der Kapitel 1, 2 und 4 des Grundlagenteils sowie Kapitel 6 und 7 des Bildbestimmungsteils dieses Buches sinnvoll bis notwendig.

Kapitel 12

Auflösung in Grafikformaten

Nachdem man sich Gedanken um Bildauflösungen gemacht und wohlüberlegt festgelegt hat, will man diese Information natürlich auch über den Datenaustausch hinweg erhalten. Bei der Arbeit mit Pixelgrafiken ist es daher wichtig, die in Scan- oder Bildbearbeitungsprogrammen bestimmten Bildauflösungen auch für die Zielanwendung zu konservieren. Das ist jedoch nicht in jedem Fall gewährleistet, denn die verschiedenen Bilddatenformate sind für unterschiedliche Zwecke konzipiert: Beispielsweise für die Darstellung am Monitor oder den Datenaustausch in der Druckvorstufe. Im ersten Fall sind z. B. Farbtiefe, Animationsmöglichkeit oder Kompression wichtiger als Sonderfarben, Beschneidungspfade oder eben Bildauflösung für den zweiten Fall.

Wie in den Kapiteln vorher angesprochen (siehe vor allem Kap. 7), sind für die Monitordarstellung Maße wie Zentimeter oder Inch sowie Bildauflösungen in Form von Pixel pro Maßeinheit nicht wichtig, mehr noch, sie werden in der Regel nicht einmal unterstützt. Ein Webbrowser, eine Videobearbeitung oder ein Multimediaprogramm bilden lediglich Bildpixel auf Systempixel ab, ganz gleich, ob ein Bildauflösungswert vorhanden ist oder nicht.

Das bedeutet, dass im Falle von Nonprintanwendungen dieses Thema in der Regel ignoriert werden kann (zur Ausnahme siehe Kap. 11). Allerdings gibt es Situationen, in denen nicht die Technik, sondern der Mensch eine Bildauflösung von 72 ppi (28,35 cm⁻¹) erwartet. Um Kommunikationsprobleme zu vermeiden, kann man ohne Schaden diesen Bildauflösungswert eintragen. Jedoch kann ein glatter Wert ebenso gut sein: beispielsweise 30 cm⁻¹ bzw. 75 ppi, um in der Nähe des 72-ppi-Mythos zu bleiben (siehe Abschn. 7.3 auf S. 126), oder auch 40 cm⁻¹ bzw. 100 ppi.

Bei Printanwendungen hingegen sind diesbezüglich eingetragene Werte sehr wichtig, da hiermit die berechnete Bildauflösung sowie die entsprechende Bildgröße transportiert und von Anwendungsprogrammen direkt ausgewertet werden kann. Allerdings müssen wir zu diesem Zweck auf Formate zurückgreifen, die diese Informationen auch übertragen können. Die Tabellen 12-1 bis 12-12 geben für ausgewählte Grafikformate zu dieser Möglichkeit Auskunft.

Bei der Auswahl von Grafikformaten ist jedoch Folgendes grundsätzlich zu beachten: Manchmal wird in den Formatspezifikationen zwischen Elementar- und erweiterten Funktionen unterschieden, um etwa zumindest mit dem Basisformat einen sicheren Austausch über möglichst viele Programme

Tab. 12-1   FlashPix

FlashPix Image File	
Version	1.0 (1996)
Konzept	Pixelformat
Kennung	fpx
Bildauflösung	in
	m
	cm
	mm
Pixel maximal	80 000 × 120 000
Farbmodi	Graustufen
	RGB
	YCC
Farbtiefe	8 bit/Kanal
Kompression	ohne
	verlustbehaftet
Bildpyramide	ja

Tab. 12-2   GIF

Graphics Interchange Format	
Version	GIF89a (1989)
Konzept	Pixelformat
Kennung	gif
Bildauflösung	—
Pixel maximal	16 000 × 16 000
Farbmodi	Farbpalette
Farbtiefe	max. 8 bit
Kompression	verlustfrei
Bildpyramide	—
Sonstiges	reines Nonprintformat

166

Tab. 12-3 BMP	
Windows Bitmap	
Version	BMP4 (1995)
Konzept	Pixelformat
Kennung	bmp
Bildauflösung	m⁻¹
	ohne
Pixel maximal	4,29 × 4,29 Mrd.
Farbmodi	Bitmap
	Graustufen
	RGB, CMYK
	Farbpalette
Farbtiefe	max. 8 bit / Kanal
Kompression	ohne
	verlustfrei
Bildpyramide	—

Tab. 12-4 PCX	
ZSoft PC-Paintbrush File	
Version	3.0 (1986)
Konzept	Pixelformat
Kennung	pcx
Bildauflösung	in⁻¹
	ohne
Pixel maximal	65 535 × 65 535
Farbmodi	Bitmap
	Graustufen
	RGB
	Farbpalette
Farbtiefe	max. 8 bit / Kanal
Kompression	ohne
	verlustfrei
Bildpyramide	—

bzw. Programmkategorien zu gewährleisten. Die erweiterten Funktionen sind dann für die spezialisierteren Grafikprogramme gedacht. So greift z. B. eine TIFF-Datei entweder nur auf die Spezifikationen von *Baseline-TIFF* oder zusätzlich auf die der *TIFF Extensions* zurück und eine PNG-Datei nur auf die elementaren *critical chunks* oder zusätzlich auf die erweiterten *ancillary chunks*.

Noch schwieriger wird es mit erweiterbaren Grafikformaten, da hier von Personen, Firmen oder Programmen individuelle Formatspezifikationen festgelegt werden können. So gibt es in den Spezifikationen zum PNG-Format die *public chunk types*, zum TIFF-Format die *private fields and values* oder im GIF-Format die *Application Extension*, um nur Beispiele einiger Formate zu nennen.

Schließlich können verschieden aktuelle Versionen mit jeweils abweichenden Fähigkeiten zum Einsatz kommen.

Beachten Sie bitte auch, dass die Möglichkeiten eines Grafikformates eine Sache sind, die Erzeugung (»Speichern unter«, »Exportieren« usw.) und Auswertung (»Öffnen«, »Importieren«, »Platzieren« usw.) desselben jedoch eine andere. Leider kommt es vor, dass selbst professionell genutzte Grafikprogramme eine oder mehrere Spezifikationen eines Formates ignorieren, die sie in einem anderen auswerten. Die Gründe dafür können vielfältig sein, wobei letztlich nur wichtig ist, ob und wie weit ein Grafikformat mit den Spezifikationen unterstützt wird, die einem wichtig sind. Das bedeutet jedoch auch, dass diesbezügliche Kenntnisse vorliegen sollten.

Die Ausführungen machen deutlich, dass es annähernd unmöglich ist, eine für alle Arbeitsabläufe zuverlässige Aussage von Formateigenschaften zu treffen; umso mehr als Detailinformationen zu Grafikformaten häufig nicht von den Originalspezifikationen stammen, sich faktisch eine benutzerdefinierte Eigenschaft etabliert hat oder einiges mehr. Daher ist es möglich, dass die Informationen in diesem Kapitel nicht mit jeder Realisierung in Programmen übereinstimmen.

12.1 Formatspezifikationen

Die in den Tabellen aufgenommenen Formateigenschaften sind entweder für die Thematik dieses Buches oder für die grundlegende Auswahl und Verwendung von Grafikformaten relevant. Nachfolgend finden Sie zu diesen einige ergänzende Hinweise.

12.1.1 Version

Grafikformate gibt es in einer ursprünglich implementierten Form sowie häufig in einer überarbeiteten Fassung, sofern sie nur »alt« genug sind. Dateiformate sind diesbezüglich in der Entwicklung mit anderen Computeranwendungen vergleichbar, weshalb sie meistens eine Versionsnummer aufweisen, die über den Spezifikationsstand Auskunft gibt. Bei programmspezifischen, so genannten proprietären Formaten, wie z. B. ».cpt« (PhotoPAINT), ».fh« (Freehand) oder ».psd« (Photoshop), sind die Versionsnummern sehr häufig identisch mit denen der Programme, zu welchen sie gehören. Bei einigen Anwendungen wird sogar die Versionsnummer in der Dateiendung mit angegeben, z. B. »fh10« bei Freehand.

Bei den auf Austausch angelegten Grafikformaten, also solchen, die nicht einem speziellen Programm zuzuordnen sind, werden neue Versionen in der Regel mit größeren zeitlichen Abständen implementiert. Da sich jedoch von Version zu Version Nennenswertes ändern kann, sind Kenntnisse über die aktuelle bzw. alternativ verwendbare Fassung sehr hilfreich.

In einigen Fällen kann es allerdings sein, dass Unkenntnis über die aktuelle Form eines allgemeinen Grafikformates vorherrscht, wenn etwa nicht bekannt ist, ob neue Funktionen durch eine erneuerte Spezifikation oder durch benutzerdefinierte Einträge zustande kommen.

Bei Formaten wie PICT oder BMP handelt es sich um in ein Format gegossene Anweisungen des Betriebssystems zur Beschreibung grafischer Information für Ausgabegeräte. Da sich Betriebssysteme ständig weiterentwickeln, sind auch die dazugehörigen Grafikformate gelegentlichen Änderungen unterworfen.

12.1.2 Konzept

Kapitel 1 dieses Buches handelt von den beiden Konzepten Pixel- und Vektorgrafik, nach denen grafische Daten oder auch Grafikprogramme unterschieden werden. Das bedeutet auch, dass Grafikformate nach diesen Konzepten zu trennen sind. Die meisten der in den Tabellen aufgenommenen Formate sind ausschließlich pixelbasiert. Prinzipbedingt könnten hier zudem die meisten Vektorformate aufgelistet werden, da in diesen, als genereller Vorteil des Vektorkonzeptes, fast immer auch Pixelinformationen Platz haben. Allerdings werden Vektorformate sinnvollerweise nicht zur ausschließlichen Speicherung von Pixelinformationen verwendet. Die wenigen Ausnahmen, die es hier gibt, werden dann im Speziellen als Metaformate bezeichnet. EPSF und PDF sind, vor allem in der grafischen Industrie, die bekanntesten Vektorformate, die auch als Träger von reiner Pixelgrafik eingesetzt werden, womit sie zu Metaformaten werden. Duplexbilder etwa (getönte Graustufenfotos) werden praktisch nur mit dem EPS-Format ausgetauscht.

12.1.3 Kennung

Hier ist die dem jeweiligen Format zugewiesene Dateinamenerweiterung (»Extension«) aufgeführt, durch welche die meisten Betriebssysteme wissen, welches Symbol anzuzeigen und welches Programm zu starten ist. Auch listen die Programme in den Dialogen anhand dieser Extensionen die Dateien auf. Bei den früheren Macintosh-Betriebssystemversionen werden diese Erweiterungen nicht verwendet, da die Zuordnung über eine dateiinterne Eintragung erfolgt. Dieses interne, aus vier Zeichen bestehende *filetype tag* lautet bei den hier vorgestellten Grafikformaten meistens gleich oder sehr ähnlich der Dateinamenerweiterung – die deutliche Ausnahme stellt »TPIC« für das TGA-Format dar.

Tab. 12-5 JFIF	
JPEG File Interchange Format	
Version	1.02 (1992)
Konzept	Pixelformat
Kennung	jpg jpeg jif jfif
Bildauflösung	cm⁻¹
	in⁻¹
	ohne
Pixel maximal	65 535 × 65 535
Farbmodi	Graustufen
	RGB (YCC)
	YCC
Farbtiefe	8 bit / Kanal
Kompression	verlustbehaftet
	verlustfrei
Bildpyramide	—

Tab. 12-6 JPEG2000	
Joint Photographic Experts Group	
Version	1.0 (2000)
Konzept	Pixelformat
Kennung	jp2 jpg2
Bildauflösung	m⁻¹
Pixel maximal	4,29 × 4,29 Mrd.
Farbmodi	u. a.: Bitmap
	Graustufen
	RGB, CMYK
	L*a*b*, YCC
Farbtiefe	max. 38 bit / Kanal
Kompression	verlustfrei
	verlustbehaftet
Bildpyramide	prinzipbedingt

Tab. 12-7 PNG	
Portable Network Graphic	
Version	1.2 (1999)
Konzept	Pixelformat
Kennung	png
Bildauflösung	m^{-1}
	ohne
Pixel maximal	2,15 × 2,15 Mrd.
Farbmodi	Bitmap
	Graustufen
	RGB
	Farbpalette
Farbtiefe	max. 16 bit/Kanal
Kompression	verlustfrei
Bildpyramide	—
Sonstiges	Ausgesprochen: »ping«

Tab. 12-8 TGA (Targa)	
(Truevision Graphics Adapter)	
Version	2.0 (1989)
Konzept	Pixelformat
Kennung	tga
Bildauflösung	—
Pixel maximal	65 535 × 65 535
Farbmodi	Graustufen
	RGB
	Farbpalette
Farbtiefe	max. 8 bit/Kanal
Kompression	ohne
	verlustfrei
Bildpyramide	—
Sonstiges	reines Non-printformat

12.1.4 Bildauflösung

Sie stellt die eigentlich relevanteste Information in Bezug auf das Thema des Buches dar. Hier sind die in der Formatspezifikation festgelegten Auflösungsangaben aufgeführt. Neben Grafikformaten wie etwa GIF und TGA, die grundsätzlich für die Bildschirmanzeige konzipiert wurden und demzufolge konsequent auf Auflösungsangaben verzichten, gibt es die Mehrheit von Grafikformaten, die zur zufrieden stellenden Arbeit mit Printanwendungen Angaben über Auflösung- und Bildgrößen zur Verfügung stellen.

Hier wird im Allgemeinen zwischen Inch und einer metrischen Einheit, meistens Zentimeter, unterschieden. Allerdings sind diese Möglichkeiten oft nur theoretischer Natur, da auch die Softwareprodukte, mit denen wir arbeiten, diese Feinheiten unterscheiden müssen. In den meisten Fällen können Sie immer noch davon ausgehen, dass eine eingestellte metrische Bildauflösung zwar übernommen, dann aber auf Inch umgerechnet wird, selbst wenn das bildverarbeitende Programm neben der Eingabe in Inch auch die Eingabe in Zentimeter oder Millimeter zulässt. Kurioserweise geschieht dies auch dann, wenn ein Format ausschließlich die Maßeinheit Meter vorsieht, wie etwa BMP, JPEG2000 oder PNG.

Ich betone noch einmal, dass die Formatspezifikationen in Teilen, und das gilt besonders für die eingetragenen Auflösungsangaben, hinfällig sein können, wenn die Software keine angemessene Auswertung vornimmt bzw. gar nicht mit einer alternativen Maßeinheit zu Inch arbeiten kann. Bei der Verwendung von metrischen Bildauflösungen haben wir daher immer dann mit Abweichungen zu rechnen, wenn die bildverarbeitenden Programme keine metrische Definition zulassen. Diese Abweichung fällt umso stärker aus, wenn nur ganze Inchwerte akzeptiert werden. Damit ändert sich auch die gewünschte Bildgröße! Man kann nur hoffen, dass sich die Anwendungen in Zukunft offener gegenüber metrischen Angaben zeigen; ganz besonders bei Grafikformaten, die nicht mit Inch arbeiten, damit Maßabweichungen durch eine doppelte Konvertierung verhindert werden können.

Eine Besonderheit stellen die Vektor- und Metaformate dar, da sie mit Transformationsbefehlen ausgestattet sind, mit welchen die Pixelgrafiken auf jede Größe und jede Bildauflösung gesetzt werden können.

12.1.5 Pixel maximal

Es ist natürlich interessant zu wissen, ob ein Grafikformat auch ausreichende Kapazitäten besitzt, ein hochauflösendes Pixelbild zu beschreiben. Wie man den Tabellen in diesem Kapitel entnehmen kann, ist das ganz eindeutig der Fall, umso mehr als man sich vor Augen halten muss, dass eine Datei, die tatsächlich aus z. B. 65 535 × 65 535 Pixeln bestehen würde, die »Kleinigkeit« von vier Gigabyte Speicher in Anspruch nimmt! Diese Angaben sind daher nur für Spezialanwendungen relevant. Für den Normalfall dürften Kapitel 6 bis 8 gezeigt haben, dass Pixelbilder mit wenigen Tausend Pixeln je Breite und Höhe in vielerlei Hinsicht ein Maximum darstellen. Zudem darf an dieser Stelle erwähnt werden, dass ohnehin nur die wenigsten Bildbearbeitungsprogramme mit derart großen Dateien umgehen können.

12.1.6 Farbmodi

Als Farbmodus wird häufig der Zustand einer Pixelgrafik bezüglich der verwendeten Grundfarben sowie Abstufungen verstanden. In Kapitel 2 wurde schon entsprechend auf Bitmap, Graustufen- oder Buntbilder mit RGB- bzw. CMYK-Farbe sowie auf Palettenbilder eingegangen.

Die in den Tabellen aufgeführten Farbmodi L*a*b* oder YCC sind so genannte geräteunabhängige Farbmodelle, mit welchen Farben so beschrieben werden, wie sie das menschliche Auge wahrnimmt, weshalb sie sich hervorragend zur sicheren Farbbeschreibung einsetzen lassen. Sie funktionieren allerdings nur mathematisch, da es keine derart reinen und gesättigten Grundfarben gibt, um alle damit möglichen (vom Auge wahrnehmbaren) Farben nachzumischen. Geräteunabhängige Farbmodelle werden zur Vermittlung zwischen den von allen Ein- und Ausgabegeräten abweichend verwendeten Grundfarben der physikalischen (geräteabhängigen) Farbmodelle eingesetzt. Das bedeutet, dass heute bei der Farbbearbeitung praktisch immer an irgendeiner Stelle geräteunabhängige Farbbeschreibungen im Einsatz sind. Daher ist es wichtig, entsprechende Angaben auch in Grafikformaten ablegen zu können.

12.1.7 Farbtiefe

Die Anzahl der möglichen Tonwert- bzw. Farbabstufungen bei Graustufen- oder Farbbildern wird über die Farbtiefe (Tonwertauflösung) bestimmt. Farbtiefe pro *Kanal* legt die maximal mögliche Abstufung der Grundfarben nach Weiß bzw. Schwarz fest.

Bei Palettenbildern, deren Pixel keine direkte, sondern eine indirekte Farbbeschreibung tragen, die über die Indexnummer einer Farbpalette zugewiesen wird, steht die Farbtiefe für die Größe dieser Farbpalette. Diese kann für die meisten Formate auch andere als die standardisierten 8 bit annehmen. (Zur Farbtiefe siehe auch Glossareintrag auf S. 184.)

12.1.8 Kompression

Wir wissen, dass die Datenmenge einer Pixelgrafik sehr groß werden kann. Immer dann, wenn man eine zu große Menge von etwas hat (Pixel; Einrichtungsgegenstände), aber nicht darauf verzichten möchte (keine geringere Bildauflösung bzw. kleineres Bild; keine Teilentsorgung der Möbel bzw. größere Wohnung), macht man sich Gedanken um eine bessere Platzausnutzung (= Kompression). Bei dieser müssen wir jedoch zwei grundsätzlich verschiedene Fälle unterscheiden: Erstens, den der in der Regel weniger starken verlustfreien Kompression (»non-lossy«), bei der nichts verloren geht (Bilddaten; in Kisten verpackte Erinnerungen auf dem Speicher) und zweitens, den der effizienteren verlustbehafteten bzw. verlustreichen Kompression (»lossy«), bei der auf überflüssige oder mehrfach vorhandene Information verzichtet wird (nicht erkennbare Tonwertabstufungen oder Bilddetails; alte Zeitschriften oder Schuhe).

Bei verlustbehafteten Kompressionsalgorithmen für Pixelbilder ist jedoch wichtig, dass diese nur zur abschließenden Archivierung oder Weitergabe auf diese Weise komprimiert werden: Erstens wird mit jedem Speichervor-

Tab. 12-9 TIFF	
Tag Image File Format	
Version	6.01 (1995)
Konzept	Pixelformat
Kennung	tif tiff
Bildauflösung	cm⁻¹
	in⁻¹
	ohne
Pixel maximal	65 535 × 65 535
Farbmodi	Bitmap
	Graustufen
	RGB, CMYK,
	L*a*b*, YCC
	Farbpalette
Farbtiefe	max. 16 bit/Kanal
Kompression	ohne
	verlustfrei
	verlustbehaftet
Bildpyramide	möglich

Tab. 12-10 PICT	
Macintosh Picture	
Version	2.0
Konzept	Metaformat
Kennung	pct pict pic
Bildauflösung	in⁻¹
Pixel maximal	65 535 × 65 535
Farbmodi	Bitmap
	Graustufen
	RGB
	Farbpalette
Farbtiefe	max. 8 bit/Kanal
Kompression	ohne
	verlustfrei
	verlustbehaftet
Bildpyramide	—

Tab. 12-11 EPSF

Encapsulated Postscript File	
Version	3.0 (1992)
Konzept	Metaformat
Kennung	eps epsf
Bildauflösung	DTP-Punkt
Pixel maximal	2,15 × 2,15 Mrd.
Farbmodi	u.a.: Bitmap
	Graustufen
	RGB, CMYK,
	L*a*b*
	Farbpalette
Farbtiefe	max. 12 bit/Kanal
Kompression	ohne
	verlustfrei
	verlustbehaftet
Bildpyramide	—

Tab. 12-12 PDF

Portable Document Format	
Version	1.5 (2003)
Konzept	Metaformat
Kennung	pdf
Bildauflösung	DTP-Punkt
Pixel maximal	2,15 × 2,15 Mrd.
Farbmodi	u.a.: Bitmap
	Graustufen
	RGB, CMYK,
	L*a*b*
	Farbpalette
Farbtiefe	max. 16 bit/Kanal
Kompression	ohne
	verlustfrei
	verlustbehaftet
Bildpyramide	möglich

gang erneut komprimiert und zweitens basieren die Verfahren auf der bei der Kompression aktuellen Tonwertverteilung des Pixelbildes. Sollte etwa bei einem einmal stark komprimierten, aber dennoch akzeptabel aussehenden Bild nachträglich diese geändert werden (Helligkeit-/Kontrasteinstellungen, Farbkorrekturen), könnte die Bildqualität deutlich leiden, auch ohne weitere Kompression: Während die nur farblich veränderte Abb. 12-2 keine technisch schlechtere Qualität zur originalen, unkomprimierten Abb. 12-1 erkennen lässt, kann das bei Abb. 12-4 im Vergleich zu Abb. 12-3 nicht festgestellt werden. Bei den Abb. 12-5 und 12-7 sind schließlich auch ohne Bearbeitung die Verluste zu erkennen, die jedoch durch die in den farbveränderten Abbildungen nun sichtbaren Kodierungsblöcke ungleich stärker hervortreten. Noch einmal zur Beachtung: Die Abbildungen der mittleren Spalte haben lediglich eine »kreative« Farbveränderung erfahren! Bedenken Sie daher bei verlustreichen Kompressionen immer auch die Zielsetzung des Bildes.

Auch Abb. 12-9 und 12-10 zeigen eine mangelhafte Qualität (ohne Platzgewinn), da bei derart starken Kontrasten, wie sie in normalen Bildern nicht vorkommen, der für Fotos entwickelte JPEG-Algorithmus (Joint Photographic Experts Group) versagt. – Alle komprimierten Beispiele wurden mit diesem bekanntesten verlustbehafteten Verfahren erzeugt.

Mit Ausnahme von JPEG2000 verwenden alle mit *verlustbehaftet* gekennzeichneten Grafikformate JPEG (PDF 1.5 unterstützt neben JPEG auch JPEG2000).

Zu den verlustfreien Kompressionsverfahren zählen unter anderem RLE (Run Length Encoding, Lauflängenkodierung), LZW (Algorithmus nach Lempel, Ziv und Welch) oder die Huffman-Kodierung (Verfahren nach Huffman).

12.1.9 Bildpyramide

Der Begriff Bildpyramide steht für die Möglichkeit, ein Bild in mehreren Auflösungen abzulegen, damit beispielsweise mit derselben Bilddatei sowohl Print- als auch Nonprintmedien beliefert werden können (siehe auch Glossareintrag »hierarchische Grafikformate« auf S. 185).

12.1.10 Pixelseitenverhältnis

Normalerweise sind Pixel, wie in Kapitel 1 erwähnt, quadratisch. Das gilt fast uneingeschränkt für Betriebssystemauflösungen oder alle gängigen Computerprogramme. In der Fernseh-, Video- oder Filmbildbearbeitung ist es jedoch im Verarbeitungsprozess üblich, bei der Digitalisierung und/oder der Darstellung mit nichtquadratischen Pixeln zu arbeiten (vgl. auch S. 124).

Da in allen mir bekannten Grafikformaten die Definition des Seitenverhältnisses der Pixel respektive der Pixelgrafik möglich ist, sind diese Angaben nicht in den Tabellen enthalten. Meistens werden die Definitionen über die unterschiedlichen horizontalen und vertikalen Einträge zur Bildauflösung erledigt. Bei den auch oder ausschließlich für Nonprintmedien gedachten Formaten, die eventuell keine Bildauflösungsangabe besitzen, gibt es spezielle Einträge dazu. Dabei können für diese gewisse Einschränkungen bei der Definition möglich sein, wie z. B. beim GIF-Format, welches nur Einträge in festgelegten Stufen zwischen 4:1 und 1:4 erlaubt.

Abb. 12-1 Unkomprimiertes Pixelbild

Abb. 12-2 Abb. 12-1 nachträglich farbkorrigiert

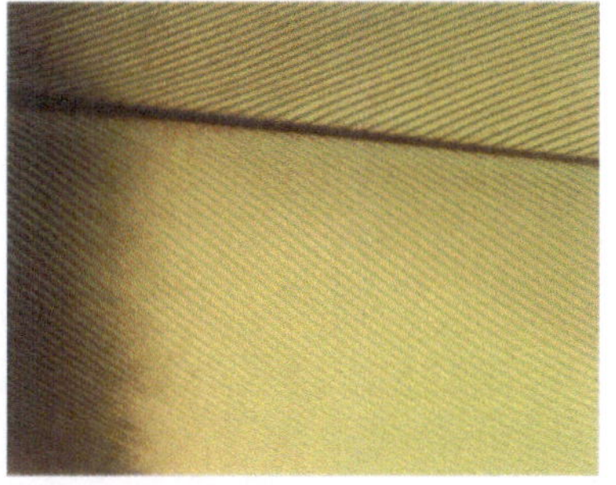

Abb. 12-3 Verlustbehaftete Kompression von 1:5

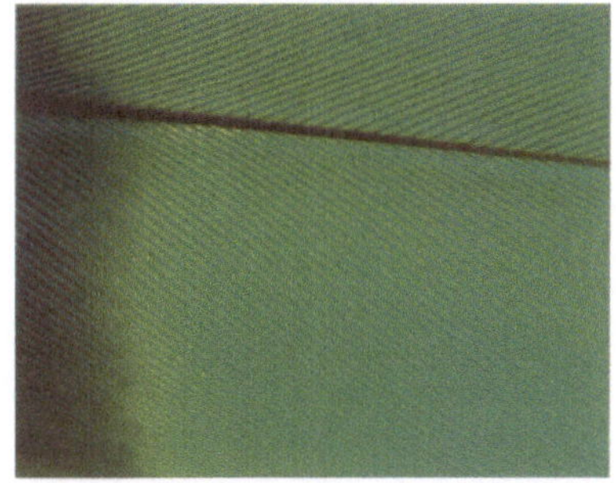

Abb. 12-4 Abb. 12-3 nachträglich farbkorrigiert

Abb. 12-5 Verlustbehaftete Kompression von 1:20

Abb. 12-6 Abb. 12-5 nachträglich farbkorrigiert

Abb. 12-9 Links: Bitmap-Logo mit 14 kb
Rechts: JPEG-komprimiertes Logo mit 27 kb

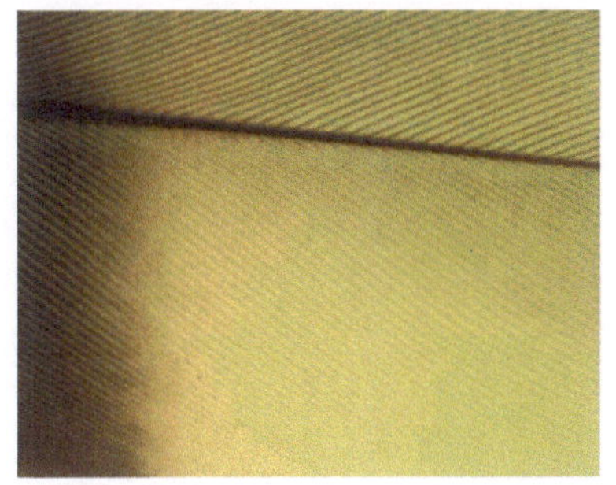

Abb. 12-7 Verlustbehaftete Kompression von 1:40

Abb. 12-8 Abb. 12-7 nachträglich farbkorrigiert

Abb. 12-10 2fache Vergrößerung von Abb. 12-9

12.1.11 Sonstiges

Es gibt sehr viele weitere nützliche Spezifikationen innerhalb von Grafikformaten, was sicher ein Grund dafür ist, dass sich so viele verschiedene alternativ oder konkurrierend etabliert haben. Hier ist nur ein kleiner, aber wesentlicher Auszug aufgeführt, der vielleicht ein wenig Lust auf mehr macht. Bemühen Sie zu diesem Zweck bitte die Literaturangaben im Anhang.

Zum Schluss

Wo ich die Erwartungen erfüllen konnte, die Sie mit diesem Buch verbunden haben, freut es mich. Dies, aber auch die Stellen, die Sie nicht weitergebracht haben, die Informationen, die Ihnen fehlen, und die Fehler, die Sie möglicherweise entdeckt haben, bitte ich Sie mir zu nennen, zu geben und richtig zu stellen,

per E-Mail an: anregung@digitale-bildaufloesung.de

– so wie das Buch in der vorliegenden Form schon durch die gewissenhafte, geduldige und anregende Arbeit meiner Vorableser mit geprägt wurde.

Meinen herzlichen Dank möchte ich meinen Berufskollegen und den kompetenten Mitarbeitern der Firmen und Institutionen aussprechen, die mir durch Rede und Antwort bei der Vorbereitung dieses Buches geholfen haben:

Agfa-Gevaert AG
Creo Deutschland GmbH
Durst Image Technology GmbH Deutschland
Epson Deutschland GmbH
FOGRA Forschungsgesellschaft Druck e.V.
Fuji Photo Film (Europe) GmbH
Heidelberger Druckmaschinen AG
Image Engineering
Kodak GmbH
Noritsu (Deutschland) GmbH
Océ-Deutschland GmbH
Vignold Düsseldorf GmbH

An erster Stelle aber gilt mein Dank meiner Familie und meinen Freunden, die mich immer unterstützten und daher einen entscheidenden Anteil an diesem Erstlingswerk haben.

Düsseldorf, im Januar 2004

Thomas Waldraff

Anhang

Glossar

1 bit Kleinste Informationseinheit eines Computers (→ Bit). Bei Computergrafiken technische Angabe der → Farbtiefe einer → Bitmap (→ Farbmodus). Siehe auch S. 11.

8 bit Ergeben 1 → Byte. Bei Computergrafiken im Allgemeinen die → Farbtiefe von Graustufen- oder Palettenbildern (→ Farbmodus). Aber auch bei 24-bit-RGB- oder 32-bit-CMYK-Grafiken bestehen die einzelnen → Farbkanäle aus 8 bit und sind daher jeweils einzeln mit einem eingefärbten Graustufenbild vergleichbar. Siehe auch S. 11.

16 bit → Farbtiefe eines 16-bit-Graustufenbildes bzw. die Farbtiefe der einzelnen → Farbkanäle eines 48-bit-RGB- oder 64-bit-CMYK-Bildes. Diese hohen Tonwertauflösungen werden von Scannern oder guten Digitalkameras (bei geeignetem Grafikformat – folglich z. B. nicht bei einem → JPEG-Datenstrom) erzeugt. Damit sind genügende Reserven für durchzuführende Tonwertkorrekturen vorhanden. Spätestens vor der Bildausgabe ist in der Regel jedoch eine Reduzierung auf 8 bit pro Farbkanal notwendig. Siehe auch S. 14.

24 bit Bei Computergrafiken aber auch z. B. bei → Systemauflösungen die → Farbtiefe für → RGB-Farben. Wird außerdem als *True Color* bezeichnet (→ Farbmodus). Siehe auch S. 12.

32 bit Bei Computergrafiken die → Farbtiefe für → CMYK-Farben (→ Farbmodus). Siehe auch S. 12.

48 bit Unter anderem → RGB-Bilder mit → 16 bit pro → Farbkanal.

64 bit → CMYK-Bilder mit → 16 bit pro → Farbkanal.

72 ppi Bildauflösungswert, der fälschlicherweise häufig als allgemein gültig für Bildschirmanwendungen angegeben wird. In vielen Computerprogrammen werden mit 72 ppi (28 cm^{-1}) aufgelöste Bilder (bei einem Bildschirmzoom von 100 %) so am Monitor dargestellt, dass ein Bildpixel genau mit einem → Systempixel übereinstimmt. Einzig in diesem Fall ist ein Bezug auf 72 ppi in der Vorbereitung für Bilddaten sinnvoll.

Abtasttiefe Prinzipiell gleichbedeutend mit der ➡ Farbtiefe (Tonwertauflösung), allerdings mit Blick auf ein Daten einlesendes Gerät, wie einen Scanner, eine Digital- oder eine Videokamera. Dabei wird eine Aussage darüber getroffen, mit welcher Tonwertauflösung eine Vorlage abgetastet wurde, wird oder werden kann. Die Farbtiefe eines letztlich ausgegebenen Bildes kann nach unten abweichen. Eine alternative Bezeichnung für Abtasttiefe ist *Quantisierung*.

Acrobat Eine von Adobe entwickelte Technik, mit der Informationen unterschiedlichster Art am Bildschirm angezeigt und auf verschiedensten Druckern ausgegeben werden können. Anwendungsbereiche sind etwa Bürokommunikation, ➡ Druckvorstufe, Präsentation, Multimedia, Internet oder Dokumentenaustausch. Acrobat ist stark mit ➡ PostScript verwandt und wie dieses Gegenstand einiger internationaler Normen (➡ ISO).
Sowohl die zugrunde liegende Technik als auch das Programm, mit dem dieses Dateiformat bearbeitet werden kann, heißen Acrobat. Darüber hinaus wird gelegentlich das Dateiformat selbst so genannt (➡ PDF). Acrobat ist außerdem der Name, unter dem das Progammgesamtpaket vertrieben wird, zu dem auch der ➡ Acrobat Distiller gehört.

Acrobat Distiller Ein Programm, mit dem aus prinzipiell allen korrekten ➡ PostScript-Daten ➡ Acrobat-Dateien generiert werden können. Acrobat Distiller ist daher ein leistungsfähiger ➡ RIP, welcher gerade auch in Bezug zu seinen Konvertierungseinstellungen (beispielsweise die Beeinflussung von ➡ Bildauflösungen) einen starken Einfluss auf die Eignung der resultierenden Acrobat-Datei hat.

ADC Englische Abkürzung für Analog to Digital Converter (➡ A/D-Wandler).

Adressfeinheit, Adressfrequenz Gibt Auskunft über die Feinheit von Informationseinheiten. Bei einem Drucker oder auch Scanner beispielsweise sind die angegebenen Geräteauflösungen meist Angaben über die Adressfrequenz. Diese besagt, wie viele verschiedene Adressen in der ➡ Gerätematrix »angefahren« werden können, um an dieser Stelle einen ➡ Aufzeichnungspunkt zu platzieren oder eine Bildstelle abzutasten. Der Aufzeichnungspunkt eines Druckers oder der Bildbereich, den ein Scannerelement sieht, kann dabei erheblich größer sein als der Abstand zwischen zwei Adressen (➡ Adressweite). Das Gleiche gilt analog für einen Scanner: Die abgetastete Fläche kann ebenfalls erheblich größer sein als der Abstand zwischen zwei Adressen (z. B. ➡ CCD-Elementen). Als Folge davon werden einige Informationen mehrfach geschrieben bzw. gelesen.
Bekanntere Begriffe, deren Definition jedoch auch differieren kann, lauten physikalische, optische Auflösung (nur bei Scannern) oder Schreibauflösung (nur bei Druckern). Siehe auch S. 33.

Adressweite Abstand zwischen zwei Adressen einer ➡ Gerätematrix. Kehrwert der ➡ Adressfrequenz.

A/D-Wandler (Analog-/Digital-Wandler) Transformiert kontinuierliche, analoge Signale in diskrete, binäre Daten zur digitalen Weiterverarbeitung, etwa in Scannern (ADC).

amplitudenmodulierter Raster Bekanntester Raster, bei dem Tonwerte durch in der Größe veränderliche, regelmäßige Rasterpunkte simuliert werden. Diesen steht eine maximal auszufüllende quadratische Fläche zur Verfügung (Rasterzelle), deren Breite bzw. Höhe als Rasterweite bezeichnet wird. Die Auflösung wird über die Rasterfeinheit angegeben. Siehe auch S. 20.

AM-Raster Siehe amplitudenmodulierter Raster

Auflösung Mit der Auflösung wird eine Aussage über die Anzahl von kleinsten Informationsteilen, bezogen auf eine Maßeinheit, getroffen. Etwa die Menge an Pixeln, Aufzeichnungspunkten, Adressen oder Rasterzellen auf einen Zentimeter (Meter) bzw. Inch. Je mehr Informationen beschrieben werden können, desto höher ist die Auflösung. Die Auflösung ist dabei der Kehrwert des Auflösungsvermögens und wird synonym zu den Wortbestandteilen »-frequenz« oder »-feinheit« verwendet, beispielsweise Rasterfeinheit oder Adressfrequenz. Siehe auch cm^{-1} sowie S. 30.

Auflösungsvermögen Mit dem Auflösungsvermögen wird meist der Abstand zwischen kleinsten Informationseinheiten einer Vorlage, eines Ein- oder Ausgabegerätes, eines digitalen Bildes, einer optischen Vorrichtung oder Ähnlichem angegeben. Im grafischen Gewerbe jedoch findet dieser Begriff eine eher seltene Verwendung, vor allem, da die Abgrenzung zur Auflösung nicht immer eindeutig ist. Man benutzt meist spezielle Fachbegriffe mit den Wortbestandteilen »-weite« oder »-konstante«, beispielsweise Rasterweite oder Adressweite. Siehe auch S. 30.

Aufsichtsvorlage Eine in der Regel lichtundurchlässige Vorlage, die beispielsweise für den Scanvorgang *beleuchtet* werden muss. Helligkeits- bzw. Farbeindrücke entstehen durch Absorption und Reflexion des Lichts. Siehe auch Durchsichtsvorlage.

Aufzeichnungspunkt Ein Aufzeichnungspunkt ist das kleinste adressierbare Element eines Ein- oder Ausgabegerätes. Das sind beispielsweise die Hell-/Dunkel-Informationen einer kleinen Stelle der von einem Scanner abgetasteten Vorlage, der eine lichtempfindliche Schicht belichtende Lichtpunkt eines Laserstrahls (oder anderer lichterzeugender Techniken), ein Tintentropfen eines Tintenstrahldruckers, ein mehr oder weniger Licht durchlassendes Element eines Flachbildschirms und so weiter und so fort.
Synonyme Begriffe, die jedoch genau genommen nur für Aufzeichnungspunkte von Druckern gelten (weshalb in diesem Buch auch keiner von diesen verwendet wurde), sind: rel (Recorderelement), Maschinenpunkt, Gerätepunkt oder natürlich auch der englische Begriff *dot*. Siehe auch S. 16.

Bedruckstoff　Material, auf welches das Druckbild übertragen wird. Meistens Papier in unterschiedlichster Verarbeitung; aber auch Folien, Textilien und Gegenstände jeglicher Art: CDs, Tragetaschen, Kugelschreiber usw.

Bézier-Kurve　Gängige Kurvenkonstruktion innerhalb eines ➡ Vektorgrafik-Programms, die mittels eines Anfangspunkts und eines Endpunkts sowie jeweils einem zugeordneten Richtungspunkt eine beliebig geschwungene Linie festlegt. Mathematisch gesehen ist eine Bézier-Kurve die Darstellung einer Polynomfunktion 3. Ordnung. Siehe auch S. 6.

Bildauflösung　Definiert bei ➡ Printmedien, wie viele ➡ Pixel einer zu druckenden ➡ Pixelgrafik auf eine gewählte Maßeinheit passen. In Verbindung mit der Gesamtpixelanzahl der Grafik wird damit deren Größe im Ausdruck bestimmt. Umgekehrt ergibt sich aus der gewünschten bzw. ausgegebenen Größe der Grafik und deren Pixelabmessungen die Bildauflösung. Metrische Einheit: cm^{-1}; US-Einheit: ➡ ppi (Pixel per Inch).
Die Bildauflösung für ➡ Nonprintmedien wird nicht über eine Maßeinheit, sondern über die horizontale und vertikale Pixelmenge von Pixelgrafiken festgelegt, die ihrerseits auf die ➡ Systemauflösung Bezug nehmen. Siehe auch ➡ 72 ppi sowie S. 46.

Bildmatrix　Siehe ➡ Pixelmatrix

Bildschirmauflösung　Häufig die Bezeichnung der vom Betriebssystem verwendeten Auflösung, die passend zum eingesetzten Monitor gewählt werden muss. Zur Vermeidung von Missverständnissen wird in diesem Buch dieser Begriff nicht weiter verwendet, sondern stattdessen die Bezeichnung ➡ *Systemauflösung*, da man zwischen der Systemauflösung und der ➡ Geräteauflösung unterscheiden muss. Letztere gibt entweder Auskunft über die auf einem Monitor aktuell angezeigten oder maximal möglichen ➡ Systempixel pro Maßeinheit.

Bildwandler　Von Scannern verwendete Vorrichtung, die von der optischen Einheit kommende Lichtsignale in elektronische Impulse umwandelt, welche schließlich zur Digitalisierung einem ➡ A/D-Wandler zugeführt werden. Bildwandler gibt es vor allem in drei gängigen Technologien: ➡ PMT (Photo Multiplier Tube), ➡ CCD (Charged Coupled Device) und ➡ CIS (Compact Image Sensor).

Bit　Kunstwort aus dem englischen Begriff *binary digit* (Binärziffer). Kleinste von Computern verwendete Einheit, bestehend aus 1 oder 0, bzw An oder Aus. Die nächstgrößere Informationseinheit ist ein ➡ Byte.

Bitmap　Wird manchmal fälschlicherweise mit ➡ Pixelgrafik gleichgesetzt. Eine Bitmap-Grafik beschreibt jedoch eine Pixelgrafik mit nur ➡ 1 bit ➡ Farbtiefe pro Pixel (➡ Farbmodus). Bitmaps sind somit reine Schwarzweißgrafiken und dürfen nicht mit dem Windows Pixelgrafikformat ➧ BMP verwechselt werden. Siehe auch S. 11.

Bittiefe Alternativer Begriff für ➧ Farbtiefe

BMP (Windows Bitmap) Pixelgrafikformat der Microsoft Windows- und OS/2-Betriebssysteme. Dieses Format ist vor allem im privaten oder Bürokommunikationsumfeld verbreitet. Der Begriff ➧ Bitmap wird in diesem Fall bedeutungsgleich zu Pixel verwendet und kann daher verwirren, wenn man (wie in diesem Buch) mit des Wortes eigentlich korrekter Bedeutung arbeitet. Eine BMP-Datei kann nicht nur Informationen zur Bitmap, sondern auch zu ➧ Graustufen und ➧ Farben speichern.

Byte Von Computern verwendete Informationseinheit, die aus 8 ➧ bit besteht. Wird z. B. häufig von Steuercodes oder Textzeichen verwendet. In einem typischen Graustufenbild bzw. bei Farbbildern innerhalb eines ➧ Farbkanals besteht dagegen ein ➧ Pixel aus einem Byte.

CCD (Charged Coupled Device, Ladungsgekoppeltes Bauelement) ➧ Bildwandler, der sich aus einer Zeile bzw. Matrix lichtempfindlicher Fotodioden zusammensetzt, die auf einem Computerchip angebracht sind und Hell-Dunkel-Werte in elektrische Signale umwandeln. CCDs werden in Scannern und Digitalkameras eingesetzt. Siehe auch S. 43.

CIS (Compact Image Sensor, Kompakter Bildsensor) Steht für ein kompaktes (»compact«) Modul zur Bildabtastung, welches in der Regel aus einer CMOS-Sensorreihe (Complementary Metal Oxide Semiconductor) (selten auch aus ➧ CCD-Elementen), einer Linearoptik (meist aus Plastik) und einer ➧ LED-Beleuchtung besteht. Ein CIS-Modul steht in direktem Kontakt (daher auch manchmal »*Contact* Image Sensor«) mit der abzutastenden Vorlage (bei Flachbettscannern durch ein Vorlagenglas getrennt) und ermöglicht daher sehr kleine Bauweisen. Siehe auch ➧ Bildwandler.

cm⁻¹ Metrische Maßeinheit in reziproken Zentimetern zur zahlenmäßigen Beschreibung einer ➧ Auflösung. Damit wird die Anzahl aller getrennt wahrnehmbaren Elemente einer Informationsmenge beschrieben, die gerade noch auf die Breite eines Zentimeters passen.
Diese Maßeinheit wird gleichermaßen für die ➧ Bildauflösung, ➧ Rasterfeinheit sowie ➧ Geräteauflösung verwendet. Siehe auch S. 30.

CRT (Cathode Ray Tube) Siehe ➧ Kathodenstrahlröhre

CMYK Beim Drucken verwendetes, physikalisches Farbmodell mit den subtraktiven Grundfarben Zyanblau, Magentarot, Gelb und Schwarz. Die Abkürzung steht für die englischen Begriffe *cyan*, *magenta*, *yellow* und *key-color*. Die Basisfarbe ist Weiß, daher führt das Fehlen von Farbe in den vier Grundfarbkanälen auch zu dem Farbeindruck Weiß. Bei der maximalen Farbkonzentration in den drei bunten Grundfarbkanälen oder in dem unbunten Grundfarbkanal ergibt sich die Farbe Schwarz (zumindest theoretisch, wenn auch nicht immer praktisch). Mehr Grundfarbanteile bedeuten einen dunkleren Eindruck, da immer weniger Licht von den Druckfarben reflektiert wird; die Lichtanteile subtrahieren sich, wir sprechen daher von subtraktiver Farbmischung. Die Beteiligung der Farbe Schwarz bei der Farbmischung spielt im Druckgewerbe eine sehr große Rolle.

In Computerprogrammen wird meistens mit Zahlenwerten von 0 (keine Farbe) bis 100 (maximale Farbkonzentration) gearbeitet. Siehe auch S. 12.

CMYK-Farbe Farbwert, welcher aus ➤ CMYK-Grundfarben gemischt wird, sowie die Bezeichnung für einen ➤ Farbmodus.

continuous tone Englische Bezeichnung für den im deutschen Sprachgebrauch gängigen Begriff ➤ Halbton.

Digitalmedien Siehe ➤ Nonprintmedien

DIN (Deutsches Institut für Normung e. V.) »Das DIN ist die für die Normungsarbeit zuständige Institution in Deutschland und vertritt die deutschen Interessen in den weltweiten und europäischen Normungsorganisationen.« DIN-Normen können über den Beuth Verlag (*http://www.beuth.de*) bezogen werden. Siehe auch ➤ ISO.　　　　　　　*http://www.din.de*

Dither Prinzipiell synonymer Begriff für ➤ Raster. Steht jedoch in der Regel nur für ➤ frequenzmodulierte Raster und dabei speziell für geordnete frequenzmodulierte Raster.

dots Erster Namensbestandteil der US-Maßeinheit ➤ dpi (➤ Geräteauflösung). Entspricht dem in diesem Buch verwendeten ➤ Aufzeichnungspunkt.

downsampling Englische Bezeichnung für ➤ Herunterrechnen

dpcm (dots per centimeter) Weniger übliche metrische Maßeinheit für die ➤ Geräteauflösung. Siehe auch S. 56.

dpi (dots per inch) US-Maßeinheit für die ➤ Geräteauflösung. Siehe auch S. 32.

Druckauflösung Konkret verwendete ➤ Geräteauflösung beim Druckvorgang. Ein Drucker ist häufig in der Lage, mit mehreren ➤ Adressfrequenzen umzugehen.

Druckerauflösung Maximale ➤ Geräteauflösung eines Druckers.

Druckvorstufe Bei ➤ Printmedien alle Arbeitsschritte, die zu druckfähigen Vorlagen führen. Sie stellen damit eine unmittelbare Vorbereitung zum Druckprozess dar.

DTP (Desktop Publishing, Publizieren vom Schreibtisch aus) DTP ist in seiner ursprünglichen Form der Schriftsatz (typografische Informsetzung von Texten für den Druck) an normalen »persönlichen Computern« (PC) als Nachfolger des Blei- und Fotosatzes.

DTP-Punkt Ein Punkt ist eine typografische Maßeinheit für Schriftgrade, die jedoch in verschiedenen Größen definiert ist. Für DTP- bzw. Layoutprogramme (➤ DTP) wird ein so genannter DTP-Punkt als 72ster Teil eines ➤ Inch verwendet: 1 DTP-Punkt = 25,4 mm ÷ 72 = 0,35277 mm. Nicht zu verwechseln mit dem in Frankreich gebräuchlichen Didot- (0,37597 mm) oder dem früher in Deutschland üblichen Berthold-Punkt (0,37593 mm).
Die Bezeichnung in Computeranwendungen ist fast immer *Punkt* (also ohne »DTP«). Falls vorhanden, wird der im Schriftsatz alternativ verwendbare Didot-Punkt meistens unter dem Namen *Didot* angeboten.

Durchsichtsvorlage Eine lichtdurchlässige Vorlage wie ein Negativ oder Diapositiv, die für den Scanvorgang, bei der Fotovergrößerung oder bei der Diapräsentation *durch*leuchtet wird. Helligkeits- bzw. Farbeindrücke entstehen durch Absorption und Transmission des Lichts. Siehe auch ➤ Aufsichtsvorlage.

Effektraster ➤ Raster, die nicht nur zur reinen Tonwertsimulation, sondern gleichzeitig zur grafischen Gestaltung eingesetzt werden. Siehe auch S. 22.

Exif (Exchangeable Image File Format) Ein in Digitalkameras verwendetes Dateiformat. Es basiert auf existierenden Grafikformaten und bietet vor allem bildergänzende Informationen, wie etwa Blendeneinstellung, Belichtungszeit, Datum, Uhrzeit usw. Diese finden in Standardgrafikformaten und -programmen selten einen Platz und können so bei der Weiterverarbeitung oder Konvertierung verloren gehen.

Farbe In der Farblehre wird generell zwischen bunter und unbunter Farbe (➤ Graustufen) unterschieden. Im allgemeinen Sprachgebrauch ist jedoch mit Farbe meistens nur die bunte gemeint. Siehe auch ➤ Schwarzweiß.

Farbkanal Beschreibt die Grundfarbe einer ➤ Pixelgrafik. Eine ➤ Bitmap bzw. ein ➤ Graustufenbild besteht nur aus einem Farbkanal, wohingegen ein Farbbild, je nach verwendetem Farbmodell, in drei oder vier Farbkanälen vorliegt. In Bildbearbeitungsprogrammen lassen sich die Farbkanäle gesondert anzeigen und bearbeiten. Siehe auch ➤ Farbtiefe sowie S. 12.
Neben den das eigentliche Bild beschreibenden Farbkanälen kann es, abhängig vom verwendeten Grafikformat, auch weitere bildergänzende Sonderkanäle geben, welche etwa die Transparenz der Pixelgrafik beschreiben können.

Farbmodus   Zur Einordnung der von einer Grafik verwendeten Grundfarben sowie deren Abstufungsverhalten wird häufig der Begriff Farbmodus benutzt. Die bekanntesten Farbmodi sind ➟ Bitmap, ➟ Graustufen, ➟ RGB- und ➟ CMYK-Farbe. Dabei gibt es eine (Bitmap, Graustufen) oder mehrere (RGB, CMYK) Grundfarben, deren Abstufung durch die ➟ Farbtiefe bestimmt wird. Während bei einer Bitmap die Farbtiefe immer feststeht (➟ 1 bit), sind bei den verbleibenden Farbmodi neben den standardisierten ➟ 8 bit auch ➟ 16 bit pro ➟ Farbkanal gebräuchlich.
Außerdem gibt es so genannte indizierte oder Palettenbilder, bei welchen nicht die Grundfarben abgestuft werden, sondern aus einem großen Farbvorrat (meistens 24-bit-RGB-Farben) einige ausgewählt und in einer Palette bzw. einem Index bereitgestellt werden. In diesem Farbmodus beschreibt ein ➟ Pixel Farbwerte nicht direkt, sondern über eine Palettenadresse (siehe auch S. 9). Farbpaletten können die unterschiedlichsten Größen aufweisen. Die gebräuchlichsten sind 4, 8 und 16 bit.

Farbtiefe   Bezeichnet die Bitmenge (➟ bit), die für die Farbinformation, beispielsweise eines ➟ Pixels oder Vektorobjekts (➟ Vektor) belegt wird. Damit ist meistens eine »Gesamtfarbtiefe« gemeint, üblicherweise etwa ➟ 1 bit für ➟ Bitmaps, ➟ 8 bit für ➟ Graustufenbilder oder ➟ 24 bzw. ➟ 32 bit für ➟ RGB- bzw. ➟ CMYK-Farbbilder. Allerdings kann bei Farbinformationen auch nur die Farbtiefe eines einzelnen ➟ Farbkanals (»Kanalfarbtiefe«) angegeben werden, wie z. B. bei Scannern. In diesem Fall gibt es aktuell zwei gebräuchliche Werte: 8 bit und 16 bit. Mit dem ersten ergeben sich die oben aufgeführten 8, 24 und 32 bit, mit dem zweiten ➟ 16, ➟ 48 und ➟ 64 bit. Alternative Bezeichnungen sind Bittiefe oder (in diesem Buch) Tonwertauflösung. Siehe auch S. 9 sowie ➟ Abtasttiefe.

Flachbildschirm   Nach ihrer Bauform benannte Sichtgeräte, die mit Hilfe verschiedener Verfahren Computersignale zur Anzeige bringen. Während bei Fernsehern auch Plasmaschirme eingesetzt werden, sind im Computerbereich fast ausschließlich ➟ LC-Displays im Einsatz. Gegenüber ➟ Röhrenmonitoren sind Flachbildschirme vor allem platz-, gewichts-und energiesparend. Sie haben eine sehr scharfe Darstellung, allerdings nur, wenn sie mit der ➟ Systemauflösung betrieben werden, die ihrer ➟ Gerätematrix entspricht. Dafür sind sie häufig kontrastärmer oder durch langsamere Schaltzeiten nicht immer für Bewegtbilder geeignet. Darüber hinaus ist der Bildeindruck vom Blickwinkel beeinflusst.

FM-Raster   Siehe ➟ frequenzmodulierter Raster

FOGRA   (Forschungsgesellschaft Druck e.V.) Deutsche Gesellschaft für Forschung und Entwicklung in der grafischen Industrie.   *http://www.fogra.org*

frequenzmodulierter Raster   ➟ Raster, mit dem ➟ Tonwerte vor allem durch die Anzahl (Frequenz) der ➟ Rasterpunkte in scheinbar zufälliger Anordnung simuliert werden. Alternative Bezeichnungen sind daher auch Zufalls-, stochastischer oder nichtperiodischer Raster. Hierbei gibt es keine festen Werte für eine ➤ Rasterfeinheit. Siehe auch S. 23.

Geräteauflösung Sammelbegriff zur Beschreibung der ➤ Auflösung bei digitalen Ein- und Ausgabegeräten, wie Scannern, Bildschirmen oder Druckern. Auch wenn die Bezeichnung Geräteauflösung außerhalb dieses Buches eher selten verwendet wird, können bekannte Bezeichnungen wie Drucker- oder Scannerauflösung diesen nicht ersetzen, da sie sich nur einem Teil der Geräte zuwenden. Eine alternative, computernahe (noch seltener benutzte) Bezeichnung wäre »Hardwareauflösung«. Siehe auch S. 32.

Gerätematrix Die Gerätematrix ist eine Art virtuelle Landkarte, über die die einzelnen ➤ Aufzeichnungspunkte von Ein- und Ausgabegeräten adressiert werden können. Dabei legt die ➤ Geräteauflösung fest, aus wie vielen Adressen die ➤ Matrix besteht. Siehe auch S. 16.

Graustufen Graustufen sind abgestufte ➤ Tonwerte zwischen Schwarz und Weiß. Innerhalb von Computeranwendungen wird die Menge an Stufen durch die ➤ Farbtiefe bestimmt, die in diesem Fall meistens bei ➤ 8 bit liegt.

Halbton Der Begriff Halbton ist nicht frei von abweichenden Definitionen (und darf auch nicht mit dem englischen ➤ *halftone* verwechselt werden). In diesem Buch steht er für die echte Ausmischung der vorhandenen Grundfarbe(n). Im Falle eines ➤ Graustufenbildes ist die Bezeichnung Halbton gleichbedeutend mit Graustufe oder ➤ Tonwert.

halftone Englische Bezeichnung für einen durch ➤ Raster simulierten ➤ Tonwert. Nicht zu verwechseln mit dem deutschen Begriff ➤ Halbton, der für »echte« Tonwerte steht und dessen englische Bedeutung dagegen meistens mit ➤ *continuous tone* angegeben wird.

Herunterrechnen Bezeichnet einen Berechnungsvorgang einer ➤ Pixelgrafik, bei dem Bildinformationen herausgerechnet werden, da sie nicht erforderlich sind bzw. zu viel Speicherplatz belegen (➤ Interpolation). Vor allem bei speicherintensiven Fotos oder Videos wichtig.

hierarchische Grafikformate Grafikformate, die ein Bild in mehreren Auflösungsstufen ablegen. Je nach Bedarf greift man z. B. zum Drucken auf eine hohe Bildauflösungsstufe zurück, während man für die Anzeige auf einem Monitor eine niedrigere auswählt. Eine Alternative Bezeichnung des hierarchischen Bildaufbaus ist Bildpyramide. Siehe auch ➤ Image Pac sowie S. 170.

Hochrechnen Bezeichnet einen Berechnungsvorgang, bei dem einer ➤ Pixelgrafik künstlich Bildinformationen hinzugefügt werden. Da keine originalen Informationen dabei erzeugt werden können, ist ein solches Vorgehen nur in sehr seltenen Situationen sinnvoll, etwa wenn die ➤ Bildauflösung eines Pixelbildes so gering ist, dass man die einzelnen ➤ Pixel erkennen kann.

Durch das Verkleinern der Pixel können diese nicht mehr wahrgenommen werden. Da die Pixel jedoch an der ursprünglichen Stelle verbleiben, müssen die Zwischenräume durch vermittelnde ➡ Tonwerte aufgefüllt werden (➡ Interpolation).

Image Pac Ein von Kodak für ihre Photo-CD (➡ Kodak Photo-CD) entwickeltes Teilformat, mit dem verschieden hohe Bildauflösungen eines Bildes in einer einzigen Datei abgespeichert werden können (➡ hierarchische Grafikformate). Das von Kodak mitentwickelte Grafikformat *FlashPix* arbeitet ebenfalls mit Image Pacs.

Inch Übliches US-Längenmaß. 1 Inch = 25,4 mm. Einheitenzeichen: *in*. Wird in einigen Computerprogrammen mit dem alten Längenmaß ➡ *Zoll* (") bezeichnet.

Interpolation Bezeichnet mathematische Verfahren, bei welchen aus existierenden Informationen weitere gebildet werden. Für Pixelgrafiken können dadurch rechnerisch höhere Bildauflösungen erzeugt werden, die jedoch keine neuen Inhalte bieten. Im grafischen Bereich wird auch das Herunterrechnen als Interpolieren bezeichnet. Siehe auch S. 146.

ISO (International Organization for Standardization) Internationale Organisation für Standardisierung. Vereinigung nationaler Normenausschüsse zur Aufstellung internationaler Normen. *http://www.iso.org*
Das deutsche ➡ DIN und das »American National Standards Institute« (ANSI) sind Mitglieder der ISO.

ITU (International Telecommunication Union) Internationale Telekommunikationsvereinigung. Weltweite Organisation innerhalb des Systems der Vereinten Nationen zur Förderung der Zusammenarbeit im Fernmeldewesen. Hat die Aufgabe, Empfehlungen und technische Spezifikationen von Daten und Fernmeldediensten zu verabschieden. *http://www.itu.int*

JFIF (JPEG File Interchange Format) Minimales Dateiformat (mit im Gegensatz zu etwa ➡ TIFF-Dateien deutlich reduzierten Möglichkeiten), das nur für den Zweck geschaffen wurde, einen reinen JPEG-Datenstrom (➡ JPEG) speichern und austauschen zu können, da in der ursprünglichen JPEG-Spezifikation keine diesbezüglichen Angaben (die für ein Grafikformat zwingend sind) definiert wurden. Die Dateiendung lautet meistens auf *.jpg* oder *.jpeg*, wodurch es umgangssprachlich als JPEG-Format bezeichnet wird. Aber auch beispielsweise die Formate TIFF, PDF, Flashpix oder in vielen Fällen PICT unterstützen innerhalb ihrer Datenstruktur eine JPEG-Kompression.

JPEG (Joint Photographic Experts Group) Ein gemeinsames (»joint«) ➡ ISO / ➡ ITU-Komitee, das für die Entwicklung des unter diesem Namen bekannten Kodierungssystems für Digitalbilder verantwortlich zeichnet.
JPEG ist ein Kompressionsstandard, der zu einem kodierten Datenstrom zur

komprimierten Beschreibung von Halbtonbildern führt. Es sind vier Operationsmodi definiert, von denen drei eine so genannte verlustbehaftete Komprimierung vorsehen. Bei dieser werden bewusst, je nach Einstellung, mehr oder weniger Bildinformationen verworfen, um geringere Datenmengen zu erhalten. Diese sind nicht wieder rekonstruierbar, werden aber im Idealfall auch nicht benötigt, da es sich um redundante (normalerweise nicht verwertbare, überreichliche) Informationen handelt. Eine verlustfreie Kompression ist vorgesehen, wird jedoch von fast keiner Anwendung unterstützt.

Trotz hoher Kompressionsmöglichkeit ersetzt eine JPEG-Kodierung nicht die Notwendigkeit der Bildauflösungsbestimmung.

Das meist genutzte Dateiformat, welches einen JPEG-Datenstrom »mobil« macht, heißt *JPEG File Interchange Format* (JFIF). Seltener wird das im JPEG-Standard erst später implementierte *Still Picture Interchange File Format* (SPIFF) verwendet. *http://www.jpeg.org*

JPEG2000 Nachfolger des JPEG-Kompressionsverfahrens sowie des JFIF-Dateiformates als internationaler Standard im Jahre 2000 verabschiedet. JPEG2000 verwendet ein gänzlich anderes Kompressionsverfahren als JPEG und weist diesem gegenüber bei sehr starken Kompressionen weniger schlechte Ergebnisse auf. Dies wird ebenfalls durch verlustbehaftete Kompression erreicht, wobei, wie schon bei JPEG, die Möglichkeit der verlustfreien Komprimierung besteht und auch von den verarbeitenden Programmen unterstützt wird.

JPEG2000 kann zudem mit einigen Erweiterungen dienen, die JFIF nicht zu eigen sind, wie etwa eine höhere Farbtiefe als 8 bit pro Kanal (Farbkanal), der Transparenz (und anderen Aufgaben) dienende so genannte Alpha-Kanäle, das Speichern von Bitmap-Daten, der einem hierarchischen Grafikformat ähnliche Bildzugriff und einiges mehr. *http://www.jpeg.org/JPEG2000.html*

Kathodenstrahlröhre (engl.: Cathode Ray Tube, CRT) Luftleerer Glaskolben, in dem an einem Ende Elektronen freigesetzt, zu einem Strahl gebündelt, fokussiert, beschleunigt und abgelenkt werden, um mit diesen am anderen Ende eine phosphoreszierende Schicht punktweise zum Leuchten zu bringen. Siehe auch Röhrenmonitor.

Kodak Photo-CD Universelles, von Kodak entwickeltes CD-Format. Eine Photo-CD dient als digitaler Bildspeicher und wurde so konzipiert, dass ihre Bilder gleichermaßen gut von Fernsehern wie Computermonitoren dargestellt werden können. Sie war ein frühes Bindeglied zwischen analoger Fotografie und digitaler Präsentation bzw. Verarbeitung. Das dazu gehörige PCD-Grafikformat kann von praktisch jedem gängigen bildverarbeitenden Programm gelesen, jedoch nicht geschrieben werden. Siehe auch S. 117.

LCD (Liquid Crystal Display, Flüssigkristallanzeige) Das Panel (Anzeigeeinheit) eines LCDs (Flachbildschirm) besteht aus zwei dünnen Glasplatten, die als Polarisationsfilter wirken. Die erste lässt aus der Hintergrundbeleuchtung Licht in nur einer Richtung durch, das ohne Hilfe nicht die zweite Glasplatte passieren kann, welche Licht nur in einer anderen Richtung passieren lässt. Eine solche Hilfe stellen die sich zwischen den Glasplatten befindlichen Flüssigkristalle dar, welche die optische Eigenschaft besitzen, das polarisierte Licht je nach anliegender Spannung um bis zu 90° drehen zu können. Dadurch kann gesteuert werden, wie viel Licht durchgelassen wird. Siehe auch ➡ TFT.

LED (Light Emitting Diode, Lumineszenz emittierende Diode, kurz Leuchtdiode) In einer LED werden elektrische Signale in Lichtsignale gewandelt. Wird beispielsweise von einigen Druckern verwendet, die mit Hilfe lichtempfindlicher Materialien Druckinformationen auf den ➡ Bedruckstoff übertragen. Einige Scanner beleuchten damit die abzutastende Vorlage (➡ CIS).

lines Erster Namensbestandteil der US-Maßeinheit lpi (➡ Rasterfeinheit). Entspricht dem im deutschen Sprachgebrauch verwendeten Begriff *Linien*.

lpcm (lines per centimeter) Metrische Maßeinheit für die ➡ Rasterfeinheit in wenig gebräuchlicher Schreibweise. Im deutschen Sprachgebrauch üblich ist das Suffix »er« hinter dem Zahlenwert, z. B. »60er-Raster«, oder die alternative Schreibweise *L/cm* (Linien pro Zentimeter). Normeinheit: cm^{-1} [11]. Siehe auch S. 56.

lpi (lines per inch) US-Maßeinheit für die ➡ Rasterfeinheit. Siehe auch S. 37.

Matrix System von Informationen (➡ Pixel, ➡ Aufzeichnungspunkte usw.), die in einem rechteckigen Schema angeordnet sind.
In diesem Buch wird zwischen folgenden Matrizen unterschieden:
➡ *Pixelmatrix* (steuert Bildpixel), ➡ *Gerätematrix*, ➡ *Rasterzellen*, ➡ *Schwellwertmatrix* (steuern Aufzeichnungspunkte) und ➡ *Rastermatrix* (steuert Rasterzellen). Siehe auch S. 3.

Meter Längen-Basiseinheit des internationalen Einheitensystems (SI-Einheiten). Einheitenzeichen: *m*. Allgemein werden dezimale Vielfache und Teile durch Vorsätze vor dem Einheitennamen gebildet (➡ Mikrometer). Gesetzlich vorgeschriebene Maßeinheit.

Mikrometer 1 Mikrometer = 1 µm = 10^{-6} × 1 m = 0,000 001 m (ein Millionstel Meter).

Moiré Im Mehrfarbdruck mit ➡ amplitudenmoduliertem Raster eine Bilddaten überlagernde fehlerhafte Musterung. Tritt bei ➡ frequenzmodulierten Rastern nicht oder nur in sehr geringen Maßen auf. Moirés können auch beim Scannen von AM-gerasterten Vorlagen entstehen und in der resultierenden Pixelgrafik für eine erhebliche Reduzierung der Bildqualität sorgen. Siehe auch S. 22.

Monitorauflösung Alternative Bezeichnung für ➡ Bildschirmauflösung

Monitortripel Kleinste farbdarstellende (➡ RGB-)Einheit eines Farbmonitors. Bei ➡ Flachbildschirmen wird nur dann die maximale Darstellungsqualität erreicht, wenn ein Monitortripel einem ➡ Systempixel entspricht.

Nahpunkt Kürzest möglicher Betrachtungsabstand, bei dem das menschliche Auge noch scharf sieht. Während man im Kindesalter die eigene Nasenspitze klar erkennt, gelingt dies beispielsweise im Alter von 40 Jahren nur bei Gegenständen in ca. 30 cm Entfernung oder gar darüber.

Nonprintmedien Übergeordneter Begriff für alle nicht gedruckten Medien in elektronischer, audiovisueller oder digitaler Form. Für den Computerbereich meist gleichbedeutend mit *Digitalmedien*: Internet-, Video- oder auch Präsentationsanwendungen. Siehe auch ➡ Printmedien.

obere Bildauflösungsgrenze Die maximal sinnvolle ➡ Bildauflösung bei ➡ Printanwendungen, die gerade noch eine Verbesserung der Bildqualität gegenüber einem geringer aufgelösten Bild sichtbar macht.
Man kann zwischen technischer und subjektiver Grenze unterscheiden. Die technische ist verifizierbar und daher absolut, während die subjektive beispielsweise schon von der Beleuchtung beeinflussbar ist. Diese Grenze ist daher entscheidend abhängig von Drucktechnik und -qualität, der realen Informationsdichte der Bilddaten, dem ➡ Auflösungsvermögen des Auges in Verbindung mit dem Betrachtungsabstand, dem Qualitätsanspruch und weiteren Aspekten. Siehe auch S. 60, ➡ untere Bildauflösungsgrenze sowie ➡ Toleranzfaktor.

OCR (optical character recognition) Englische Bezeichnung für optische ➡ Texterkennung.

PDF (Portable Document Format) ➡ Acrobat-Dateiformat, das sowohl ➡ Pixel- wie ➡ Vektorgrafiken beschreiben kann.

Photo-CD Kurzbezeichnung der ➡ Kodak Photo-CD

Pikoliter 1 Pikoliter = 1 pl = $10^{-12} \times 1\,l$ = 0,000 000 000 001 l (ein Billionstel Liter).

Pixel Kunstwort für *picture element*. Ein Pixel ist die kleinste Einheit einer ➡ Pixelgrafik. Ein Pixel ist prinzipiell quadratisch und beschreibt einen Helligkeits- bzw. Farbwert (➡ Farbtiefe). Siehe auch S. 3.
Nur bei Videoanwendungen ist es üblich, auch mit nichtquadratischen Pixeln zu arbeiten. Etwa dann, wenn man gerne ein Breitbildvideo z. B. für einen 16 : 9-Fernseher erstellen möchte. Die Bilder werden bei der Aufnahme horizontal gestaucht und müssen in der Folge bei der Wiedergabe horizontal gedehnt (»entstaucht«) werden, um eine unverzerrte Darstellung zu ermöglichen. Bei der programminternen Video*bearbeitung* werden quadratische Pixel, bei der Video*darbietung* nichtquadratische Pixel gebraucht.

Pixelgrafik Eines von zwei zur grafischen Beschreibung eingesetzten Konzepten (siehe auch ➡ Vektorgrafik). Pixelgrafiken bestehen aus einer ➡ Matrix von ➡ Pixeln (➡ Pixelmatrix), die Hell-/Dunkelwerte der für die Pixelgrafik verwendeten Grundfarbe(n) (➡ Farbtiefe) beschreiben. Für alle Pixel gelten dieselben Beschreibungsmöglichkeiten wie etwa Größe, ➡ Farbkanäle oder Farbtiefe pro Farbkanal. Siehe auch S. 3.
Während die Pixelanzahl einer Pixelgrafik eine feste Größe darstellt, sind es die für ➡ Printmedien beeinflussbare absolute Längeneinheit (➡ Meter, ➡ Inch) oder die sich darauf beziehende Bildgröße nicht. Diese können zu jedem Zeitpunkt bis zur endgültigen Ausgabe geändert werden, ohne die Pixelgrafik als solche zu bearbeiten. Letztlich bestimmt man durch eine solche Änderung nicht nur die Bildgröße, sondern auch die ➡ Bildauflösung.
Für ➡ Nonprintmedien sind nur die Bildpixel relevant, da man sich an den ➡ Systempixeln des anzeigenden Systems orientiert.

Pixelmatrix Die digitale Pixelgrafik als ein rechteckiger Bereich, dessen Elemente aus gleich großen ➡ Pixeln bestehen. Siehe auch ➡ Matrix.

PMT (Photo Multiplier Tube, Fotoverstärkerröhre) Spezielle Elektronenröhren, die als ➡ Bildwandler in ➡ Trommelscannern eingesetzt werden und durch ihre Fähigkeit, Lichtsignale zu verstärken, für die in der Regel hohe Scanqualität mitverantwortlich sind.

PostScript Eine von Adobe entwickelte Seitenbeschreibungssprache, mit der auch sehr komplexe grafische Elemente einer auszugebenden Seite exakt umrissen werden können. Ausgabesysteme wie Satzbelichter oder hochwertige Farbausgabegeräte arbeiten meistens mit dem Industriestandard PostScript. PostScript-Drucker lassen sich grob in ➡ RIP und Ausgabeeinheit (Führung der ➡ Bedruckstoffe, Druckwerk usw.) unterteilen. PostScript stellt auch eine Programmierungssprache dar.

Printmedien Übergeordneter Begriff für alle gedruckten Medien wie Bücher, Zeitungen und Zeitschriften, aber auch Plakate, Prospekte, Handzettel, Geschäftspapiere oder Fotoabzüge; mithin alles, was ausgedruckt wird. Siehe auch ➡ Nonprintmedien.

ppcm (pixel per centimeter) Weniger übliche Maßeinheit für die ➡ Bildauflösung. Siehe auch S. 56.

ppi (pixel per inch) US-Maßeinheit für die ➡ Bildauflösung. Siehe auch S. 46.

Qualitätsfaktor Bei der Bildauflösungsberechnung mit ➡ amplitudenmodulierten Rastern wird die ➡ Rasterfeinheit im Allgemeinen nicht direkt mit der ➡ Bildauflösung gleichgesetzt. Vielmehr wird zur Qualitätssteigerung ein Multiplikationswert größer eins eingesetzt, der bezeichnenderweise Qualitätsfaktor, aber auch beispielsweise Sampling- oder Rasterfaktor genannt wird. Üblicherweise liegt dieser zwischen 1,5 und 2,0. Siehe auch S. 78.

Quellformat-Priorität Bestimmt beim ➧ Skalieren von Formaten mit verschiedenen ➧ Seitenverhältnissen, dass die Quelle, beispielsweise ein Digitalbild oder ein zu scannendes Foto, komplett durch das Zielformat abgebildet wird. Dort verbleiben in der Folge unbenutzte Randbereiche. Siehe auch S. 110 sowie ➧ Zielformat-Priorität.

QVGA (Quad Video Graphics Array) ➧ Systemauflösung mit 1280 × 960 Pixeln und damit in der Größenordnung von ➧ SXGA, jedoch mit dem üblichen ➧ Seitenverhältnis von 4:3.
Die Bezeichnung QVGA ist weniger gebräuchlich bzw. bekannt und zudem gleichzeitig mit Quarter VGA (320 × 240 Pixel) übersetzt. Letztere spielt bei den Systemauflösungen allerdings eine absolut untergeordnete Rolle.

QXGA (Quad eXtended Graphics Adapter) ➧ Systemauflösung mit 2048 × 1536 Pixeln für zurzeit höchstauflösende Bildschirme mit dem üblichen ➧ Seitenverhältnis von 4:3.

Raster Technik, mit der es möglich ist, bei reinen Volltonausgabeverfahren ➧ Halbtöne durch nahräumige Kombination von Vollton- und leeren Flächenelementen zu simulieren. Innerhalb einer definierten Fläche werden mehr oder weniger Stellen eingefärbt. Je mehr Stellen es betrifft, desto weniger Licht wird durch die unbedeckten Bereiche reflektiert und desto dunkler wird der simulierte ➧ Tonwert. Umgekehrt gilt, je weniger Stellen durch Farbe bedeckt werden, desto heller wird der empfundene Tonwert. Siehe auch S. 18.

Rasterfrequenz In diesem Buch formulierter Begriff, der für einen Korrekturwert bezüglich der ➧ *Druckauflösung* zur Bestimmung der ➧ Bildauflösung bei ➧ FM-Rastern steht (ähnlich dem ➧ Qualitätsfaktor bei ➧ AM-Rastern). Man teilt die Druckauflösung durch den Rasterdivisor: Wenn die Druckauflösung z. B. bei 1000 cm^{-1} (2540 ppi) und der Rasterdivisor bei 10 liegt, dann resultiert daraus eine Bildauflösung von 100 cm^{-1} (254 ppi).
Der Rasterdivisor basiert auf einem aus vier ➧ Aufzeichnungspunkten aufgebauten kleinsten ➧ Rasterpunkt. Siehe auch S. 95.

Rasterfeinheit Die Rasterfeinheit, alternativ Rasterfrequenz, beschreibt die Menge an ➧ Rasterpunkten pro Maßeinheit. Wenn eine zu grobe Rasterfeinheit gewählt wird, fallen die einzelnen Rasterpunkte deutlich ins Auge und werden als störend wahrgenommen. Wenn eine zu feine Rasterfrequenz gewählt wird, kann es zu Druckproblemen kommen; ein üblicher Wert für die Rasterfeinheit liegt bei 60 cm^{-1}.
Die Rasterfeinheit ist der Kehrwert der ➧ Rasterweite. Siehe auch S. 37.

Rasterdivisor Alternativer Begriff für ➧ Rasterfeinheit

Rastermatrix Bei vielen Ausgabegeräten besteht die ➤ Gerätematrix nur aus ➤ 1 bit ➤ Farbtiefe. Um Zwischentonwerte zu simulieren, wird eine weitere Rastereinteilung benötigt, die räumlich gröber ist, aber dadurch die Simulation von ➤ Halbtönen ermöglicht (➤ Raster). Raster werden, individuell für jede Grundfarbe, mit ihrer eigenen ➤ Matrix – eingepasst in der Gerätematrix – angesprochen. Siehe auch S. 18.

Rasterpunkt Bei digitalen Ausgabegeräten mit ➤ amplitudenmodulierter Rasterung ist ein Rasterpunkt eine Ansammlung von ➤ Aufzeichnungspunkten innerhalb einer ➤ Rasterzelle, die gemeinsam eine meist konzentrische, größenvariable Form bilden, mit dem Zweck, ➤ Tonwerte zu simulieren. Rasterpunkte bei ➤ frequenzmodulierter Rasterung sind meist nur wenig größer als ein Aufzeichnungspunkt und besitzen keine sichtbare Regelmäßigkeit.

Rasterweite Beschreibt die Breite bzw. Höhe der ➤ Rasterzelle.
Der Begriff Rasterweite wird sehr oft für die ➤ Rasterfeinheit verwendet, ist jedoch der Kehrwert von dieser. Siehe auch S. 37.

Rasterwinkel Bei ➤ amplitudenmodulierten Rastern die Ausrichtung der ➤ Rasterpunkte, bezogen auf eine Richtung (Bezugsrichtung), deren Nullwert bei 3⁰⁰ Uhr liegt (oder auch im Osten) und gegen den Uhrzeigersinn gemessen wird. Einheit: Grad. Bei ➤ Graustufenbildern werden zur gefälligeren Darstellung meistens 45°-Rasterwinkel verwendet. Beim Mehrfarbdruck kommen für die verwendeten Grundfarben unterschiedliche Winkel zum Einsatz, hauptsächlich um ➤ Moirés zu vermeiden. Siehe auch S. 22

Rasterzelle Definierte Fläche in der ➤ Gerätematrix, die bei der ➤ amplitudenmodulierten Rasterung für die Simulation von ➤ Halbtönen zuständig ist. Rasterzellen werden immer in die Gerätematrix hineinkonstruiert und bilden Elemente einer gröberen ➤ Rastermatrix, die die Gerätematrix überlagert. Siehe auch S. 18.

RGB Physikalisches Farbmodell aus den additiven Grundfarben Orangerot, Grün und Violettblau. Die Abkürzung steht für die englischen Begriffe *red*, *green* und *blue*. In Computerprogrammen wird meistens mit Zahlenwerten von 0 (keine Farbe) bis 255 (maximale Farbkonzentration), also pro Grundfarbe in den möglichen 256 Stufen der ➤ 8-bit-Kodierung, gearbeitet.
Die Basisfarbe ist Schwarz, daher führt das Fehlen von Farbe in den drei Grundfarbkanälen auch zu dem Farbeindruck Schwarz. Bei der maximalen Farbkonzentration in allen drei Grundfarbkanälen ergibt sich die Farbe Weiß. Daher bedeuten mehr Grundfarbanteile auch einen helleren Eindruck, die Intensitäten addieren sich, wir sprechen daher von additiver Farbmischung. Siehe auch S. 12.

RGB-Farbe Farbwert, welcher aus ➤ RGB-Grundfarben gemischt wird, sowie die Bezeichnung für einen ➤ Farbmodus.

RIP (Raster Image Processor) System, das die verschiedenartigen Konzeptdaten (➧ Pixelgrafiken unterschiedlicher ➧ Farbtiefe, ➧ Vektorgrafiken unterschiedlicher Komplexität oder mit unterschiedlichen Zeichensätzen darzustellende Texte) für die Druckausgabe berechnet, indem es die Beschreibungen in die ➧ Gerätematrix der Ausgabeeinheit einpasst. Ein solches System setzt sich meistens aus aufeinander abgestimmter Hard- und Software zusammen, kann aber auch nur aus einem zu installierenden Softwareprogramm bestehen (»Softrip«). Der Industriestandard ➧ PostScript ist der bekannteste RIP.

Röhrenmonitor Herkömmliches Anzeigegerät zur Darstellung von Computersignalen. Mit Hilfe einer Bildröhre (➧ Kathodenstrahlröhre) wird eine lichtempfindliche Schicht partiell und mit modulierter Intensität zum Leuchten angeregt. Alternativ auch als ➧ CRT- bzw. Kathodenstrahlmonitor bezeichnet. Siehe auch S. 39.

Samplingfaktor Alternative Bezeichnung des ➧ Qualitätsfaktors. Im Englischen stehen *Samples* für Abtastschritte.

Scanauflösung Beschreibt die Feinheit, mit der ein Scanner die Vorlage abtastet. Um den notwendigen Wert zu bestimmen, multipliziert man die ➧ Bildauflösung mit dem ➧ Skalierungsfaktor.

Schwarzweiß Für die Computergrafik bedeutet Schwarzweiß, dass ausschließlich die beiden unbunten Farben Schwarz und Weiß zur Verfügung stehen (➧ 1 bit). Im allgemeinen Sprachgebrauch verwendete Bezeichnungen wie Schwarzweißfotografie oder Schwarzweißfernsehen sind eigentlich irreführend, da es nicht nur die beiden Farben Schwarz und Weiß, sondern viele Abstufungen dazwischen gibt. Alternativ könnte man von *Monochrom* oder *Unbunt* sprechen. Bei Computergrafiken wird hingegen der Begriff ➧ Graustufen verwendet.

Schwellwertmatrix Hilfskonstrukt in der Größe einer ➧ Rasterzelle zur Erzeugung eines ➧ Rasterpunktes. Beim ➧ Rastern eines ➧ Pixelbildes werden die Tonwertinformationen jedes einzelnen ➧ Pixels mit dem örtlich zugehörigen Schwellwert innerhalb der Schwellwertmatrix verglichen. Damit wird direkt die Aktivierung des entsprechenden ➧ Aufzeichnungspunktes gesteuert. Sind für eine Rasterzelle etwa 26 ➧ Tonwertstufen möglich, besteht die Schwellwertmatrix aus Zahlen von 0 bis 25, für Tonwertstufen von 0, 4, 8, 12, …, 92, 96, 100 Prozent. Der einem Schwellwertmatrix-Element zugeordnete Aufzeichnungspunkt wird dann gesetzt, wenn der umzusetzende Tonwert des Bildpixels über dem Schwellwert liegt. Würde beispielsweise ein schwarzes Bildpixel die rechte obere Ecke der Rasterzelle überlagern und ein weißes die linke untere, dann würden links unten keine, rechts oben alle in Frage kommenden Aufzeichnungspunkte aktiviert werden. Siehe auch ➧ Spotfunktion sowie S. 75. Englische Bezeichnung: *Threshold-Matrix*.

Sehschärfe Siehe ➡ Visus

Seitenverhältnis Beschreibt die Relation zwischen Breite und Höhe einer Fläche. Bekannte Seitenverhältnisse sind etwa die der DIN-Formate ($\sqrt{2}$:1), die vom Kleinbildnegativ ausgehenden Fotoformate (3:2) und das für die meisten Digitalkameras, Bildschirme und Fernseher geltende Verhältnis von 4:3. Bei abweichenden Seitenverhältnissen von Quelle und Ziel, beispielsweise bei einer Fotovergrößerung auf ein DIN-Format oder einer ➡ SXGA-Systemauflösung auf einen gängigen 4:3-Bildschirm, kommt es entweder zu Formatbeschneidungen (➡ Quellformat-Priorität, ➡ Zielformat-Priorität) oder zu Bildverzerrungen.

Skalieren Das Anpassen von Objekten (Formate, Fotos, Grafiken, Texte usw.) durch Verkleinern oder Vergrößern. Häufig notwendig beim Scannen von Vorlagen, da diese selten in der gewünschten Endgröße vorliegen. Siehe auch ➡ Skalierungsfaktor.

Skalierungsfaktor Der Skalierungsfaktor beschreibt den Multiplikator, mit dem die Angleichung von Quellformat zu Zielformat möglich ist. Wird vor allem für die korrekte Berechnung der ➡ Scanauflösung benötigt. Bei unterschiedlichem ➡ Seitenverhältnis von Quell- und Zielformat muss einem von beiden der Vorrang bei der Berechnung gegeben werden. Siehe auch ➡ Quellformat-Priorität und ➡ Zielformat-Priorität sowie S. 110.

Spotfunktion Mathematische Beschreibung zur Berechnung eines ➡ Rasterpunktes innerhalb einer ➡ Rasterzelle. Die Reihenfolge der zu aktivierenden ➡ Aufzeichnungspunkte ist von deren rechnerisch ermittelter Entfernung zum Mittelpunkt der Rasterzelle abhängig: Mit zunehmender Flächendeckung werden weiter entfernte Aufzeichnungspunkte angesprochen.
Eine einfache Spotfunktion berechnet nur *einen* ➡ Tonwert pro Rasterzelle und kann daher (im Gegensatz ➡ zur Schwellwertmatrix) bei höherer ➡ Bildauflösung als der ➡ Rasterfeinheit dieses Informationsüberangebot nicht in eine den Bilddetails angepasste Rasterpunktkontur umsetzen.

SVGA (Super Video Graphics Array) ➡ Systemauflösung mit 800 × 600 Pixeln für Bildschirme mittlerer bis geringerer Größe mit dem üblichen ➡ Seitenverhältnis von 4:3.
Für ein entspanntes Sehen wird diese Systemauflösung manchmal einer höheren Auflösung vorgezogen, auch wenn der verwendete Monitor für eine solche gut geeignet wäre. Dabei ist SVGA heute für einige Softwareprodukte die unterste Grenze sinnvoller Darstellung.

SXGA (Super eXtended Graphics Adapter) ➡ Systemauflösung mit 1280 × 1024 Pixeln für höherauflösende Bildschirme mit einem abweichenden ➡ Seitenverhältnis von 5:4. Modernere Grafikkarten unterstützen alternativ auch eine Systemauflösung von 1280 × 960 Pixeln mit dem üblichen ➡ Seitenverhältnis von 4:3 (➡ QVGA).

Systemauflösung In diesem Buch steht der Begriff für die bei einem Computerbetriebssystem eingestellte Auflösung, die für den »Desktop« (Arbeitsfläche) zur Verfügung steht. Man definiert Breite und Höhe in Pixeln. Außer bei Bildschirmen finden wir diese Angaben auch bei Videobeamern oder Digitalkameras. Bekannte Systemauflösungen sind unter anderem ➡ VGA, ➡ SVGA, ➡ XGA, ➡ SXGA, ➡ UXGA usw. Es gibt jedoch auch eine Reihe von Systemauflösungen, für die keine Bezeichnung existiert außer der Auflösungsangabe selbst, etwa 1600 × 1280 oder 1792 × 1344 Pixel. Siehe auch ➡ Bildschirmauflösung sowie S. 122.

Systempixel Kleinste adressierbare Einheit der ➡ Systemauflösung. Die maximale Darstellungsqualität von Pixeldaten auf Bildschirmen ist dann gegeben, wenn ein Systempixel genau von einem ➡ Monitortripel angezeigt wird, besonders ausgeprägt bei ➡ Flachbildschirmen.

Teilerblock Eine in diesem Buch verwendete rechteckförmige Gruppe von Pixeln, die als Grund- und Gliederungseinheit für Gestaltungsraster schnell und effizient die Ermittlung der Pixelmaße für Abbildungen sowie deren Platzierung ermöglicht. Siehe auch S. 154.

Texterkennung Mit Hilfe einer Computerlogik werden aus den Bildinformationen Buchstaben extrahiert, welche anschließend mit einer Textbearbeitung regulär weiterverarbeitet werden können. Englischer Begriff: ➡ OCR. Die Texterkennung gehört zur quantitativen Bildbearbeitung, da die informationstragenden Pixel nur bis zur Merkmalsextraktion Verwendung finden.

TFT (Thin Film Transistor) Extrem flacher Transistor, der zur Verbesserung der Anzeigequalität von LC-Displays (➡ LCD) für die aktive Steuerung eines Aufzeichnungspunktes zuständig ist. Man spricht bei TFT-Bildschirmen auch von Active-Matrix-LCDs.

Threshold-Matrix Englische Bezeichnung für ➡ Schwellwertmatrix

TIFF (ursprünglich: Tagged Image File Format) Bekanntes, komplexes Grafikformat für ➡ Pixelgrafiken. Sehr gut für ➡ Printmedien, teilweise für ➡ Nonprintmedien und gar nicht für Internetanwendungen geeignet.

Toleranzfaktor Leicht ironische Bezeichnung für den ➡ Qualitätsfaktor (QF) mit dem Blick auf mögliche Skalierungsreserven. Die Annahme, dass der QF bei ➡ amplitudenmodulierten Rastern innerhalb der ➡ unteren und ➡ oberen Bildauflösungsgrenze einen gewissen Bewegungsraum hat, lässt ihn zu einem Orientierungsmaßstab für Bildskalierungen werden. Sollte sich beispielsweise die Bildauflösung eines bestimmten Bildes an einem QF von 2,0 orientieren, aber bei einem QF von 1,5 im Druck keine sichtbaren Einbußen aufweisen, könnte das Bild auf bis zu 133 % vergrößert werden (mit einem dann reduzierten QF von 1,5). Wir hätten somit eine Vergrößerungstoleranz von 33 %. Siehe auch Tab. 9-1 auf S. 143.

Tonwert Hell-/Dunkel-Wirkung z. B. einer Fläche oder eines ➡ Pixels. Der Begriff wird meistens nur im Zusammenhang mit dem optischen Eindruck einer Grundfarbe und ihrer Modulationsstufen nach Schwarz (bei ➡ RGB-Farben) bzw. Weiß (bei ➡ CMYK-Farben oder ➡ Graustufen) eingesetzt.

Tonwertauflösung Alternativer Begriff für ➡ Farbtiefe. Siehe auch S. 14.

tracing Englische Bezeichnung für ➡ Vektorisierung

Trommelscanner In Trommelscannern werden ➡ Durchsichts- oder ➡ Aufsichtsvorlagen auf eine Trommel gespannt, die beim Scanvorgang schnell rotiert, und längs der Vorlagenwalze meist spiralförmig abgetastet. Siehe auch S. 43.

UGRA Schweizer Verein zur Förderung wissenschaftlicher Untersuchungen in der grafischen Industrie.   *http://www.ugra.ch*

UXGA (Ultra eXtended Graphics Adapter) ➡ Systemauflösung mit 1600 × 1200 Pixeln für hochauflösende Bildschirme mit dem üblichen ➡ Seitenverhältnis von 4 : 3.

upsampling Englische Bezeichnung für ➡ Hochrechnen

untere Bildauflösungsgrenze Die minimal notwendige ➡ Bildauflösung bei ➡ Printanwendungen, die für eine gerade noch akzeptable Bildqualität steht. Höhere Bildauflösungen als diese bedeuten daher im Allgemeinen auch eine bessere Darstellungsqualität. Da die untere Bildauflösungsgrenze subjektiv geprägt ist (*»akzeptabel«*), hängt es von ihrer Einstufung ab, ob und wie stark sich höhere Bildauflösungen auf die Qualität auswirken.
Wo es eine untere gibt, existiert auch eine ➡ obere Bildauflösungsgrenze. Siehe auch S. 60 sowie ➡ Toleranzfaktor.

Vektor Ein Vektor ist eine Größe, die von einem Punkt zu einem anderen oder von einem Punkt, einer Richtung und einem Betrag definiert ist. Siehe auch S. 5.

Vektorgrafik Eines von zwei zur grafischen Beschreibung eingesetzten Konzepte (siehe auch ➡ Pixelgrafik). Dabei liegt allen Bestandteilen eines Dokumentes ein Koordinatensystem zugrunde. In diesem werden im einfachsten Fall ➡ Vektoren gezeichnet, die von einem Koordinatenpaar (bestehend aus dem horizontalen X- und dem vertikalen Y-Wert) zum nächsten eine direkte Verbindung zeichnen. Egal wie lang dieser Vektor wird, mit nur zwei Koordinatenpaaren ist das sparsam und auflösungsunabhängig beschreibbar. Siehe auch S. 5.

Vektorisierung Umwandlung einer Pixel- in eine Vektorgrafik. Dazu wird menschliche Erfahrung oder zumindest aufwändige Computerlogik benötigt, um sinnvolle Umrissbeschreibungen zu erreichen. Auch bei der automatischen Vektorisierung (*autotracing*) ist in der Regel eine manuelle Nachbearbeitung notwendig.

VESA (Video Electronics Standards Association) Verbindung führender Hard- und Softwarehersteller zur Entwicklung und Förderungen technischer Standards bei Bildschirmen und deren Ansteuerung.   *http://www.vesa.org*

VGA (Video Graphics Array) ➧ Systemauflösung mit 640 × 480 Pixeln für kleine Bildschirme mit dem üblichen ➧ Seitenverhältnis von 4:3. VGA ist die zurzeit wahrscheinlich am meisten unterstützte Auflösung weltweit und kann als Minimalanforderung betrachtet werden.

Visus (Sehschärfe) Einheit für das ➧ Auflösungsvermögen des Auges in der Augenoptik. Der Visus ist der Kehrwert des minimalen Sehwinkels (minimum separabile), mit dem es gerade noch möglich ist, zwei dicht benachbarte Punkte sicher voneinander zu unterscheiden. Siehe auch S. 51.

Vollton Ein Vollton ist unter anderem ein nicht abgestufter, ungerasterter und dementsprechend voller Farbauftrag einer Grundfarbe eines Ausgabegerätes. In diesem Buch wird nur diese Definition zugrunde gelegt. Allerdings ist im professionellen Druckgewerbe eine Volltonfarbe auch eine zusätzlich zu oder anstelle von den CMYK-Grundfarben eingesetzte Sonderfarbe, die z. B. HKS- oder Pantone-Farbsystemen entnommen ist. Hierbei spielt es keine Rolle, ob diese Zusatzfarbe gerastert oder ungerastert ist. Lediglich die Tatsache, dass eine Buntfarbe nicht aus den CMYK-Grundfarben im Druck entsteht, sondern vor dem Druck angemischt wird, führt zu dem Namen. Bedeutungsgleiche Begriffe zu Vollton sind Spot-, Echt-, Zusatz-, Schmuck- oder Sonderfarbe. Im Gegensatz dazu werden CMYK-Grundfarben auch als Skalen- oder Prozessfarben bezeichnet. Siehe auch S. 11.

XGA (eXtended Graphics Adapter) ➧ Systemauflösung mit 1024 × 768 Pixeln für Bildschirme mittlerer Größe mit dem üblichen ➧ Seitenverhältnis von 4:3. Zurzeit die wohl am meisten verwendete Systemauflösung im privaten bzw. Bürobereich. Bei IBM wurde diese Systemauflösung ursprünglich unter dem Namen 8514/A eingeführt.

Zielformat-Priorität Bestimmt beim ➧ Skalieren von Formaten mit verschiedenen ➧ Seitenverhältnissen, dass das Ziel, beispielsweise ein klassisches Fotoformat oder eine Visitenkarte, komplett mit der Quellinformation ausgefüllt wird. Diese muss dazu seitlich bzw. ober-/unterhalb das Zielformat überlappen, wodurch Quellinformationen verloren gehen. Siehe auch S. 110 sowie ➧ Quellformat-Priorität.

Zoll Altes Längenmaß, übereinstimmend mit ➡ Inch gebraucht. Wird nicht ganz korrekt hier zu Lande unter anderem noch als Längeneinheit bei Bildschirmdiagonalen oder Datenträgern benutzt. In einigen Computerprogrammen wird Zoll als Übersetzung für Inch verwendet. Einheitszeichen: ".

Tabellenverzeichnis

Grundlagen

Auflösungsbestimmung

Anwendungsbeispiele

Literatur- und Quellenverzeichnis

[1] Adobe Developers Association: *Halftones and Screens –
Technical Note #5602.*
Adobe Systems Incorporated, San Jose (California / USA), 1997

[2] Adobe Systems Incorporated:
PDF Reference – Adobe Portable Document Format Version 1.5.
Adobe Systems Incorporated, 4. Auflage, 2003

[3] Adobe Systems Incorporated: *TIFF Revision 6.01.*
Adobe Systems Incorporated, Mountain View (California / USA), 1995

[4] Baufeldt, Uwe: *Informationen übertragen und drucken.*
Verlag Beruf + Schule, Itzehoe, 13. Auflage, 1998

[5] Born, Günter: *Dateiformate – Die Referenz.*
Galileo Press, Bonn, 2001

[6] c't – magazin für computertechnik: *c't Testbild für Druckertests.*
http://www.heise.de/ct/ftp/99/21/lady/

[7] c't – magazin für computertechnik: *c't Testbild für Scannertests.*
http://www.heise.de/ct/ftp/testbilder/scanner/

[8] Canon Workshop 17:
Thema Bilderdruck – Wie aus Digitalfotos richtige Prints werden.
http://www.powershot.de/academy/workshop/017/
http://www.powershot.de/academy/workshop/pdf/ws_017.pdf

[9] DIN ISO 12647-1: 1998-06: *Graphic technology – Process control for the
manufacture of half-tone colour separations, proof and production prints –
Part 1: Parameters and measurement methods.*
Beuth Verlag, Berlin, Wien, Zürich

[10] Dolezalek, Friedrich: *Wie viel Auflösung braucht der Mensch?*
FOGRA Sonderdruck Nr. 7/2002

[11] Draft International Standard ISO/DIS 12647-1: *Graphic technology – Process
control for the manufacture of half-tone colour separations, proof and
production prints – Part 1: Parameters and measurement methods.*
Beuth Verlag, Berlin, Wien, Zürich

[12] Eastman Kodak Company: *FlashPix Format Specification Version 1.0.*
Eastman Kodak Company, 1996

[13] Epson Technologien:
Epson Piezo-Tintenstrahl-Technologie – Die Epson Micro Piezo Technologie.
http://www.epson.de/about/piezo/

[14] Fink, Peter: *PostScript Screening: Adobe Accurate Screens.*
Adobe Press, Mountain View (California), 1992

[15] Fischer, Sven: *Grafikformate – Ge-Packt.*
mitp-Verlag, Bonn, 2001

[16] Gekeler, Hans: *Handbuch der Farbe – Systematik, Ästhetik, Praxis.*
DuMont Buchverlag, Köln, 2000

[17] Gerber, Tim, Hilgefort, Ulrich, Labusga, Stefan:
Schwere Breitseite – Laserdrucker für das DIN-A3-Format.
In: c't – magazin für computertechnik, Ausgabe 20/2000, S. 198–203

[18] Gleich, Clemens:
Lesen und lesen lassen – Die großen OCR-Programme im Test.
In: c't – magazin für computertechnik, Ausgabe 24/2002, S. 142–147

[19] Hamilton, Eric: *JPEG File Interchange Format – Version 1.02*
C-Cube Microsystems, Milpitas (California/USA), 1992

[20] Hilgefort, Ulrich: *Voll aufgelöst – Hochauflösende Film- und Dia-Scanner.*
In: c't – magazin für computertechnik, Ausgabe 8/1997, S. 198–207

[21] Humbel, Veronika, Schläpfer, Kurt:
Wie funktioniert die frequenzmodulierte Rasterung?
In: Ugra-Mitteilungen, Ausgabe 3/1987, S. 67–73

[22] ISO 12640: 1997(E): *Graphic technology – Prepress digital data exchange –*
CMYK standard colour image data (CMYK / SCID).
Beuth Verlag, Berlin, Wien, Zürich

[23] ISO/IEC 15948:2002 (E):
Portable Network Graphics (PNG) Specification (Second Edition)
Information technology – Computer graphics and image processing –
Portable Network Graphics (PNG): Functional specification.
http://www.w3.org/TR/2003/PR-PNG-20030520

[24] Jähne, Bernd: *Digitale Bildverarbeitung.*
Springer-Verlag, Berlin, Heidelberg, 5. Auflage, 2002

[25] JEITA CP-3451:
Exchangeable image file format for digital still cameras: Exif Version 2.2
Japan Electronics and Information Technology Industries Association, 2002
http://tsc.jeita.or.jp/avs/data/cp3451.pdf

[26] Kipphan, Helmut (Hrsg.): *Handbuch der Printmedien.*
Springer-Verlag, Berlin, Heidelberg, 2000

[27] Kittler, Friedrich (Hrsg.): *Claude E. Shannon. Ein | Aus.*
Ausgewählte Schriften zur Kommunikations- und Nachrichtentheorie.
Verlag Brinkmann + Bose, Berlin, 2000

[28] Koren, Norman: *Introduction to resolution and MTF curves.*
http://www.normankoren.com/Tutorials/MTF.html

[29] Kühlke, Dietrich: *Optik – Grundlagen und Anwendungen.*
Verlag Harri Deutsch, Thun, Frankfurt am Main, 1998

[30] Labusga, Stefan, Hilgefort, Ulrich, Gerber, Tim:
Bunte Riesen – Farbtintendrucker der Oberklasse.
In: c't – magazin für computertechnik, Ausgabe 24/2001, S. 162–177

[31] Limburg, Michael: *Der digitale Gutenberg.*
Springer-Verlag, Berlin, Heidelberg, 1997

[32] Lipp, Thomas W.: *Grafikformate.*
Microsoft Press Deutschland, Unterschleißheim, 1997

[33] *MedienStandard Druck 2001 –*
Technische Richtlinien für Daten und Prüfdrucke.
Bundesverband Druck und Medien, Wiesbaden, 2001

[34] Merz, Thomas, Drümmer, Olaf: *Die PostScript & PDF-Bibel.*
PDFlib, München, dpunkt.verlag, Heidelberg, 2. Auflage, 2002

[35] Nonhoff-Arps, Peter:
Buenos Dias – Scanner für Dias und andere Durchlichtvorlagen.
In: c't – magazin für computertechnik, Ausgabe 12/2003, S. 136–147

[36] PCO Computer Optics: *Einführung in die CCD-Technologie.*
PCO Computer Optics GmbH, Kelheim, 1999

[37] Rink, Jürgen, Becker, Michael, Frohna, Michael:
Aus der neuen Welt – Flüssigkristall-Bildschirmen unter den Deckel geschaut.
In: c't – magazin für computertechnik, Ausgabe 6/1998, S. 230–236

[38] Röhler, Rainer: *Sehen und Erkennen – Psychophysik des Gesichtssinnes.*
Springer-Verlag, Berlin, Heidelberg, 1995

[39] Schläpfer, Kurt: *Wieviel Auflösung braucht man zur Bildwiedergabe?*
In: Ugra-Mitteilungen, Ausgabe 3/1999, S. 3–7

[40] Schmidt, Ulrich: *Digitale Film- und Videotechnik.*
Fachbuchverlag Leipzig im Carl Hanser Verlag, München, Wien, 2002

[41] Störch, Bertram: *Drucken in Farbe.*
Addison-Wesley, Bonn, Paris, Reading (Massachusetts), 1994

[42] Truevision, Inc.: *Truevision TGA – File Format Specification Version 2.0.*
Truevision, Inc., Indianapolis (Indianapolis/USA), 1991

[43] Wadle, Heinrich, Blum, Dietrich: *Einführung in die Rastertechnologie.*
Heidelberger Druckmaschinen AG, Heidelberg, 2002

204

[44] Welsch, Norbert, Liebmann, Claus Chr.: *Farben – Natur Technik Kunst.*
Spektrum Akademischer Verlag, Heidelberg, Berlin, 2003

[45] Widmer, E.: *Die Anwendung der frequenzmodulierten Rasterung
in den verschiedenen Druckverfahren.*
In: Ugra-Mitteilungen, Ausgabe 1/1996, S. 23–29

[46] Wolf, Kurt K.: *Vergessen wir endlich die autotypischen Rasterpunkte!*
In: Deutscher Drucker, Ausgabe 16/22.4.1999, S. w22–w28

[47] Yule, John A. C.: *Principles of Color Reproduction.*
GATF Press, Pittsburgh (Pennsylvania/USA), 2000

[48] ZSoft Corporation: *ZSoft PCX File Format Technical Reference Manual.*
ZSoft Corporation, Marietta (Georgia/USA), 1991

Stichwortverzeichnis